DIE BEHÖRDLICHE ASSESSORKLAUSUR

Ausgangs- und Widerspruchsverfahren

2021

Thomas Müller, Rechtsanwalt
Frank Hansen, Rechtsanwalt

ALPMANN UND SCHMIDT Juristische Lehrgänge Verlagsges. mbH & Co. KG
48143 Münster, Alter Fischmarkt 8, 48001 Postfach 1169, Telefon (0251) 98109-0
AS-Online: www.alpmann-schmidt.de

Zitiervorschlag: Müller/Hansen, Die behördliche Assessorklausur, Rn.

Müller, Thomas
Hansen, Frank
Die behördliche Assessorklausur
Ausgangs- und Widerspruchsverfahren
12. Auflage 2021
ISBN: 978-3-86752-787-3

Verlag Alpmann und Schmidt Juristische Lehrgänge
Verlagsgesellschaft mbH & Co. KG, Münster

Unterstützen Sie uns bei der Weiterentwicklung unserer Produkte.
Wir freuen uns über Anregungen, Wünsche, Lob oder Kritik an:
feedback@alpmann-schmidt.de.

INHALTSVERZEICHNIS

LITERATURVERZEICHNIS

Verweise in den Fußnoten auf „RÜ“ und „RÜ2“ beziehen sich auf die Ausbildungszeitschriften von Alpmann Schmidt. Dort werden Urteile so dargestellt, wie sie in den Examensklausuren geprüft werden: in der RechtsprechungsÜbersicht als Gutachten und in der Rechtsprechungs-Übersicht 2 als Urteil/Behördenbescheid/Anwaltsschriftsatz etc.

RÜ-Leser wussten mehr: Immer wieder orientieren sich Examensklausuren an Gerichtsentscheidungen, die zuvor in der RÜ klausurmäßig aufbereitet wurden. Die aktuellsten RÜ-Treffer aus ganz Deutschland finden Sie auf unserer Homepage.

Abonnenten haben Zugriff auf unser digitales RÜ-Archiv.

Bader/Ronellenfitsch	BeckOK-VwVfG Online-Kommentar, München Stand: 01.04.2021
Engelhardt/App/Schlatmann	Verwaltungs-Vollstreckungsgesetz, Verwaltungszustellungsgesetz 12. Aufl. 2021
Eyermann	Verwaltungsgerichtsordnung 15. Aufl. 2019
Kopp/Ramsauer	Verwaltungsverfahrensgesetz 21. Aufl. 2020
Kopp/Schenke	Verwaltungsgerichtsordnung 26. Aufl. 2020
Maurer/Waldhoff	Allgemeines Verwaltungsrecht 20. Aufl. 2020
Pietzner/Ronellenfitsch	Das Assessorexamen im Öffentlichen Recht 14. Aufl. 2019
Posser/Wolff	BeckOK-VwGO Stand: 01.04.2021
Schoch/Schneider	Verwaltungsgerichtsordnung München, Loseblatt Stand: Juli 2020
Sodan/Ziekow	Verwaltungsgerichtsordnung 5. Aufl. 2018
Stelkens/Bonk/Sachs	Verwaltungsverfahrensgesetz 9. Aufl. 2018
Ziekow	Verwaltungsverfahrensgesetz 4. Aufl. 2019

Einleitung: Klausurtypen in der öffentlich-rechtlichen Assessorklausur

A. Die Aufgabenstellung in der Assessorklausur

Die Aufgabenstellung in der öffentlich-rechtlichen Assessorklausur ist regelmäßig darauf gerichtet, einen tatsächlich meist einfachen und nicht allzu umfangreichen Aktenfall in rechtlicher und verfahrensmäßiger Hinsicht zu bearbeiten und das Ergebnis in einem Entscheidungsentwurf (Ausgangsbescheid, Widerspruchsbescheid, Urteil, Beschluss), einem Schriftsatz (Widerspruchsschreiben, Klageschrift, Klageerwiderung o.Ä.) oder in einer sonstigen schriftlichen Äußerung (Vermerk, gutachtliche Stellungnahme, Schreiben an den Mandanten etc.) darzulegen. 1

Überwiegend liegt auch in der Assessorklausur der Schwerpunkt auf der Anwendung des **materiellen Rechts**, nur angereichert mit prozessualen Problemen. Sie sollten also bei der Vorbereitung auf das Examen das materielle Recht stets wiederholen. Das bedeutet nun aber nicht, dass Sie wie im Referendarexamen jede Frage bis in die letzte Verästelung beherrschen müssen. In der Assessorklausur soll eine praktische Entscheidung getroffen werden, die nicht mit für die Praxis unbedeutenden (Streit-)Fragen belastet werden darf (dazu im Einzelnen AS-Skript Materielles Verwaltungsrecht in der Assessorklausur).

Gerade im Öffentlichen Recht gibt es immer wieder Examensklausuren aus **abgelegenen Rechtsgebieten**, in denen Einzelwissen nicht vorausgesetzt wird, sondern lediglich Verständnis und Arbeitsmethode des Kandidaten festgestellt werden sollen. Hier liegt die Schwierigkeit zumeist in der **Entschlüsselung des Aufgabentextes**. Die materiellen Fragen lassen sich regelmäßig durch die Angaben im Aktenauszug bzw. in den ausgetauschten Schriftsätzen lösen. Entscheidend ist, dass der Kandidat den Sachverhalt unter das unbekannte Gesetz subsumieren kann und damit seine „Praxistauglichkeit" unter Beweis stellt. Dies umfasst auch das Anpassen an die Gepflogenheiten der (Klausur-)Praxis bei der Abfassung der Entscheidung. 2

So sind z.B. im Rahmen der formellen Rechtmäßigkeit die Punkte Zuständigkeit und Verfahren immer, wenn auch in der gebotenen Kürze, anzusprechen. Im Widerspruchsbescheid werden nicht nur die entscheidungserheblichen, sondern alle problematischen Punkte angesprochen, um der Ausgangsbehörde Handlungsdirektiven für künftige Entscheidungen zu geben.

B. Entscheidungsformen

Die AS-Skripten zur **öffentlich-rechtlichen Assessorklausur** behandeln die **verfahrensrechtlichen und prozessualen Fragen** so, wie sie in der Praxis und im Examen auftreten. Das im vorliegenden Skript dargestellte **verwaltungsbehördliche Verfahren** kennt vielfältige Formen des Verwaltungshandelns (Verwaltungsakte, öffentlich-rechtliche Willenserklärungen, öffentlich-rechtliche Verträge etc.). Dies gilt auch für die Aufgabenstellung in der verwaltungsbehördlichen Assessorklausur. 3

I. Entscheidungen der Ausgangsbehörde

Seit Novellierung der Prüfungsordnungen ist festzustellen, dass im Examen vermehrt **Entscheidungen der Ausgangsbehörde**, zumeist mit einem vorbereitenden Gutachten, gefordert werden. Dies gilt vor allem in den Ländern, die das Widerspruchsverfahren weitgehend (zeitlich befristet) abgeschafft haben (insbesondere Bayern, Niedersachsen, NRW). Typische Aufgabenstellungen sind hier: 4

- **Ausgangsbescheide** als belastende oder begünstigende Verwaltungsakte,
- **Anordnung der sofortigen Vollziehung** bzw. **Aussetzung der Vollziehung**,
- nachbegleitende Verfahrensschritte, insbesondere **Begleitverfügungen**.

In Betracht kommen auch Maßnahmen, die eine **Verwaltungsentscheidung vorbereiten** (Vermerk, Gutachten, Rats- und Ausschussvorlagen, Bericht an die Aufsichtsbehörde u.Ä.). Die Gestaltung hängt hier vom Einzelfall ab. Denkbar sind auch sog. **Kautelarklausuren**, also z.B. der Entwurf eines öffentlich-rechtlichen Vertrages oder einer RechtsVO oder Satzung.

II. Entscheidungen im Widerspruchsverfahren

5 Im Übrigen stehen in der verwaltungsbehördlichen Assessorklausur Entscheidungen im **Widerspruchsverfahren** im Vordergrund, und zwar vor allem:

- **Widerspruchsbescheid** durch die Widerspruchsbehörde nach § 73 VwGO,
- **Abhilfebescheid** durch die Ausgangsbehörde nach § 72 VwGO,
- **Vorlagebericht** der Ausgangsbehörde an die Widerspruchsbehörde bei Nichtabhilfe,
- **Aufhebung** außerhalb des Widerspruchsverfahrens nach §§ 48, 49, 51 VwVfG.

III. Entscheidungen über nichtförmliche Rechtsbehelfe

6 Vereinzelt sind Entscheidungen über **nichtförmliche Rechtsbehelfe** zu entwerfen (z.B. Bescheide auf Aufsichtsbeschwerden oder Petitionsbescheide). Derartige Entscheidungen unterliegen nur geringen Förmlichkeiten (s.u. Rn. 489 ff.).

IV. Anwaltliche Aufgabenstellungen

7 In zahlreichen Bundesländern gehört die Anwaltsklausur zu den Pflichtklausuren. In der Regel wird die Erstellung eines Gutachtens über den Erfolg aller anwaltlichen Vorgehensmöglichkeiten verlangt, im Anschluss daran eine Taktik- und Entscheidungsstation und abschließend der Entwurf des anwaltlichen Schreibens. Im **behördlichen Verfahren** sind dies insbesondere:

- Widerspruchsschreiben,
- Antrag auf Aussetzung der Vollziehung,
- Antrag auf Erlass eines begünstigenden Verwaltungsakts,
- Schreiben an den Mandanten.

Zur Anwaltsklausur im verwaltungsgerichtlichen Verfahren vgl. AS-Skript Die verwaltungsgerichtliche Assessorklausur (2021).

C. Vorbereitung der Klausurlösung

8 Bei Entscheidungen im verwaltungsbehördlichen Verfahren wird in der Assessorklausur zumeist der Entwurf eines **Ausgangsbescheides** oder eines **Widerspruchsbescheides** verlangt, meist mit vorausgehender gutachtlicher Stellungnahme.

Aktenauszug
Der Aktenauszug weist Teile des Verwaltungsvorganges auf, wie einen Aktenvermerk, eine Anzeige (auch eines Dritten), ein Protokoll einer Ortsbesichtigung, andere schriftliche Erkenntnisse, ggf. ein Anhörungsschreiben und häufig eine Stellungnahme des späteren Adressaten des Ausgangsbescheides, in der dieser Hinweise zu den Tatsachen mitteilt oder Rechtsansichten äußert.

Bearbeitungsvermerk

Die Entscheidung des Landrates ist zu entwerfen. Sollte sie im Ermessen stehen, ist davon auszugehen, dass der Landrat das Ermessen positiv betätigen möchte. Die Entscheidung soll am 26.11. ergehen.

Für den Fall, dass ein Anspruch des Antragstellers besteht, ist in der Entscheidung dafür zu sorgen, dass der Anspruch auch rechtzeitig zum 15.01. erfüllt wird.

Für den Fall, dass kein Anspruch besteht, ist dies in der gebotenen Form schriftlich dem Landrat mitzuteilen.

Dem Entwurf der Entscheidung ist ein Gutachten voranzustellen, in dem alle wesentlichen Rechtsfragen ggf. hilfsweise erörtert werden.

Sollten weitere Verfahrensschritte erforderlich sein, ist davon auszugehen, dass diese ordnungsgemäß durchgeführt worden sind.

Die Vorgehensweise in der Klausur: 9

- Lesen des Aktenauszugs und des Bearbeitungsvermerks (Rn. 10, 11)
- Erstellung einer chronologischen Zeittafel (Rn. 13, 14)
- Gegenüberstellung der rechtlichen Argumente (Rn. 15)
- Erstellung einer gutachterlichen Lösungsskizze (Rn. 16 ff.)
- ggf. Erstellung des Gutachtens als Klausurleistung (Rn. 94 ff.)
- Erstellung der behördlichen praktischen Entscheidung, z.B. Entwurf eines Bescheides (Rn. 18 ff.)

I. Lesen des Aktenauszugs und des Bearbeitungshinweises

Die Lösung der Klausur steht zumeist im Aktenauszug! Diese Binsenweisheit trifft vor allem auf Klausuren zu, die eher abseitige Gebiete des besonderen Verwaltungsrechts behandeln. Niemand wird von Ihnen erwarten, dass Sie z.B. Einzelfragen aus dem Waffenrecht oder dem beamtenrechtlichen Beihilferecht beherrschen. Entscheidend ist hier, dass Sie die gesetzliche Systematik erfassen und die Aufgabe einer vertretbaren Lösung zuführen. Das besondere Verwaltungsrecht ist zumeist nur der Aufhänger für die Fallgestaltung. Die Lösung ergibt sich in der Regel aus den Hinweisen in den abgedruckten Schriftstücken. Daher ist unabdingbare Voraussetzung, dass Sie den **Aktenauszug durch mehrfaches Lesen vollständig erfassen**. 10

Ebenso wichtig ist die Erfassung des **Bearbeitungshinweises**, weil in diesem Ihre Klausuraufgabe präzisiert wird, z.B. ob auch ein Gutachten voranzustellen ist. 11

Häufig werden in Bearbeitungshinweisen Rechtsfragen vorgegeben, z.B. „Die örtliche und instanzielle Zuständigkeit der Stadt B liegt vor." **Vorsicht:** Die wichtige „sachliche" Zuständigkeit haben Sie zu prüfen. Oder: „Gehen Sie davon aus, dass die Satzung der Stadt S in einem ordnungsgemäßen Verfahren zustande gekommen ist." **Vorsicht:** Die Zuständigkeit des Satzungsgebers und die materielle Rechtmäßigkeit sind noch zu prüfen. 12

Beachten Sie auch Hinweise im Bearbeitungsvermerk zur Erstellung von Hilfsgutachten. Gerade im 2. Staatsexamen könnten Sie eine ergebnisorientierte Lösung gefunden haben, die im Sachverhalt ausführlich angesprochene Rechtsfragen nicht mehr erörtern lässt. In solchen Fällen kann ein auch umfangreiches Hilfsgutachten nötig sein.

II. Erstellung einer chronologischen Zeittafel

13 Durch das erste Lesen der (auszugsweise) wiedergegebenen Schriftstücke verschaffen Sie sich zunächst einen **groben Überblick** über die Klausur. Versuchen Sie hierbei, den Sachverhalt zunächst rein tatsächlich im Zusammenhang zu erfassen. Belasten Sie sich dabei noch nicht mit rechtlichen Überlegungen. Achten Sie dabei schon auf streitigen und unstreitigen Sachverhalt und den ggf. angegebenen Beweismöglichkeiten.

14 Das dann folgende **Durcharbeiten des Aufgabentextes** dient der Erfassung der Details. Dabei ist es hilfreich, wenn Sie vor Erstellung der Lösungsskizze aus den verstreuten Angaben in der Akte eine Übersicht der zeitlichen Abfolge der Ereignisse **(Chronologie)** erstellen. Diese Chronologie erleichtert Ihnen später die Erstellung der Darstellung des Sachverhalts enorm.

Chronologie	
Datum	Ereignis
04.06.2021	Anzeige des Herrn N über das Betreiben eines Bordells im Haus des Nachbarn B
10.06.2021	Ortsbesichtigung ohne Erkenntnisse
14.06.2021	Internetrecherche: Unter der angegebenen Adresse werden entsprechende Leistungen beworben
17.06.2021	Anschreiben an den Eigentümer B des Hauses, mit der Bitte um Aufklärung
25.06.2021	Mitteilung des B: Haus ist vermietet an eine physiotherapeutische Praxis; er wisse von Nichts, Mieter = S
25.06.2021	Anschreiben an Mieter S mit der Bitte um Aufklärung
28.06.2021	Auszug aus dem geltenden Bebauungsplan
01.07.2021	Mitteilung des S: Bordell stimmt
05.07.2021	Anhörungsschreiben an B und S
12.07.2021	Stellungnahme des B
19.07.2021	Stellungnahme des S
26.07.2021	Entscheidung?

III. Gegenüberstellung der rechtlichen Argumente

15 Die **rechtlichen Argumente** der Beteiligten, die in den Schriftstücken ausgetauscht werden, sollten Sie separat zusammenstellen. Sie zeigen Ihnen, was aus Sicht des Prüfungsamts erörterungswürdig ist. Diese Hinweise sollten Sie auf jeden Fall in die Lösung aufnehmen. Versuchen Sie schon bei der ersten Zusammenstellung, eine innere Ordnung herzustellen, die sich am späteren Entscheidungsaufbau orientiert (z.B. Trennung von Hinweisen zur Zulässigkeit und Begründetheit, in Letzterer zwischen formeller und materieller Rechtmäßigkeit).

Gesichtspunkte, die von den Beteiligten nicht benannt wurden, Ihrer Ansicht nach aber für die Lösung relevant sind, sollten Sie ebenfalls aufführen, auch wenn diese später wieder verworfen werden sollten!

Rechtliche Argumente			
Standort	Bürger	Behörde	Anmerkungen
Formell	Behörde unzuständig	Zuständigkeit unproblematisch	
Materiell	Keine Ermächtigungsgrundlage vorhanden	Ermächtigungsgrundlage § xx des A-Gesetzes	
	Tatbestandsvoraussetzung „Z" liege nicht vor		Auslegung notwendig?
	Falscher Adressat		Störerauswahl?

IV. Erstellen einer gutachterlichen Lösungsskizze

Das Gutachten in der öffentlich-rechtlichen Assessorklausur unterscheidet sich in wesentlichen Punkten von der zivilrechtlichen Assessorklausur: Aufgrund des **Amtsermittlungsgrundsatzes** im Verwaltungsverfahren (§ 24 VwVfG) und im Verwaltungsprozess (§ 86 VwGO) **entfällt die Unterscheidung zwischen streitigem und unstreitigem Vorbringen**. Damit ist eine Schlüssigkeitsprüfung wie im Zivilprozess in der sog. Klägerstation überflüssig. Es gibt vielmehr nur den von der Behörde (bzw. dem Gericht) ermittelten Sachverhalt, der der rechtlichen Würdigung zugrunde zu legen ist. **16**

Die Behörde hat dabei grundsätzlich alle für den Einzelfall bedeutsamen, auch die für die Beteiligten günstigen Umstände zu berücksichtigen (§ 24 Abs. 2 VwVfG). Den Beteiligten obliegt allerdings eine **Mitwirkungspflicht** (§ 26 Abs. 2 VwVfG). Sie sollen insbesondere ihnen bekannte Tatsachen und Beweismittel angeben. Ein Verstoß gegen die Mitwirkungspflicht hat zwar **unmittelbar keine verfahrensrechtlichen Folgen**, kann aber im Einzelfall, insbesondere bei begünstigenden Verwaltungsakten, zu einer Einschränkung der Amtsermittlungspflicht führen. Wenn und soweit es ein Beteiligter unterlässt, zur Klärung der für ihn günstigen Tatsachen beizutragen, obwohl ihm dies möglich und zumutbar ist, ist die Behörde in der Regel nicht verpflichtet, von sich aus allen denkbaren Erkenntnismöglichkeiten nachzugehen.[1] Die Verpflichtung zur Aufklärung des Sachverhalts endet dort, wo der Beteiligte seiner Pflicht zur Mitwirkung nicht nachkommt.[2] Näheres hierzu in den Rn. 68 ff. **17**

1 Kopp/Ramsauer VwVfG § 26 Rn. 43.

2 BVerwGE 26, 30, 31; OVG NRW OVGE 16, 293, 295; OVG NRW NVwZ-RR 1994, 386; VGH Kassel NJW 1986, 2781, 2783.

1. Teil: Entscheidungen im Ausgangsverfahren

1. Abschnitt: Der belastende Verwaltungsakt

A. Entwurf eines belastenden Verwaltungsaktes

Der belastende Erstbescheid		
Rn.	Thema	Entwurf
18	**Absender** **Aktenzeichen** **Ort, Datum**	**Stadt Musterhausen** Der Oberbürgermeister – Wasseraufsichtsamt – Az: 36-217/21-k 11111 Musterhausen Mustermannstr. 99 Tel.: 0000-000-000 Fax: 0000-000-000
19 ff.	**Bekanntgabe/ Zustellung**	**Übergabeeinschreiben**
22	**Anschrift des Empfängers** (ggf. Vertreter)	Herrn Martin Mustermann Mustermannstr. 10 11111 Musterhausen
25	**Betreff** **Bezug** **Anlagen**	Gewässeraufsicht Lagerung von Stoffen, die das Grundwasser gefährden ... <u>Anlagen:</u> ...
27	**Überschrift**	**O r d n u n g s v e r f ü g u n g**
28	**Anrede**	Sehr geehrter Herr Mustermann,
30 ff.	**Tenor** ▪ Verfügungsinhalt	hiermit gebe ich Ihnen ... auf, binnen ... nach Zugang dieses Schreibens, die auf dem Grundstück Flur ... Flurstück ... abgestellten korrodierten 8 Fässer mit ... zu entfernen.
39 ff.	▪ u.U. AOsofVZ gemäß § 80 Abs. 2 S. 1 Nr. 4 VwGO	Die sofortige Vollziehung dieser Verfügung wird angeordnet.
44 ff.	▪ ggf. Androhung von Verwaltungszwang	Sollten Sie dieser Aufforderung nicht fristgerecht bis zum ... nachkommen, bin ich gezwungen, die Fässer auf Ihre Kosten entfernen zu lassen. Die voraussichtlichen Kosten werden ... Euro betragen.
52	▪ ggf. Kostenentscheidung (i.d.R. **keine** Gebührenberechnung)	Die Kosten dieses Verfahrens (Gebühren und ggf. Auslagen) haben Sie zu tragen.

Der belastende Erstbescheid (Fortsetzung)		
Rn.	Thema	Entwurf
53	**Begründung**	Begründung:
54 ff.	▪ Sachverhalt ▪ unbestrittene Tatsachen ▪ Vorbringen der Verfahrensbeteiligten, Verfahrensgang	Anlässlich einer Überprüfung, stellte der Außendienst des Gewässeraufsichtsamts am ... fest, dass ... Zur Begründung haben Sie vorgetragen, ... Meine Ermittlungen hierzu haben ergeben, dass ...
59 ff.	▪ rechtliche Gründe, insbesondere Ermächtigungsgrundlage, Zuständigkeit, Tatbestandsvoraussetzungen, Ermessenserwägungen	Gemäß § ... i.V.m. ... kann ... Für den Erlass dieser Verfügung bin ich gemäß §§ ... sachlich zuständig. Aufgrund der festgestellten Umstände ist es geboten, dass ... (Eingreifen, gewählte Maßnahme, Verhältnismäßigkeit) ...
76 f.	▪ für Verwaltungszwang bes. Begründung	Um die Durchführung der aufgegebenen Maßnahme sicherzustellen, ist gemäß § ... das Zwangsmittel der ... erforderlich.
78 f.	▪ bei § 80 Abs. 2 S. 1 Nr. 4 VwGO Begründung des bes. öff. Interesses (vgl. § 80 Abs. 3 VwGO)	Angesichts der akuten Gefahrsituation ist die sofortige Vollziehung der Aufforderung geboten, denn ... (eingehende Begründung erforderlich!)
80	▪ bei **Gebührenfestsetzung**	Die Kostenentscheidung beruht auf § ...
81 ff.	**Rechtsbehelfsbelehrung** notwendiger Inhalt ▪ Rechtsbehelf ▪ Adressat ▪ Form, Frist	Gegen diese ... (Verfügung, Anordnung, Bescheid) kann innerhalb eines Monats nach Bekanntgabe (ggf. Zustellung) Widerspruch erhoben werden. Der Widerspruch ist schriftlich oder zur Niederschrift (ggf. oder elektronisch mit qualifizierter Signatur) bei ... (Angabe der Behörde mit Sitz – Adresse nicht nötig) oder der Widerspruchsbehörde (nicht zwingend!) ... einzulegen. **Beachte: Gibt es in der Materie kein Widerspruchsverfahren, ist über die Erhebung einer Klage zu belehren** (s. Rn. 346).
93	Grußformel Unterschrift	Mit freundlichem Gruß (i.V./i.A.) (Unterschrift)

I. Bescheidkopf

18 Im **Kopf des verwaltungsbehördlichen Erstbescheides** ist zunächst die Körperschaft aufzunehmen, die gehandelt hat. Darunter wird regelmäßig der Hauptverwaltungsbeamte bzw. gesetzliche Vertreter der Körperschaft benannt und das handelnde Amt/die handelnde Behörde. Wichtig ist, das Aktenzeichen aus dem Aktenvorgang aufzunehmen.

II. Bekanntgabe/Zustellung

19 Für die **Bekanntgabe eines Verwaltungsakts** gibt es im Regelfall keine besonderen Vorgaben. Ein Erstbescheid kann gemäß § 41 Abs. 2 VwVfG mit einfachem Brief durch die Post, unter den Voraussetzungen des § 3 a VwVfG als elektronisches Dokument oder mündlich oder konkludent (vgl. § 37 Abs. 2 VwVfG) bekanntgegeben werden. In der Examensklausur scheiden die konkludente und mündliche Bekanntgabe aus. Auch ist unwahrscheinlich, dass die Bekanntgabe eines elektronischen Dokuments vorbereitet werden soll. Also kommt regelmäßig nur die **schriftliche Bekanntgabe durch einfachen Brief** in Betracht. Da es sich hierbei um den **Regelfall** handelt, wird dies im Bescheid nicht besonders vermerkt.

20 Zu beachten ist allerdings, ob in dem jeweilig betroffenen Rechtsbereich ggf. eine **„Zustellung"** des Erstbescheids gesetzlich vorgeschrieben ist (so bei der Androhung von Zwangsmitteln, § 13 Abs. 7 S. 1 VwVG bzw. entsprechendes Landesrecht, ebenso beim Widerspruchsbescheid, § 73 Abs. 3 S. 1 VwGO). Ist dies der Fall, muss bei Bundeskörperschaften und Bundesbehörden eine Zustellart nach dem BundesVwZG oder für Landeskörperschaften, Landesbehörden und kommunale Körperschaften nach dem Landeszustellungsrecht (LZG o.Ä.) erfolgen. Für die Zustellung an den Bürger wird entweder auf die **Zustellungsurkunde** (vgl. § 3 VwZG) zugegriffen oder auf das **Übergabeeinschreiben** (vgl. § 4 Abs. 1 VwZG). Das Einschreiben mit Rückschein ist unüblich, da es auch Mehrkosten verursacht. Zustellungen an Rechtsanwälte oder Behörden erfolgen regelmäßig gegen **Empfangsbekenntnis** nach § 5 VwZG. Diese Zustellungsarten werden **im Adressfeld vor dem Namen des Empfängers** notiert.

21 Bei **besonders bedeutsamen Erstbescheiden**, die nicht förmlich zugestellt werden müssen, sondern (einfach) bekanntgegeben werden können, neigt die Verwaltung dazu – insbesondere wenn in dem Bundesland das Vorverfahren abbedungen ist – einen Bescheid trotzdem zuzustellen, damit der Zugang z.B. im Hinblick auf den Lauf der Klagefrist **bewiesen** werden kann. Die Zustellung eines Bescheids, der eigentlich nur bekanntgegeben werden müsste, ist nach § 41 Abs. 5 VwVfG grds. zulässig. Wählt die Behörde freiwillig die förmliche Zustellung, so muss sie die dafür vorgeschriebenen Förmlichkeiten auch dann einhalten, wenn sie die Entscheidung formlos hätte bekannt geben können.[3] Ob ein Bescheid nur bekanntgegeben oder zugestellt wird, hat auch Bedeutung für die Formulierung der Rechtsbehelfsbelehrung (Rn. 81).

III. Anschrift

22 Bei der **Anschrift des Empfängers** gelten insbesondere bei Gesellschaften und Ehegatten besondere Regeln. Bei einer Bekanntgabe oder Zustellung an eine Gesellschaft muss der **gesetzliche Vertreter** namentlich genannt werden, so z.B. der Geschäftsführer einer GmbH oder ein vertretungsberechtigter Gesellschafter einer GbR. Bei formloser Bekanntgabe an **Ehegatten** können die Namen beider Ehegatten im Adressfeld genannt werden und es braucht nur ein Bescheid versendet werden. Im Fall der **Zustellung** müssen dagegen entweder zwei Bescheide jeweils an die einzelnen Ehegatten adressiert und zugestellt werden oder – bei gemeinschaftlicher Adres-

3 OVG NRW, Beschl. v. 30.01.2017 – 2 B 1226/16; OVG NRW OVGE 44, 179, 180; OVG Lüneburg NJW 2009, 1834.

sierung – zwei Ausfertigungen zugestellt werden, damit jeder Adressat die Verfügungsgewalt über den Bescheid erhält (arg e. § 2 Abs. 1 VwZG).[4]

Bei Bekanntgaben oder Zustellungen an **Rechtsanwaltskanzleien** sollte unter dem Kanzleinamen der bearbeitende Anwalt genannt werden. 23

Bei zusammengefassten Bescheiden an mehrere Adressaten stellt sich häufig auch die Frage der **Bestimmtheit des VA** (§ 37 Abs. 1 VwVfG), wenn die Adressaten lediglich mit einem Sammelbegriff bezeichnet werden (z.B. Eheleute M, Wohnungseigentümergemeinschaft X-Straße 15). Zweifel hinsichtlich der Eindeutigkeit solcher Bezeichnungen können nach h.Rspr. durch Auslegung ausgeräumt werden (sog. VA an den, den es angeht). Dabei kommt es nicht darauf an, wie ein außenstehender Dritter, sondern allein wie der Betroffene selbst nach den ihm bekannten Umständen den materiellen Gehalt des Bescheids unter Berücksichtigung von Treu und Glauben verstehen musste.[5]

Beispiele: Als ausreichend hat die Rspr. z.B. folgende Adressierungen angesehen: „Familie S.", wenn alle Familienangehörigen Adressaten des Bescheids sind,[6] „Herrn X und Miteigentümer" bei grundstücksbezogenen Benutzungsgebühren,[7] „Herrn und Frau" in Verbindung mit dem Vor- und Zunamen nur des Ehemannes.[8]

Gegenbeispiel: Der eine Personenmehrheit betreffende, aber nur an eine einzelne Person gerichtete Bescheid genügt nur dann dem Bestimmtheitsgebot des § 37 Abs. 1 VwVfG, wenn erkennbar ist, ob der Adressat als Einzelperson, als Mitglied der Gemeinschaft oder gar die Gemeinschaft in ihrer Gesamtheit als Rechtssubjekt betroffen sein soll.[9]

Sofern ein **Bevollmächtigter** (insbesondere Rechtsanwälte) den Adressaten des Bescheids vertritt und **eine schriftliche Vollmacht vorgelegt hat**, muss nach § 7 Abs. 1 S. 2 VwZG die Zustellung an den Rechtsanwalt erfolgen. Wird der Bescheid nur **formlos bekanntgegeben** und nicht förmlich zugestellt, so „kann" nach § 41 Abs. 1 S. 2 VwVfG die Bekanntgabe gegenüber dem Bevollmächtigten vorgenommen werden. Die Behörde hat daher insoweit ein **Wahlrecht**. Sollte hier ein Ermessensfehler vorliegen, ist die Bekanntgabe gleichwohl wirksam, aber die Rechtsbehelfsfrist wird nicht in Lauf gesetzt.[10] Empfehlenswert ist daher stets die Bekanntgabe an den Bevollmächtigten. 24

IV. Betreff etc.

Unter dem Adressfeld wird der **Betreff** – ohne Nennung dieses Begriffs – kurz und knapp angegeben. Ausführungen zum Bezug oder zu den Anlagen sind häufig nicht erforderlich. 25

Für den Fall, dass der Bescheid an einen Rechtsanwalt gerichtet wird, ist hier der **Name und die Adresse des Mandanten** anzugeben und – falls bei der Behörde bekannt – das Aktenzeichen des Rechtsanwalts. 26

V. Überschrift

Bei dem Erlass von Erstbescheiden empfiehlt sich die Wahl einer **Überschrift**. Dies ist nicht zwingend, aber in den meisten Ländern üblich. Beachten Sie ggf. eine abweichende (Prüfungs-)Praxis in Ihrem Bereich. 27

VI. Anrede

Die **Anrede** erfolgt immer an eine Person (nicht an eine Gesellschaft), also z.B. an den namentlich benannten Geschäftsführer einer GmbH. Da im Folgenden der Tenor for- 28

4 BVerwG NJW 1993, 2884, 2885.

5 BVerwG DVBl. 1994, 810, 811; Kopp/Ramsauer VwVfG § 37 Rn. 10 u. 11.

6 OVG NRW OVGE 44, 179, 180.

7 OVG NRW NWVBl. 1996, 296.

8 BFH NJW 1997, 151; VGH Mannheim NVwZ-RR 1989, 597, 598.

9 Vgl. VG Potsdam NVwZ 1999, 214, 216; zum umgekehrten Fall VG Gera NVwZ 1999, 100: Ein an eine Gesellschaft bürgerlichen Rechts gerichteter Bescheid kann als Bescheid an die einzelnen Gesellschafter ausgelegt werden.

10 Kopp/Ramsauer VwVfG § 41 Rn. 35.

muliert wird, muss es sich bei der angesprochenen Person um den Adressaten des Verwaltungsakts handeln. Aus diesem Grund ist hier z.B. der im Sonderordnungsrecht geregelte **Adressat** (z.B. Bauherr, Entwurfsverfasser etc.) zu nennen. Sollte das Allgemeine Ordnungsrecht zur Anwendung kommen, ist hier der Verhaltensstörer, Zustandsstörer oder Notstandspflichtige i.S.d. Polizei- und Ordnungsrechts zu benennen.

29 Für den Fall, dass die Verfügung an den bevollmächtigten **Rechtsanwalt** adressiert wird, ist dieser **namentlich anzusprechen, aber** sämtliche folgenden Aussprüche im Tenor müssen so formuliert werden, dass **der Verpflichtete der Aussprüche** nicht der Rechtsanwalt, sondern der vertretene **Mandant** ist. Aus diesem Grund ist im Fall der persönlichen Anrede des Empfängers stets die Formulierung zu wählen: „Ihrem Mandanten wird aufgegeben" oder „Sollte Ihr Mandant dieser Aufforderung nicht nachkommen" oder „Auf Kosten Ihres Mandanten" bzw. „... hat Ihr Mandant zu tragen". Gleiches gilt für die später abzufassende Begründung der Verfügung. Dort ist penibel darauf zu achten, dass der Mandant etwas getan oder unterlassen hat oder tun soll und deshalb die Verfügung ergangen ist.

VII. Tenor

30 Nach der Anrede ist der **Tenor** zu formulieren. Hierbei handelt es sich um den **wichtigsten Teil des zu entwerfenden Erstbescheids.** Der Tenor enthält sämtliche Regelungen, die die Behörde treffen möchte. Er beinhaltet die Hauptsacheentscheidung, u.U. die Anordnung der sofortigen Vollziehung, ggf. Zwangsmittelandrohungen und ggf. eine Kostenentscheidung. Die einzelnen Teile sind optisch abzusetzen und können fortlaufend nummeriert werden. Der Tenor darf keine Sachverhaltsbeschreibungen oder rechtliche Erwägungen enthalten.

1. Der Hauptausspruch

31 **a)** Der Tenor stellt hohe Anforderungen an die **Klarheit, Vollständigkeit, Eindeutigkeit** und **insbesondere Vollstreckbarkeit**. Will die Behörde ein Gebot aussprechen, bietet sich die Formulierung an: „Hiermit gebe ich Ihnen auf ..." oder „Hiermit fordere ich Sie auf ...". Bei einem **Gebot** wird sodann die **Handlungspflicht** beschrieben:

> *„Hiermit fordere ich Sie auf, das Kraftfahrzeug BMW X5, Farbe schwarzmetallic mit dem amtlichen Kennzeichen MS-HW 1957 aus dem öffentlichen Straßenraum der Stadt Münster von dem Vorplatz des Universitätsklinikums an der Fliednerstr. 66 bis zum ... zu entfernen."*

32 Bei einem **Verbot** werden im Regelfall die Begriffe „zu unterlassen" oder „ich untersage" verwendet.

> *„Hiermit untersage ich Ihnen die weitere selbstständige Ausübung des Gewerbes „Alles was eine Frau begehrt", An- und Verkauf von erotischen Gegenständen, Daten- und Tonträgermaterialien und der Vermittlung von One-Night-Stand-Treffen mit Sitz in Münster, Industrieweg 69. Die Untersagung umfasst alle das Gewerbe betreffenden Tätigkeiten, wie Verkaufsgespräche, Anbahnungsgespräche, gewerbliche Nutzung von Kraftfahrzeugen und die Benutzung gewerblicher Räume. Die Untersagung erstreckt sich auf das gesamte Gebiet der Bundesrepublik Deutschland. Die Untersagung gilt auch für Tätigkeiten als Vertretungsberechtigter eines Gewerbetreibenden oder als mit der Leitung eines Gewerbebetriebes beauftragte Person."*

b) Insbesondere mit Blick auf die **Vollstreckbarkeit** des Tenors ist das Gebot oder Verbot sachlich so präzise wie möglich zu formulieren. Bei Grundstücken ist die postalische Adresse und falls vorhanden, die Gemarkung, die Flur und das Flurstück genau zu bezeichnen. 33

„Hiermit gebe ich Ihnen auf, die auf dem Grundstück Münstermannstraße 10, Gemarkung Münster, Flur 60, Flurstück 201, an der Grundstücksgrenze zum Flurstück 202 errichtete Mauer zu beseitigen."

Sollte sich der Tenor nur auf einen Teil des Grundstücks erstrecken, bietet sich die Beifügung eines **Lageplans** an, auf dem die konkrete Stelle eingezeichnet wird und im Tenor darauf Bezug genommen wird. Bei Kraftfahrzeugen sollte der genaue Kraftfahrzeugtyp einschließlich Fahrgestell-Nr. oder Ähnliches angegeben werden. Bei anderen Gegenständen sollte eine möglichst genaue Bezeichnung (Größe, Farbe, Aufschrift, besondere Merkmale) hinzugefügt werden. 34

Auch das ausgesprochene Gebot oder Verbot muss so genau beschrieben werden, dass ein Dritter, insbesondere die Vollstreckungsbehörde, die verfügte Pflicht ohne weitere Hinzuziehung von Informationen vollstrecken könnte. Das bedeutet, dass die **Handlungs- oder Unterlassungspflichten** soweit wie möglich beschrieben werden müssen, insbesondere in Bezug auf den Adressaten und dessen rechtliche Verantwortlichkeit. 35

Beispiel: Bei der Herausgabe von Ausweispapieren oder Ähnlichem sind die Ausweis-Nr. oder andere Zahlenbezeichnungen anzugeben.

c) Besonderes Augenmerk ist auf eine **etwaig zu bestimmende Frist** zu legen. Bei einer Fristbestimmung für die Erfüllung der auferlegten Pflicht ist zu beachten, ob ein zu erhebender Rechtsbehelf (Widerspruch oder Klage) nach § 80 Abs. 1 VwGO eine **aufschiebende Wirkung** erzeugen würde. Ist dies der Fall, darf auf keinen Fall die Handlungspflicht mit einem konkret benannten Datum befristet werden, da die aufschiebende Wirkung nach § 80 Abs. 1 VwGO es dem Adressaten erlaubt, die Pflicht zunächst nicht zu erfüllen, da eine Vollzugshemmung eintritt. In einem solchen Fall empfiehlt sich die Formulierung: 36

„... innerhalb von drei Wochen nach Bestandskraft dieses Bescheids."

Für den Fall, dass **nach § 80 Abs. 2 S. 1 Nr. 1–4 VwGO** ein zu erhebender Rechtsbehelf **keine aufschiebende Wirkung** hätte, sollte für eine Handlungspflicht ein konkretes Datum bestimmt werden, welches allerdings mit Blick auf den Umfang der Handlungspflicht des Adressaten angemessen bestimmt werden muss (*bis zum* ...). Oder man formuliert: 37

„... innerhalb von zwei Wochen nach Bekanntgabe/Zustellung dieses Bescheids."

Da es der Ausgangsbehörde möglich ist, nach § 80 Abs. 2 S. 1 Nr. 4 VwGO eine Anordnung der sofortigen Vollziehung auszusprechen, muss die Formulierung des Hauptausspruchs bereits mit Blick auf diese Möglichkeit überdacht werden.

d) Nebenbestimmungen sind bei belastenden Verwaltungsakten selten, sie treten regelmäßig nur bei begünstigenden Verwaltungsakten auf, z.B. bei der Erteilung einer Baugenehmigung. Hierzu Näheres in den Rn. 191 ff. 38

2. Die Anordnung sofortiger Vollziehung

39 Nach **§ 80 Abs. 2 S. 1 Nr. 4 VwGO** kann die Ausgangsbehörde die sofortige Vollziehung einer Verfügung anordnen, wenn dies im öffentlichen Interesse oder im überwiegenden Interesse eines Beteiligten ist. Das erforderliche Interesse muss über das hinausgehen, welches den Erlass des Verwaltungsakts als solchen rechtfertigt. Da von dem gesetzlichen Regelfall des § 80 Abs. 1 VwGO (aufschiebende Wirkung) durch die Behörde abgewichen wird, müssen **beachtliche Interessen** vorliegen, um von einem Bürger die Erfüllung eines Verwaltungsakts vor dessen Bestandskraft zu verlangen. Ein solches besonderes öffentliches Interesse verlangt auch § 80 Abs. 3 S. 1 VwGO. Als Formulierung im Tenor empfiehlt sich:

„Die vorgenannten Anordnungen werden für sofort vollziehbar erklärt." oder *„... die sofortige Vollziehung der Ziffer 1 der Verfügung wird hiermit angeordnet."*

Beachten Sie, dass dieser Ausspruch nur für diejenigen Verfügungsziffern nötig ist, bei denen der Rechtsbehelf eine aufschiebende Wirkung nach § 80 Abs. 1 VwGO hätte. Der Ausspruch darf sich nicht auf Verwaltungsakte erstrecken, bei denen nach § 80 Abs. 2 S. 1 Nr. 1 bis 3 a VwGO ohnehin keine aufschiebende Wirkung bestehen würde (z.B. bei Androhung von Zwangsmitteln), wenn für die Ordnungsverfügung eine Anordnung der sofortigen Vollziehung erfolgt ist!

40 Eine Anordnung der sofortigen Vollziehung findet sich üblicherweise bei Verfügungen im Polizei- und Ordnungsrecht (Versammlungsverbot, Evakuierungsgebot, Beseitigungsgebote oder Gewerbeuntersagungen), in Sonderrechtsverhältnissen insbesondere bei deren Beendigung (Entlassung bei Beamten oder Schulverweis eines Schülers), bei Entziehung einer Fahrerlaubnis (außerhalb des § 4 Abs. 9 StVG) oder bei dem Widerruf von Erlaubnissen (Waffenrecht o.Ä.).

41 **Das besondere öffentliche Interesse** an der sofortigen Vollziehung muss von der Behörde **substantiiert dargelegt** werden, was aber nicht im Rahmen der Abfassung des Tenors erfolgt, sondern erst im Begründungsteil der Verfügung am Ende vor der Rechtsbehelfsbelehrung (hierzu Rn. 78).

42 In verfahrensrechtlicher Hinsicht ist umstritten, ob vor Erlass der Vollziehungsanordnung eine **besondere Anhörung nach § 28 VwVfG** erforderlich ist. **Überwiegend** wird dies **verneint**, da die Vollziehungsanordnung keinen VA und keine Nebenbestimmung darstelle und damit § 28 VwVfG nicht anwendbar sei. Die Vollziehungsanordnung schließe kein Verwaltungsverfahren i.S.d. § 9 VwVfG ab. Sie sei vielmehr ein bloßer Verfahrensakt ohne materielle Regelung. Da der Antrag nach § 80 Abs. 5 VwGO grundsätzlich an keine Frist gebunden sei, könne die Vollziehungsanordnung – anders als ein VA – auch nicht bestandskräftig werden.[11] Auch eine **analoge Anwendung** des § 28 VwVfG wird überwiegend mangels Regelungslücke abgelehnt.[12]

43 Die Gegenansicht verweist auf die allgemeinen rechtsstaatlichen Grundsätze, die im Hinblick auf Art. 103 Abs. 1 GG bei belastenden Maßnahmen stets eine Anhörung erforderten.[13] Dagegen spricht jedoch, dass § 80 Abs. 3 VwGO im formellen Bereich nur das Erfordernis einer schriftlichen Begründung verlangt und damit die verfahrensrechtlichen Anforderungen **abschließend** bestimmt. Im Übrigen kann sich der Be-

11 OVG Berlin NVwZ 1993, 198; VGH Mannheim NVwZ-RR 1995, 174, 175; Kopp/Schenke VwGO § 80 Rn. 78 u. 82; Tappe/Glaser Jura 2007, 456, 459.

12 OVG NRW BauR 1995, 69; OVG Koblenz NJW 1996, 1690; VGH Mannheim VBlBW 1992, 295, 296; Dietlein/Heinemann NWVBl. 2005, 278, 280; Erbguth JA 2008, 357, 359; Hummel JuS 2011, 413, 415.

13 OVG Lüneburg DVBl. 1992, 1318; VG Berlin NVwZ-RR 1992, 527.

troffene im gerichtlichen Verfahren nach § 80 Abs. 5 VwGO ausreichend Gehör verschaffen. Zumindest bei der mit dem AusgangsVA unmittelbar verbundenen Vollziehungsanordnung ist eine analoge Anwendung des § 28 VwVfG nicht geboten.

3. Androhung von Zwangsmitteln

44 Bei der **Androhung eines Zwangsmittels** handelt es sich um einen **selbstständigen Verwaltungsakt**, weshalb er auch in den Tenor aufzunehmen ist. Der VA-Charakter ergibt sich zum einen daraus, dass von verschiedenen Zwangsmitteln eines ausgewählt wird (z.B. die Ersatzvornahme), und zum anderen aus einem in der Androhung enthaltenen Gebot der Duldung. Der Tenor enthält nur die Androhung als solche. Die Angabe der relevanten **Rechtsvorschriften** und die Begründung für die Androhung erfolgt erst im Rahmen der Begründung im Anschluss an die Begründung der Hauptsacheentscheidung (s. Rn. 59).

45 Die Zwangsmittel sind in den Verwaltungsvollstreckungsgesetzen des Bundes und der Länder geregelt (ggf. speziell in Polizei- und Ordnungsgesetzen). Als Zwangsmittel stehen insbesondere die Ersatzvornahme, das Zwangsgeld und der unmittelbare Zwang zur Verfügung. Da der unmittelbare Zwang (physische Einwirkung auf Menschen oder Sachen) nur als ultima-ratio-Mittel in Betracht kommt, geht es in der Klausur vor allem um **Ersatzvornahme** oder **Zwangsgeld**.

46 Soll eine **vertretbare** Handlung vollstreckt werden, bietet sich in der Regel die **Ersatzvornahme** an (je nach Landesrecht ggf. auch Zwangsgeld). Dabei muss der Bürger über die voraussichtlichen Kosten belehrt werden (vgl. § 13 Abs. 4 VwVG).

„Sollten Sie der Aufforderung aus Ziff. 1 nicht fristgerecht bis zum ... nachkommen, werde ich die Mauer auf Ihre Kosten durch einen Dritten entfernen lassen. Die voraussichtlichen Kosten werden ... Euro betragen."

47 Geht es um eine **unvertretbare** Handlung, scheidet die Ersatzvornahme aus und es kommt entweder die Androhung von Zwangsgeld oder von unmittelbarem Zwang in Betracht.

Als unmittelbarer Zwang kommt z.B. die zwangsweise Wegnahme einer Sache oder die Versiegelung einer Baustelle, einer Gaststätte oder eines Gewerbebetriebs in Betracht.

48 Da die Androhung eine spätere Vollstreckungsmaßnahme einleiten soll, muss dem Bürger klar sein, wann eine solche Vollstreckung erfolgen kann. Aus diesem Grund ist in dem Tenor der Androhung eine **angemessene Frist** zu bestimmen (vgl. § 13 Abs. 1 S. 2 VwVG). Formulierungen wie „unverzüglich" oder „in den nächsten Tagen" sind zu unbestimmt. Auch ist mit Blick auf den Tenor in der Hauptsache danach zu unterscheiden, ob ein Rechtsbehelf (Widerspruch oder Klage) aufschiebende Wirkung nach § 80 Abs. 1 VwGO entfaltet oder ob die aufschiebende Wirkung nach § 80 Abs. 2 S. 1 Nr. 1–4 VwGO ausgeschlossen ist. Im letztgenannten Fall kann eine kalendermäßig genau festgesetzte Frist, die wiederum angemessen sein muss, bestimmt werden. Im erstgenannten Fall darf eine Fristbestimmung in dieser Weise nicht erfolgen, da für den Fall, dass ein Rechtsbehelf gegen den Hauptsachetenor aufschiebende Wirkung erzeugt, eine Vollstreckung auch erst dann erfolgen darf, wenn der Hauptsacheausspruch bestandskräftig geworden ist.[14] Aus diesem Grund bietet sich auch in diesem Fall die Formulierung an:

„... innerhalb eines Monats nach Bestandskraft der Verfügung aus Ziff. 1."

14 Vgl. z.B. ausdrücklich § 63 Abs. 1 S. 3 VwVG NRW.

Beachten Sie ggf. materielle Vollstreckungshindernisse aus der Berechtigung anderer Personen. So kann gegen einen Miteigentümer nur vollstreckt werden, wenn der andere Miteigentümer eine gleichlautende oder Duldungsverfügung wirksam erhalten hat.

49 Soll ein **Zwangsgeld** angedroht werden, ist zu beachten, dass für jede einzelne im Tenor genannte Verhaltensweise ein Geldbetrag genannt werden muss. Hierbei sind u.U. gesetzliche Ober- und Untergrenzen einzuhalten. Innerhalb der Grenzen ist eine **angemessene Höhe** zu bestimmen. Dabei sind die wirtschaftliche Lage des Pflichtigen und die Bedeutung der getroffenen Verfügung, insbesondere für Rechtsgüter Dritter zu berücksichtigen.

50 Soll ein **Unterlassen** („Verbot") verfügt werden, so ist umstritten, ob in die Androhung die Formulierung „für jeden Fall der Zuwiderhandlung" aufgenommen werden darf. Sollten in der Verfügung mehrere Verbote ausgesprochen worden sein, die in einem Handlungszusammenhang stehen, ist eine solche Formulierung zu unbestimmt, da nicht genau festlegt ist, ob nur ein oder mehrere Zwangsgelder festgesetzt werden können.[15] Sollte nur ein einziges Verbot verfügt worden sein, hängt die Rechtmäßigkeit davon ab, ob eine solche Formulierung im Gesetz wegen des Vorbehalts des Gesetzes vorgesehen ist.[16] Aus dem vorgenannten Grund bietet es sich an, nur „für **den** Fall" zu formulieren. Eine zweite Zwangsgeldfestsetzung würde dann aber voraussetzen, dass nach der ersten Festsetzung eine neue Androhung ergehen müsste.

51 Von der Androhung eines Zwangsmittels ist streng die **Festsetzung** des Zwangsmittels, die ebenfalls ein selbstständiger Verwaltungsakt ist, zu unterscheiden. Die Festsetzung kann erst nach Ablauf der in der Androhung gesetzten Frist erfolgen (vgl. § 14 VwVG). Sie ergeht im Regelfall durch einen gesonderten Bescheid und erfolgt in der Praxis zumeist nur bei der Festsetzung eines Zwangsgeldes.

4. Kostenentscheidung

52 Inwieweit für die getroffene Verfügung **Kosten** (Gebühren und Auslagen) erhoben werden dürfen, hängt vom Einzelfall und von den im Bund und in den Ländern und Kommunen vorhandenen Kostenregelungen ab. In der Regel ist in Examensklausuren die Kostenentscheidung bei Ausgangsbescheiden erlassen. Falls eine Kostenentscheidung getroffen werden muss, wird in der Regel nicht eine genaue Gebühren- oder Auslagenhöhe verlangt, sondern lediglich eine **Kostengrundentscheidung**, die regelmäßig mit *„... haben Sie zu tragen"* getroffen wird.

VIII. Begründung des Bescheids

53 Nach **§ 39 Abs. 1 S. 1 VwVfG** ist ein schriftlicher oder elektronischer Verwaltungsakt mit einer **Begründung** zu versehen. In der Begründung sind die wesentlichen tatsächlichen und rechtlichen Gründe mitzuteilen, die die Behörde zu ihrer Entscheidung bewogen haben. Die Begründung von Ermessensentscheidungen soll auch die Gesichtspunkte erkennen lassen, von denen die Behörde bei der Ausübung ihres Ermessens ausgegangen ist.

1. Der Sachverhalt

54 Zunächst ist der **Sachverhalt** darzustellen, der für die getroffene Verfügung einschließlich der Androhung von Zwangsmitteln und der Anordnung der sofortigen

15 BVerwG DVBl. 1998, 230, 231; VG Augsburg, Urt. v. 14.07.2013 – Au 5 K 12.1216.

16 Vom BVerwG DVBl. 1998, 230, 231 für das Bundesrecht verneint, landesrechtlich aber zum Teil ausdrücklich vorgesehen (z.B. § 17 Abs. 6 S. 2 Brem VwVG, § 62 Abs. 3 S. 2 VwVG RhPf).

Vollziehung von Bedeutung ist. Dabei ist der Zeitpunkt zugrunde zu legen, in dem die Behörde die Verfügung trifft. Die Darstellung kann sich an § 117 Abs. 3 VwGO orientieren. Häufig ist dies im Bearbeitungsvermerk ausdrücklich vorgegeben („Die Entscheidung hat eine Sachverhaltsdarstellung zu enthalten, die den Erfordernissen des § 117 Abs. 3 VwGO entspricht."). Es empfiehlt sich, eine **chronologische Darstellung** des Sachverhalts vorzunehmen. Dies fällt besonders leicht, wenn Sie zunächst die oben (Rn. 14) empfohlene chronologische Übersicht erstellt haben. Es ist eine **einfache Sprache** zu wählen, die auch dem nicht juristisch geschulten Laien hinreichend **verständlich** ist. Dabei sollte zunächst von den unbestrittenen Tatsachen ausgegangen werden.

„Am 04.01.2021 ging eine anonyme Anzeige bei uns ein, wonach in ... X-Straße 16 ein Bordell betrieben werde. Bei einer Internetrecherche wurde festgestellt, dass unter der Internetadresse „www.liebesnest.de" entsprechende Leistungen „in Aaseenähe" angeboten werden."

Hat vor Erlass des Erstbescheids eine **Beweisaufnahme** stattgefunden (§ 26 VwVfG), **55**
sind die Beweisergebnisse aufzunehmen.

„Bei einer Ortsbesichtigung konnten von Außen am Gebäude keine Tatsachen festgestellt werden, die den Hinweis auf einen Bordellbetrieb bestätigten."

Hat der Adressat bereits vor Erlass des Bescheids **Einwendungen** vorgebracht, sollte **56**
dies in der Regel in den Sachverhalt aufgenommen werden.

„Auf unsere Anfrage an Sie als Eigentümer des Hauses teilten Sie uns mit, dass Ihnen ein Bordellbetrieb nicht bekannt sei, sondern die Räume an eine physiotherapeutische Praxis der Frau ... vermietet seien."

Besonders erwähnenswert sind die tatsächlichen Umstände, die später in der recht- **57**
lichen Würdigung bestimmte verfahrensmäßige Voraussetzungen erfüllen (so z.B. Schreiben oder mündliche Stellungnahme des Adressaten als Anhörung nach § 28 VwVfG).

„Nach Anhörung der Frau ... teilte diese mit, dass tatsächlich in den Räumen neben physiotherapeutischen Behandlungen auch ‚Liebesdienste' erbracht würden."

Steht die getroffene Entscheidung im **Ermessen**, ist es erforderlich, die Tatsachen mit- **58**
zuteilen, die insbesondere das Auswahlermessen betreffen. Dazu gehören z.B. alternative Störerpersonen oder alternative Möglichkeiten, die etwaige Gefahr abzuwehren.

„Das Haus X-Straße 16 befindet sich im Sperrbezirk der Stadt Münster, in dem das Betreiben der Prostitution auf der Grundlage des Art. 297 EGStGB verboten ist. Aus diesem Grunde haben wir mit Verfügung vom heutigen Tage Ihrer Mieterin Frau ... den Betrieb des Bordells untersagt. Da Sie als Eigentümer des Hauses auch verpflichtet sind, rechtmäßige Zustände herbeizuführen, wenden wir uns mit dieser Ordnungsverfügung auch an Sie."

Bei Bestimmung von **Geldbeträgen** im Rahmen von gesetzlichen Vorgaben bieten sich Angaben über Einkommen, Wert des gefährdeten Rechtsguts o.Ä. an.

2. Die rechtlichen Gründe für die Verfügung

59 Im Anschluss an den Sachverhalt erfolgt die **Darlegung der rechtlichen Gründe** für die getroffenen Regelungen. Die Darstellung orientiert sich an der Reihenfolge, die auch in der gutachterlichen Lösungsskizze zugrunde gelegt wurde. So ist es ratsam, zunächst die Ermächtigungsgrundlage zu nennen, auf der die Verfügung im Hauptsacheausspruch beruht. Im Anschluss daran wird (soweit erforderlich) zu den **formellen und materiellen Voraussetzungen** der Verfügung Stellung genommen. Alternativ kann auch sofort mit den formellen Voraussetzungen begonnen werden und die Ermächtigungsgrundlage und deren materielle Darlegungen im Anschluss gebracht werden.

60 **Unerlässlich** ist – soweit nicht nach dem Bearbeitungsvermerk unterstellt – die Feststellung der **Zuständigkeit der handelnden Behörde** unter Zitierung aller einschlägigen Vorschriften. Hierbei ist im Wesentlichen die sachliche Zuständigkeit zu benennen. Auf die örtliche oder instanzielle Zuständigkeit braucht ohne Anlass nicht eingegangen zu werden.

„Für den Erlass dieser Verfügung bin ich gemäß § ... i.V.m. ... Ziffer ... zuständig."

61 Bei **der sachlichen Zuständigkeit** ist zu unterscheiden, ob nach einem Bundesgesetz, einem Landesgesetz oder einer Selbstverwaltungsangelegenheit einer öffentlich-rechtlichen Körperschaft vorgegangen wird. Die meisten **Bundesgesetze** werden gemäß Art. 83 GG durch die Länder nach Art. 84 GG als eigene Angelegenheit oder nach Art. 85 GG (selten) im Auftrag des Bundes verwaltet. Aus diesem Grund sind Zuständigkeitsvorschriften für die Anwendung von Bundesgesetzen durch die Länder regelmäßig in Landesausführungsgesetzen oder LandesrechtsVO zu finden. Soweit ein **Landesgesetz** zur Anwendung kommt, finden sich die Zuständigkeitsvorschriften regelmäßig im Landesgesetz selbst oder in einer entsprechenden LandesrechtsVO. Wird eine Selbstverwaltungsangelegenheit ausgeführt, ergibt sich die Zuständigkeit der Behörde regelmäßig unmittelbar aus dem Selbstverwaltungsrecht der Körperschaft (z.B. Art. 28 Abs. 2 GG bzw. LVerf) und im Einzelfall ggf. aus auf dem Selbstverwaltungsrecht beruhenden Satzungen.

62 Hinsichtlich der Verfahrensanforderungen für den Erlass eines belastenden Verwaltungsakts werden regelmäßig nur Ausführungen nötig sein, die die nach § 28 Abs. 1 VwVfG erforderliche **Anhörung** des Adressaten als durchgeführt oder als entbehrlich i.S.d. § 28 Abs. 2 und Abs. 3 VwVfG darstellen.

„Eine Anhörung nach § 28 Abs. 1 VwVfG (ggf. des Landes) wurde durch unser Schreiben vom ... durchgeführt."

63 Bei Anlass können Ausführungen auch zu anderen formellen Problemen erforderlich sein (z.B. erforderliche Mitwirkung einer anderen Behörde).

Beachte: Das Recht der Behörde, die Verfügung schriftlich erlassen zu können (§ 37 Abs. 2 VwVfG), wird nicht besonders erwähnt.

64 Bei der Darlegung der **materiellen Gründe** für die getroffenen Verfügungen ist streng zwischen der Nennung der einschlägigen **Ermächtigungsgrundlage**, den materiellen **Tatbestandsvoraussetzungen**, der **Pflichtigkeit des Adressaten** und der **Rechtsfolge der Ermächtigungsgrundlage** zu unterscheiden.

Bei der **Ermächtigungsgrundlage** ist ggf. darzustellen, ob möglicherweise ein Spezialgesetz anwendbar ist, das den zu regelnden Sachverhalt erfasst. 65

„Ermächtigungsgrundlage für die Untersagungsverfügung ist § ... LBauO, weil die Gefahr von einer baulichen Anlage i.S.d. § ... LBauO ausgeht."

Ist dies nicht der Fall, ist auf **lex generalis** (insbesondere die Generalklauseln im Polizei- und Ordnungsrecht) zurückzugreifen. Belastende Verwaltungsakte, die **keine ausdrückliche Ermächtigungsgrundlage** kennen, sind z.B. im Bereich der Ausübung des Hausrechts denkbar, da hier zum Schutz der Funktion einer behördlichen Einrichtung ein öffentlich-rechtliches Hausrecht gewohnheitsrechtlich anerkannt ist, welches mit dem Erlass eines mündlichen oder schriftlichen Hausverbots wahrgenommen werden kann.[17]

Bei der Darstellung der **Tatbestandsvoraussetzungen** der Ermächtigungsgrundlage ist der (strenge) **Urteilsstil** anzuwenden. 66

„Die o.g. Verfügung beruht auf § ... Das von Ihnen betriebene Bordell stellt eine Gefahr für die öffentliche Sicherheit dar, da nach § ... der Verordnung der Landesregierung i.V.m. Art. 297 EGStGB das Grundstück X-Straße 16 zum Sperrgebiet zählt und Sie gegen die geschriebene Rechtsordnung verstoßen.
Als Betreiber des Hotels sind Sie Verhaltensstörer nach § ... und als Inhaber der tatsächlichen Gewalt auch Zustandsstörer nach § ...
Die von mir verfügte Betriebsschließung ist im Rahmen des mir zustehenden Ermessens auch verhältnismäßig, weil ... ."

Wie bereits in der gutachterlichen Lösungsskizze sind die einzelnen Tatbestandsmerkmale **ohne Gliederungspunkte** durch Nennung und urteilsmäßige Subsumtion abzuarbeiten. Besteht ausnahmsweise ein Beurteilungsspielraum der Behörde, ist dies ausdrücklich festzustellen und im Einzelnen zu begründen. Soweit ein Tatbestandsmerkmal mit mehreren Inhalten ausgelegt werden kann (z.B. schützt die öffentliche Sicherheit sowohl die Unverletzlichkeit der Rechtsordnung als auch die Individualrechtsgüter und den Staat, seine Einrichtungen und deren Funktionsfähigkeit) ist nur der Tatbestand zu nennen, der **positiv subsumiert** werden kann. 67

Bei der Begründung dafür, dass der Empfänger des Verwaltungsakts der **richtige Adressat** der Verfügung ist, sind auf die verschiedenen **Störervorschriften** entweder im Spezialgesetz (z.B. in der Bauordnung der Bauherr oder der Entwurfverfasser) oder auf die allgemeinen Regeln (im Polizei- und Ordnungsrecht der Verhaltensstörer, der Zustandsstörer oder der Notstandspflichtige) unter Nennung der entsprechenden Vorschriften einzugehen und sämtliche Tatbestandsvoraussetzungen darzustellen. 68

Was die weiteren materiellen Rechtmäßigkeitsvoraussetzungen angeht, sind die Besonderheiten in den Bundesländern zu beachten. Überwiegend werden die **allgemeinen Rechtmäßigkeitsanforderungen** wie materielle Bestimmtheit, Möglichkeit der Handlungspflichterfüllung und Verhältnismäßigkeit **vor der Subsumtion der Rechtsfolge** der Ermächtigungsgrundlage erörtert. Daraus ergibt sich dann folgender Aufbau: 69

17 Vgl. Klenke NWVBl. 2006, 84 ff.; Stelkens Jura 2010, 363 ff.

- **Tatbestandsvoraussetzungen** der Ermächtigungsgrundlage
- Adressat = Störer
- Materielle **Bestimmtheit**
- **Möglichkeit** der Handlungspflichterfüllung
- Verhältnismäßigkeit (andere Maßnahme?)
- **Rechtsfolge** der Ermächtigungsgrundlage: Ermessen (andere Störer?)

70 In einigen Bundesländern werden diese Anforderungen bei Ermessensentscheidungen als eine **Grenze des Ermessens** angesehen und deshalb **im Rahmen der Rechtsfolge** erörtert. Danach würde sich folgende Darstellung ergeben:

- **Tatbestandsvoraussetzungen** der Ermächtigungsgrundlage
- **Adressat = Störer**
- **Rechtsfolge** der Ermächtigungsgrundlage: Ermessen, Ermessensgrenzen:
  - Materielle Bestimmtheit
  - Möglichkeit der Handlungspflichterfüllung
  - Störerauswahl (andere Störer?)
  - Verhältnismäßigkeit (andere Maßnahme?)

71 Zur materiellen **Bestimmtheit** sind in der Begründung keine besonderen Ausführungen erforderlich, allerdings sind die oben bereits beim Tenor und beim Adressaten dargestellten Voraussetzungen zu beachten. Es muss erkennbar sein, **wer** (erlassende Behörde) **von wem** (Adressat) **was** (Inhalt) verlangt.

72 Bei der **Möglichkeit** der Handlungspflichterfüllung ist zu beachten, dass eine Handlung, die dem Adressaten objektiv unmöglich wäre, zur Nichtigkeit des Verwaltungsakts nach § 44 Abs. 2 Nr. 4 VwVfG führen würde. Bei Handlungen, die dem Adressaten nur subjektiv unmöglich sind, bietet sich an, darauf hinzuweisen, dass der Adressat die Pflicht dadurch erfüllen kann, dritte Personen zu beauftragen. Sollten **Rechte Dritter** der Möglichkeit der Pflichterfüllung entgegenstehen, bietet es sich an, dem Adressaten der Verfügung mitzuteilen, dass gleichzeitig an den Dritten eine **Duldungsverfügung** ergeht, die dann auch die Vollstreckbarkeit der Verfügung gegen den Adressaten möglich macht (s. Rn. 48 a.E.).

73 **Besonderes Augenmerk** sollte auf die Begründung der **Verhältnismäßigkeit** der getroffenen Maßnahme gelegt werden. Hier sehen Prüfer stets einen Schwerpunkt in der Bearbeitung eines Erstbescheids. Die Verhältnismäßigkeit betrifft die **Geeignetheit, Erforderlichkeit und Angemessenheit** der getroffenen Maßnahme. Die Verfügung ist **geeignet**, wenn mit ihrer Hilfe der gewünschte Erfolg zumindest gefördert wird. Die Verfügung ist **erforderlich**, wenn die Behörde zur Erreichung des Zwecks kein anderes gleichwirksames, aber weniger belastendes Mittel zur Verfügung hat. **Angemessen** ist die Maßnahme, wenn sie nicht zu Nachteilen führt, die erkennbar außer Verhältnis zum angestrebten Erfolg stehen. Es empfiehlt sich zu **jedem einzelnen Punkt** einschließlich des von der Verfügung verfolgten Zwecks eine (wenn auch kurze) Formulierung in die Begründung aufzunehmen. Dies gilt auch, wenn es sich um eine **gebundene Entscheidung** handelt. Hier ist dem Bürger der Zweck des Gesetzes darzulegen, wonach die gebundene Rechtsfolge in der Regel verhältnismäßig ist und auch kein atypischer Ausnahmefall vorliegt. Bei einem Fall des sog. intendierten Ermessens und der Ermessensreduzierung auf Null sind die dafür einschlägigen Argumente vorzutragen (s.u. Rn. 133 ff.).

74 Bei **Ermessensentscheidungen** sind außerdem die Gesichtspunkte darzulegen, von denen die Behörde bei der Ausübung ihres Ermessens ausgegangen ist (§ 39 Abs. 1 S. 3 VwVfG). Aus der Begründung muss vor allem erkennbar sein, dass die Behörde

sich ihres Ermessens bewusst gewesen ist und den gesetzlichen Rahmen sowie den Zweck der Ermächtigung erkannt hat (vgl. § 40 VwVfG). Dabei hat der Bearbeiter eine **umfassende Güter- und Interessenabwägung** vorzunehmen. Fehlerhaft ist es, wenn hierbei nur einzelne Punkte gegenübergestellt werden und die Bearbeitung dann mehr oder weniger zufällig zum Ergebnis gelangt, die Maßnahme sei verhältnismäßig oder unverhältnismäßig. Eine Darstellung, die dem Bürger (bzw. Prüfer) das Ergebnis scheibchenweise präsentiert („Salami-Taktik"), kann nicht überzeugen.[18] Die meisten Kandidaten machen sich häufig vor der Darstellung der Ermessensgründe keine Gedanken über das Ergebnis und schreiben einfach drauf los. Hier ist es hilfreich, schon im Rahmen der Vorüberlegungen den Gedankengang wie folgt zu ordnen:

- Welche Gesichtspunkte sind bei der Abwägung zu berücksichtigen? (**Abwägungsmaterial:** dafür – dagegen),
- wie sind diese Gesichtspunkte im Verhältnis zueinander zu gewichten? **(Abwägungsvorgang)** und
- zu welchem Ergebnis kommt der Verfasser? **(Abwägungsergebnis)**

Diese gutachtliche Überlegungen kehren sich dann in der Darstellung im Bescheid um. Das **Ergebnis** wird vorangestellt und es werden zunächst die Gesichtspunkte angeführt, die das **Ergebnis tragen** (also z.B., warum die Verfügung verhältnismäßig ist, und nicht, warum sie nicht unverhältnismäßig ist).

Da der Gesetzgeber die Form von Bescheiden nicht festgelegt hat, gibt es keine ge- **75**
setzlichen Vorgaben an die „**Bescheidtechnik**". Die Anforderungen, die ein „guter" Bescheid erfüllen muss, ergeben sich aus seiner Zielrichtung: Der Bescheid soll **verständlich** sein und **überzeugen**. Dem dient vor allem eine **klare, einfache und präzise Sprache**. Halten Sie sich dabei vor allem an folgende **Leitlinien**:

- Bescheide sind in der Regel kürzer zu fassen als entsprechende Gutachten. Unproblematische Punkte sind in der gebotenen Kürze darzustellen. Bilden Sie **Schwerpunkte** und stellen Sie so die wichtigen Punkte heraus.
- Geben Sie den wesentlichen **Inhalt der entscheidungserheblichen Vorschriften** wieder! Verweisen Sie nicht auf Gesetze, die dem Bürger unbekannt sind!
- Setzen Sie sich mit den **Argumenten und Einwänden des Bürgers** auseinander.
- Vermeiden Sie Bandwurm- oder Schachtelsätze! Sprachwissenschaftler sehen als Richtlinie für **optimale Verständlichkeit** 10 bis 15 Wörter pro Satz, bei 25 Wörtern liegt die Grenze zur Unverständlichkeit.
- Andererseits können zu starke Komprimierungen die Verständlichkeit des Textes beeinträchtigen. Dies gilt vor allem bei Verwendung fachsprachlicher Formulierungen, auch wenn sie prägnanter als der allgemeine Sprachgebrauch sind. Je häufiger **Fachausdrücke** verwendet werden, umso größer ist die Gefahr, sich unverständlich auszudrücken. Bescheide, die durch Fachsprache beeindrucken wollen, können eine saubere juristische Argumentation nicht ersetzen!
- Zuweilen lassen sich termini technici nicht vermeiden, die für den Bürger aber nicht ohne Weiteres verständlich sind (z.B. Anordnung der sofortigen Vollziehung). Hier sollte im Sinne der Verständlichkeit durch **erklärende Zusätze** der wesentliche Inhalt umschrieben werden.
- Bilden Sie **Absätze**! Hierdurch erleichtern Sie die Verständlichkeit des Bescheides. Eine gedankliche Ordnung ist umso wichtiger, je umfangreicher ein Bescheid ist.

18 Zur Behandlung des Verwaltungsermessens in Bescheid und Urteil vgl. Brühl JuS 1995, 249 ff.

- **Kraftausdrücke** (z.B. „eindeutig", „keineswegs", „offensichtlich" o.Ä.) sollten Sie vermeiden, ebenso Formulierungen, die Unsicherheiten verraten (z.B. „wohl", „zweifellos", „meines Erachtens").
- Seien Sie **freundlich** und vermeiden Sie Schärfen und Vorhaltungen. Allerdings sollten unsachliche Angriffe in gebührender Form zurückgewiesen werden.
- Zeigen Sie **Verständnis** für das Begehren des Bürgers, auch wenn Sie etwas ablehnen. Ein Ausdruck des „Bedauerns" wirkt in belastenden Bescheiden dagegen eher unglaubwürdig und sollte tunlichst vermieden werden.
- Vermeiden Sie **unpersönliche Formulierungen** oder verunglückte Wortschöpfungen (insbesondere überflüssige Substantivierungen).
- Verwenden Sie möglichst **keine Abkürzungen**.
- Achten Sie auf sorgfältige **Rechtschreibung**, **Grammatik** und **Zeichensetzung**, ebenso auf eine deutliche und lesbare Handschrift. Bei Streichungen und Änderungen muss klar sein, was gelten soll.

3. Die rechtlichen Gründe für die Androhung von Zwangsmitteln

76 Bei der Begründung für die **Androhung eines Zwangsmittels** sind die **genauen Rechtsvorschriften zu nennen**, die für die Androhung maßgeblich sind. Hierbei kann es sich zum einen um Vorschriften des Sonderordnungsrechts handeln. Häufig sind in den Polizeigesetzen besondere Zwangsvollstreckungsvorschriften enthalten oder es ist das Verwaltungsvollstreckungsgesetz des Bundes oder der Länder anzuwenden. Besondere Bedeutung haben hierbei die Vorschriften über das sog. **gestreckte Vollstreckungsverfahren.** Eine Androhung von Zwangsmaßnahmen ist regelmäßig nur im gestreckten Verfahren erforderlich, sodass hier der richtige Absatz der jeweiligen Vorschrift zu zitieren ist, der die Vollstreckung eines belastenden Verwaltungsakts erlaubt. Sodann ist der Paragraf des einschlägigen Zwangsmittels und die Norm, die die Ermächtigungsgrundlage für die Androhung bildet, zu zitieren. Ist eine Ersatzvornahme angedroht worden, sind die **voraussichtlichen Kosten** kurz zu begründen (z.B. § 13 Abs. 4 VwVG). Bei der Androhung eines Zwangsgeldes sind nachvollziehbare Gründe zu dessen Höhe anzugeben. Auch bietet sich ein kurzer Begründungssatz dazu an, warum die gesetzte Frist in der vorgenommenen Weise bestimmt worden ist. Soll unmittelbarer Zwang angedroht werden, ist darauf hinzuweisen, warum diese Zwangsmaßnahme als ultima ratio im Verhältnis zu den anderen Zwangsmitteln ausgewählt worden ist und warum diese Vollstreckungsart verhältnismäßig ist.

Unzulässig ist z.B. die gleichzeitige Androhung mehrerer Zwangsmittel oder eine Androhung, mit der sich die Behörde die Wahl zwischen mehreren Zwangsmitteln vorbehält (§ 13 Abs. 3 S. 2 VwVG). Landesrechtlich ist zum Teil die Androhung mehrerer Zwangsmittel zulässig, wenn angegeben wird, in welcher Reihenfolge sie angewendet werden sollen.[19] Umstritten ist, ob (insbesondere bei Unterlassungsgeboten) eine Androhung „für jeden Fall der Zuwiderhandlung" zulässig ist (s.o. Rn. 50).

77 Die **Androhung** kann **in einem selbstständigen Bescheid** ergehen **oder mit dem GrundVA verbunden** werden („unselbstständige Androhung"). Sie soll mit dem GrundVA verbunden werden, wenn Rechtsmittel keine aufschiebende Wirkung haben (§ 13 Abs. 2 VwVG). In diesem Fall ist der Bescheid förmlich zuzustellen, auch wenn für den zugrunde liegenden Verwaltungsakt keine Zustellung vorgeschrieben ist (§ 13 Abs. 7 VwVG). Beachte aber davon abweichende Vorschriften im Verwaltungsvollstreckungsrecht der Länder.

19 Vgl. z.B. § 20 Abs. 3 S. 2 LVwVG BW, § 28 Abs. 3 S. 2 VwVG Bbg, § 70 Abs. 3 S. 2 NPOG, § 63 Abs. 3 S. 2 VwVG NRW.

4. Die Begründung für die Anordnung der sofortigen Vollziehung

Nach **§ 80 Abs. 3 S. 1 VwGO** ist das besondere Interesse an der sofortigen Vollziehung des Verwaltungsakts schriftlich zu begründen. Auf diese Passage Ihrer Examensklausur legt jeder Prüfer stets besonderen Wert. Zunächst ist die Rechtsgrundlage für die Anordnung der sofortigen Vollziehung (§ 80 Abs. 2 S. 1 Nr. 4 VwGO) zu zitieren. Bei der Abfassung der Begründung ist zu beachten, dass das Gesetz normalerweise (auch bei rechtmäßigen Verwaltungsakten) nach § 80 Abs. 1 VwGO dem Rechtsbehelf des Bürgers eine aufschiebende Wirkung zukommen lässt. Ordnet die Behörde entgegen dieser gesetzgeberischen Wertung die sofortige Vollziehung an, muss dies besonders begründet werden, es muss das **besondere öffentliche Interesse** der Allgemeinheit oder eines Beteiligten besonders dargelegt werden. Formel- oder floskelhafte Begründungen reichen nicht aus. Vielmehr muss auf den konkreten Einzelfall bezogen eine substantiierte Begründung abgefasst werden. Dabei ist die Begrifflichkeit „im öffentlichen Interesse" oder „im Interesse eines Beteiligten" zu verwenden. **78**

Die Gründe, die zum Erlass der Verfügung berechtigten, können im **Einzelfall** auch die Gründe sein, die eine Anordnung sofortiger Vollziehung rechtfertigen. Dies gilt insbesondere in den Fällen, in denen mit der Verfügung eine erhebliche Gefahr für ein Schutzgut der öffentlichen Sicherheit abgewehrt werden soll. Soll die Verfügung künftige Straftaten verhindern, reicht dies in der Regel als Grund für die Anordnung der sofortigen Vollziehung aus. Gleiches gilt für den Fall, dass das Verhalten des Adressaten das Leben oder die körperliche Unversehrtheit Dritter gefährdet. Hier ist zum Schutz der Allgemeinheit die sofortige Beachtung der Verfügung erforderlich. Auch wenn der Adressat durch seine Verhaltensweise vollendete Tatsachen geschaffen hat, bietet sich eine sofortige Vollziehung an (z.B. bei der negativen Vorbildwirkung eines illegal errichteten Bauvorhabens). **79**

Beispiel *für die Begründung der Anordnung der sofortigen Vollziehung gemäß § 80 Abs. 2 S. 1 Nr. 4, Abs. 3 VwGO:*

„Die Anordnung der sofortigen Vollziehung beruht auf § 80 Abs. 2 S. 1 Nr. 4 VwGO. Das öffentliche Interesse an der sofortigen Vollziehung der Verfügung überwiegt Ihr Interesse, von der Vollstreckung einstweilen verschont zu bleiben.

Wenn die Verfügung nicht unmittelbar vollzogen werden könnte, bestünde die Gefahr, dass ...

Diese Gefährdung kann auch für einen Übergangszeitraum nicht hingenommen werden. Denn Ihr Verhalten hat eine negative Vorbildfunktion für ..."

5. Die Begründung der Kostenentscheidung

Ist im Tenor eine **Kostenentscheidung** getroffen worden, sind hierzu die Vorschriften zu zitieren, auf denen die Kostenentscheidung beruht. Dabei sind streng die Vorschriften für Gebühren und Auslagen zu unterscheiden. Regelmäßig finden sich solche Vorschriften in Kosten- bzw. Gebührengesetzen oder -verordnungen des Bundes und der Länder. Wenn die Vorschrift eine **Rahmengebühr** vorsieht, ist eine kurze Begründung dafür zu geben, warum der festgesetzte Betrag gewählt wurde. **80**

IX. Die Rechtsbehelfsbelehrung

Bei der **Rechtsbehelfsbelehrung** reicht nach dem Bearbeitungsvermerk in der Regel die Angabe des einschlägigen Rechtsbehelfs und der einschlägigen Vorschriften aus. Sollte ausnahmsweise eine **ausformulierte** Rechtsbehelfsbelehrung zu entwerfen sein, beschränken Sie sich auf den **notwendigen Inhalt** (§ 58 Abs. 1 VwGO), da es bei Zusätzen leicht zu Fehlern kommt, die die Rechtsbehelfsbelehrung unrichtig i.S.d. § 58 Abs. 2 VwGO machen. **81**

Nach § 58 Abs. 1 VwGO beginnt eine Rechtsbehelfsfrist nur zu laufen, wenn der Beteiligte über den Rechtsbehelf, die Verwaltungsbehörde oder das Gericht, bei dem der Rechtsbehelf anzubringen ist, den Sitz und die einzuhaltende Frist schriftlich oder elektronisch belehrt worden ist. Die **Mindestbestandteile** einer Rechtsbehelfsbelehrung sind daher

- die Bezeichnung des **Rechtsbehelfs**,
- des **Adressaten**,
- dessen **Sitz** und
- die Angabe der einzuhaltenden **Frist**.

Hierüber ist schriftlich oder elektronisch zu belehren (vgl. nunmehr ausdrücklich § 37 Abs. 6 VwVfG).

82 **1.** Der **Rechtsbehelf** muss eindeutig bezeichnet werden (z.B. Widerspruch, Klage). Ob über die Erhebung eines Widerspruchs oder die Erhebung einer Klage zu belehren ist, hängt davon ab, ob in der konkreten Materie mit Blick auf die handelnde Behörde und das jeweilige Landesrecht ein Vorverfahren nach § 68 Abs. 1 S. 1 VwGO stattfindet. Hier ist zu beachten, dass nach § 68 Abs. 1 S. 2 Nr. 1 VwGO ein Vorverfahren grundsätzlich nicht stattfindet, wenn ein Verwaltungsakt von einer obersten Bundes- oder obersten Landesbehörde erlassen wird (also insbesondere bei ministeriellen Entscheidungen). Ebenso ist ein Widerspruchsverfahren nicht erforderlich, wenn nach § 68 Abs. 1 S. 2 Hs. 1 VwGO ein Bundes- oder Landesgesetz das Vorverfahren abbedungen hat (so z.B. in zahlreichen Rechtsgebieten in Bayern, Hessen, Niedersachsen und NRW).

83 **2.** Als **Adressat** ist die Behörde bzw. das Gericht anzugeben, bei der der Rechtsbehelf einzulegen ist. Nicht erforderlich ist die zusätzliche Angabe, wo der Rechtsbehelf „auch" erhoben werden kann. Deshalb reicht im Fall des Widerspruchs die Angabe der Ausgangsbehörde; die Angabe der Widerspruchsbehörde, bei der der Widerspruch auch erhoben werden kann (§ 70 Abs. 1 S. 2 VwGO) ist nicht erforderlich.[20]

84 Ebenfalls **nicht empfehlenswert** ist es, dem Adressaten bei Anordnung der sofortigen Vollziehung mitzuteilen, dass ein Verfahren bei der Behörde auf Aussetzung der Vollziehung nach § 80 Abs. 4 VwGO oder ein Antrag an das Verwaltungsgericht nach § 80 Abs. 5 S. 1 Fall 2 VwGO auf Wiederherstellung der aufschiebenden Wirkung möglich ist. Solche Belehrungen sind zwar zulässig, aber in einer Klausur (und in der Praxis) überflüssig.

85 **3.** Für die Angabe des **Sitzes** der Behörde reicht die Bezeichnung des Ortes aus, nicht erforderlich ist die Angabe der postalischen Anschrift.[21]

Wird die Anschrift mitgeteilt, so muss diese inhaltlich richtig sein, um nicht die Jahresfrist des § 58 Abs. 2 VwGO auszulösen.[22] Die bloße Angabe des Postfachs der Behörde ist irreführend, da hierdurch der Eindruck erweckt wird, dass andere Formen, z.B. Einwurf in den Hausbriefkasten oder persönliche Abgabe nicht möglich sind.[23]

86 **4.** Die Belehrung über die einzuhaltende Frist verlangt nur die Angabe der **abstrakten Frist** (ein Monat – nicht vier Wochen) und ihres **abstrakten Beginns** (z.B. ab Bekanntgabe). Nicht erforderlich sind Angaben über das Datum des Fristbeginns[24]

20 OVG NRW NJW 1974, 879.

21 BVerwG DÖV 1991, 115, 116; Pietzner/Ronellenfitsch Rn. 1296 m.w.N.; Kopp/Schenke VwGO § 58 Rn. 10: Straße und Hausnummer, wenn Verwechslungsgefahr besteht.

22 VG Darmstadt NVwZ 2000, 591; OVG Hamburg, Urt. v. 06.05.2008 – 3 Bf 105/05.

23 SächsOVG LKV 1997, 228.

24 BVerwG RÜ2 2019, 235.

oder des Fristendes (also z.B. über die Fiktionswirkung nach § 41 Abs. 2 VwVfG oder § 4 Abs. 2 S. 2 VwZG). Die Berechnung der Frist ist nicht Aufgabe der Rechtsbehelfsbelehrung, sondern des Rechtsbehelfsführers.[25]

Besonderes Augenmerk ist auf den Begriff zu lenken, der die **Frist** auslösen soll, nämlich die „Bekanntgabe" oder „Zustellung". Je nach dem, welche Bekanntgabe- oder Zustellungsart gewählt wurde, können hier bei einer fehlerhaften Formulierung Unklarheiten für den Adressaten auftreten, die im Ergebnis zur Unrichtigkeit der Rechtsbehelfsbelehrung führen und damit die an sich gewünschte Monatsfrist nicht auslösen, sondern nur die Jahresfrist nach § 58 Abs. 2 VwGO. 87

Beispiele: Wird ein Verwaltungsakt mit einfachem Brief versandt, muss es „Bekanntgabe" heißen. Verwendet die Behörde den Begriff „Zustellung", ist die Belehrung unrichtig.[26]

Wird ein Verwaltungsakt förmlich **zugestellt**, muss es daher einen Monat nach „Zustellung" heißen. Zwar wird teilweise vertreten, dass auch der Begriff „Bekanntgabe" ausreiche, weil die Zustellung ein Unterfall der Bekanntgabe sei und beides „zusammenfalle".[27] Diese Auffassung überzeugt aber nicht, da beim einfachen Brief nach § 41 Abs. 2 S. 1 VwVfG und bei einem Übergabeeinschreiben nach § 4 Abs. 2 S. 2 VwZG eine Drei-Tages-Fiktion gilt, bei den übrigen Zustellungsarten (Einschreiben mit Rückschein, Zustellungsurkunde und Empfangsbekenntnis) aber nicht, sodass der Rechtsbehelfsführer die Fristberechnung möglicherweise fehlerhaft vornimmt. Dies kann die Erhebung des Rechtsbehelfs erschweren und macht die Rechtsbehelfsbelehrung daher unrichtig i.S.d. § 58 Abs. 2 VwGO.[28] 88

***Beispiel** für eine Widerspruchsbelehrung beim Ausgangsbescheid: „Gegen diesen Bescheid kann innerhalb eines Monats nach Bekanntgabe (ggf. Zustellung) Widerspruch bei ... (Angabe der Ausgangsbehörde) erhoben werden."*

***Beispiel** für eine Klagebelehrung beim Ausgangsbescheid: „Gegen diesen Bescheid kann innerhalb eines Monats nach Bekanntgabe (ggf. Zustellung) Klage beim Verwaltungsgericht in ... (Angabe des nach § 52 VwGO zuständigen Verwaltungsgerichts) erhoben werden."*

5. Nicht zum obligatorischen Inhalt einer Rechtsbehelfsbelehrung gehört die **Form** des Rechtsbehelfs,[29] obwohl üblicherweise auch darüber belehrt wird. Nach der Gegenansicht muss über Formvorschriften, die für den Rechtsbehelf zwingend sind, belehrt werden, da nur eine formgerechte Einlegung die Frist wahrt.[30] Dagegen spricht jedoch der eindeutige Wortlaut des § 58 Abs. 1 VwGO, wo die Form gerade nicht aufgeführt ist (anders z.B. § 36 SGB X). Die Belehrung über die Form ist nur als nobile officium anzusehen,[31] ihr Fehlen hat daher nicht die Folge des § 58 Abs. 2 VwGO, sondern kann allenfalls eine Wiedereinsetzung in den vorigen Stand rechtfertigen, wenn die Frist unverschuldet versäumt wird. 89

Erfolgt zur Form eine **Belehrung**, muss diese vollständig sein („schriftlich oder zu Protokoll"), um die Sanktion des § 58 Abs. 2 VwGO (Jahresfrist) zu vermeiden.[32] Kann der Rechtsbehelf auch **elektronisch** erhoben werden und wird über die Form belehrt, so ist umstritten, ob außerdem auch der Zusatz „oder elektronisch mit qualifizierter Sig- 90

25 BVerwGE 31, 388, 390; BVerwG NJW 1976, 865; NVwZ 1989, 648, 650; BSG NJW 1991, 3236.

26 VG Aachen, Urt. v. 04.01.2013 – 6 K 1106/09 m.w.N.

27 OVG Sachsen, Beschl. v. 24.05.2013 – 5 A 47/10 und VG Neustadt (Weinstraße), Urt. v. 13.05.2013 – 3 K 800/12.NW – jeweils mit Hinweis auf BVerwG NJW 1991, 508 und BVerwG NVwZ 2006, 943.

28 OVG NRW NJW 2009, 1832, 1833; VG Gelsenkirchen, Beschl. v. 04.12.2015 – 5 a L 2240/15.

29 Pietzner/Ronellenfitsch Rn. 1297 m.w.N.

30 Kopp/Schenke VwGO § 58 Rn. 10.

31 BVerwGE 50, 248, 250 ff.; Meissner/Schenk in Schoch/Schneider VwGO § 58 Rn. 32.

32 VGH BW NVwZ-RR 2015, 400; Kopp/Schenke VwGO § 58 Rn. 12 m.w.N.

natur" aufgenommen werden muss. Wohl überwiegend wird dies verlangt, weil die Einführung des elektronischen Dokuments durch §§ 55 a, 70 Abs. 1 S. 1 VwGO und §§ 79, 3 a Abs. 2 VwVfG (als lex posterior zu § 81 VwGO) erfolgt ist. Der Adressat müsse daher darauf hingewiesen werden, wenn auch die elektronische Form möglich ist, weil er sonst davon ausgehen könne, dass dies nicht zur Wahrung der Form ausreiche. Letzteres bedeute eine Erschwerung der Erhebung des Rechtsbehelfs, sodass die Belehrung dann unrichtig i.S.d. § 58 Abs. 2 VwGO sei.[33] Die Gegenansicht hält den Hinweis nicht für erforderlich, da in § 81 Abs. 1 VwGO nur die Schriftform und die Erhebung zu Protokoll geregelt sind und ein elektronisches Dokument mit Signatur ein Unterfall der „Schriftform" sei.[34] Wenn über die elektronische Form belehrt wird, ist die Angabe einer E-Mail-Adresse allerdings nicht erforderlich.[35]

Bei einer Belehrung über die Erhebung eines **Widerspruchs** muss seit dem **01.01.2018** über die elektronische Form belehrt werden, wenn die Form überhaupt angesprochen wird, weil § 70 Abs. 1 S. 1 VwGO die Erhebung in elektronischer Form nach § 3 a Abs. 2 VwVfG ausdrücklich anspricht und zulässt.

91 Aufgrund der vorstehenden Streitigkeit zwischen den Verwaltungsgerichten der Länder über die Erforderlichkeit des Hinweises auf die elektronische Klagemöglichkeit und dem Umstand, dass das BVerwG noch keine Entscheidung getroffen hat, **wird von Prüfern regelmäßig empfohlen**, zur Form des Rechtsbehelfes keine Angaben zu machen, was zulässig ist (s. o.). Die Belehrung lautet dann:

„Gegen diesen Bescheid kann innerhalb eines Monats nach Bekanntgabe (ggf. Zustellung) Widerspruch (bzw. Klage) bei ... (Angabe der Ausgangsbehörde bzw. des Verwaltungsgerichts) erhoben werden."

Für den Fall, dass man eine Belehrung über die elektronische Form für erforderlich hält, muss diese unter Hinweis auf das Erfordernis einer „qualifizierten elektronischen Signatur" erfolgen.[36] In der Klausur sollten vorstehende Fragen im Gutachten (falls dieses zu erstellen ist) oder in einem Vermerk zum Entwurf in der gebotenen Kürze erörtert werden. Sollte der Sachverhalt dies nahelegen, sollte die Belehrung inklusive elektronischer Form erfolgen.

92 Streitig ist, ob der Zusatz (in Bescheiden des Bundesamtes für Migration und Flüchtlinge) **„die Klage muss ... in deutscher Sprache abgefasst sein"** unrichtig im Sinne des § 58 Abs. 1 VwGO ist. Nach einer Auffassung sei die Formulierung geeignet, den Eindruck zu erwecken, dass die Klage schriftlich erhoben werden müsse, was zur Erschwerung führe.[37] Nach anderer Ansicht ist § 58 Abs. 1 VwGO nicht verletzt, weil Klagen in anderer Sprache nicht fristgemäß sein können.[38]

X. Grußformel und Unterschrift

93 Mit der Grußformel und einer Unterschrift, die im Falle eines gesetzlichen Vertreters mit „i.V." und bei anderen Vertretern der Behörde mit „i.A." versehen wird, endet der

33 OVG NRW, Beschl. v. 11.07.2013 – 19 B 406/13; OVG LSA, Urt. v. 14.10.2014 – 1 L 99/13; OVG RP Urt. v. 08.03.2012 – 1 A 11258/11; OVG Bln-Bbg, Beschl. v. 02.02.2011 – OVG 2 N 10.10; Kopp/Schenke, VwGO, § 58 Rn. 12; offengelassen von OVG NRW, Beschl. v. 31.08.2016 – 15 E 222/16.

34 OVG NDS RÜ2 2019, 285; OVG Bremen, Beschl. v. 25.08.2015 – 2 LB 283/14; Bay. VGH, Beschl. v. 18.04.2011 – 20 ZB 11.349; außerdem BFH, Urt. v. 18.06.2015 – IV R 18.13; BSG, Urt. v. 14.03.2013 – B 13 R 19/12 R, BeckRS 2013, 68951; VG Braunschweig, Urt. v. 16.12.2015 – 5 A 17/14; Meissner/Schenk, in: Schoch/Schneider, VwGO, § 58 Rn. 44; ebenso nunmehr BVerwG, Urt. v. 25.01.2021 – BVerwG 9 C 8.19, BeckRS 2021, 11347.

35 OVG RP RÜ2 2019, 189.

36 VG Cottbus, Urt. v. 14.06.2012 – 3 K 958/11.

37 VGH BW RÜ 2017, 392, 393 m.w.N.

38 BVerwG RÜ 2018, 806, 807 m.w.N.

Entwurf eines (belastenden) Erstbescheids. Die Formulierung „Hochachtungsvoll" ist nicht mehr zeitgemäß.

B. Gutachten zum belastenden Verwaltungsakt

Schwerpunkt bei der Erstellung einer verwaltungsbehördlichen Entscheidung ist die rechtliche Würdigung im Rahmen eines Gutachtens. Das **Gutachten im Ausgangsverfahren** bezieht sich in der Regel auf die Rechtmäßigkeit eines (zu erlassenden) Verwaltungsakts. 94

Ein belastender Verwaltungsakt ist rechtmäßig, wenn 95

- er auf einer wirksamen **Ermächtigungsgrundlage** beruht,
- die Zuständigkeits-, Verfahrens- und Formvorschriften eingehalten sind **(formelle Rechtmäßigkeit),**
- er inhaltlich mit dem geltenden Recht im Einklang steht **(materielle Rechtmäßigkeit)** und
- die getroffene Regelung von der **Rechtsfolge** der Vorschrift gedeckt ist (gebundene Entscheidung, Soll-Entscheidung oder Ermessen).

Grundschema: Rechtmäßigkeit eines belastenden VA

- **Ermächtigungsgrundlage**
- **Formelle Rechtmäßigkeit**
  - Zuständigkeit
  - Verfahren
  - Form
- **Materielle Rechtmäßigkeit**
  - Erfüllung der Tatbestandsvoraussetzungen
  - Richtiger Adressat
  - Allgemeine Rechtmäßigkeitsanforderungen
  - Einhalten der Rechtsfolge
    - gebundene Entscheidung
    - Ermessensentscheidung

I. Erforderlichkeit einer Ermächtigungsgrundlage

Ermächtigungsgrundlage

- erforderlich nach dem Grundsatz vom **Vorbehalt des Gesetzes**
  - belastende Maßnahmen
  - wesentliche Entscheidungen
- Auswahl nach **Spezialitätsgrundsatz**
  - spezielles Bundesrecht
  - spezielles Landesrecht
  - allgemeines Landesrecht
- **Wirksamkeit** der Ermächtigungsgrundlage
  - Vereinbarkeit mit höherrangigem Recht
  - ggf. untergesetzliche Norm ausreichend (Ausnahme Parlamentsvorbehalt)

96 **1.** Ob eine **Ermächtigungsgrundlage** erforderlich ist, beurteilt sich nach dem Grundsatz vom Vorbehalt des Gesetzes (Art. 20 Abs. 3 GG: Gesetzmäßigkeit der Verwaltung). Bejaht wird dies für **belastende Maßnahmen** und **wesentliche Entscheidungen** (sog. Wesentlichkeitstheorie).

Wesentlich in diesem Sinne sind vor allem Entscheidungen, die den Grundrechtsbereich in nennenswertem Umfang tangieren. Der Vorbehalt des Gesetzes gilt daher für alle grundrechtsrelevanten Maßnahmen. Dabei ist die **Grundrechtsrelevanz** einer Maßnahme nicht auf belastende Maßnahmen beschränkt. Vielmehr können grundrechtsrelevant auch Maßnahmen sein, die für die Grundrechtsverwirklichung allgemein von Bedeutung sind.[39]

97 Ist eine **Ermächtigungsgrundlage erforderlich**, aber nicht vorhanden, so führt dies grundsätzlich zur Rechtswidrigkeit des VA. Nur wenn ausnahmsweise das Fehlen einer gesetzlichen Grundlage im Interesse der Funktionsfähigkeit der Verwaltung für eine Übergangszeit hingenommen werden muss, kann der VA gleichwohl rechtmäßig sein.[40] Für die Übergangszeit können Verwaltungsvorschriften u.U. gesetzesvertretenden Charakter haben.

So genügen z.B. Verwaltungsvorschriften im Rahmen der beamtenrechtlichen Beihilfevorschriften nicht den Anforderungen des Vorbehalts des Gesetzes. Die tragenden Strukturprinzipien des Beihilferechts muss der Gesetzgeber wegen der besonderen Bedeutung für die Heilfürsorge der Beamten selbst regeln.[41] Bis zur Neuregelung können die bisherigen Verwaltungsvorschriften weiter angewendet werden.

98 **2.** Bei der Frage nach der einschlägigen Ermächtigungsgrundlage ist gedanklich nach dem **Spezialitätsgrundsatz** vorzugehen. Spezialgesetze gehen den allgemeinen Gesetzen vor, wobei (wegen Art. 31 GG) **spezielle Bundesgesetze** (z.B. BImSchG, KrWG) vor **speziellen Landesgesetzen** (z.B. LImSchG, LAbfG) zu prüfen sind. Sind Spezialregelungen nicht vorhanden, ist auf die **allgemeinen Gesetze** zurückzugreifen (z.B. PolG, VwVfG).

„Die Behörde stützt sich auf § x. Diese Norm müsste für die hier zu entscheidende Fallkonstellation anwendbar sein. § x erfasst lediglich .... Vorliegend geht es aber um ... Damit ist § x nicht einschlägig."

99 **3.** Ist eine gesetzliche Vorschrift vorhanden, kann sie nur dann Ermächtigungsgrundlage sein, wenn sie **wirksam**, d.h. verfassungsgemäß ist.

Hinweis: Ausführungen zur Verfassungsmäßigkeit sind nur dann erforderlich, wenn dieses im Aktenauszug angesprochen wird oder sich förmlich aufdrängt. Ansonsten dürfen Sie von der Verfassungsmäßigkeit der Ermächtigungsgrundlage ausgehen.

Die Wesentlichkeitstheorie beantwortet hierbei nicht nur die Frage, ob eine gesetzliche Grundlage erforderlich ist, sondern auch, in welchem Umfang der Gesetzgeber eine Materie selbst durch ein formelles Gesetz regeln muss (sog. **Parlamentsvorbehalt**). Das „Wesentliche vom Wesentlichen" muss der Gesetzgeber selbst regeln. Die dem Parlamentsvorbehalt unterfallenden Fragen darf der Gesetzgeber nicht, auch nicht in an sich einwandfreier Form (Art. 80 Abs. 1 S. 2 GG) auf den Verordnungs- oder Satzungsgeber übertragen.[42]

39 Zum Erfordernis einer Rechtsgrundlage bei einer sog. Gefährderansprache OVG NRW RÜ 2016, 733.

40 BVerfG NJW 1992, 1875, 1876; BVerwG DVBl. 2004, 1420, 1422; OVG NRW RÜ 2013, 655, 660 f.

41 BVerwG NVwZ 2012, 1635, 1636; NVwZ 2009, 472, 473.

42 BVerfG NJW 2005, 45, 47; BVerwG NVwZ 2008, 1380, 1381.

Beruht der Verwaltungsakt nicht unmittelbar auf einem Gesetz, sondern zulässigerweise auf einer **RechtsVO** oder einer **Satzung**, so ist an dieser Stelle zu prüfen, ob die untergesetzliche Norm ihrerseits wirksam ist (sog. **dreistufiger Aufbau**). 100

Beispiel: Aufgrund einer Polizeiverordnung (ordnungsbehördlichen Verordnung) wird dem A durch Polizeiverfügung (Ordnungsverfügung) das Aufsteigenlassen von sog. Fluglaternen untersagt.[43]

1. Stufe: Die **Verfügung** ist nur rechtmäßig, wenn die Ermächtigungsgrundlage in der RechtsVO wirksam ist.

2. Stufe: Die Ermächtigungsgrundlage ist nur wirksam, wenn die **RechtsVO** wirksam ist.

3. Stufe: Die RechtsVO kann nur wirksam sein, wenn das zum Erlass der RechtsVO ermächtigende **Gesetz** seinerseits wirksam (verfassungsgemäß) ist.

Beispiel: Ein Erschließungsbeitragsbescheid (§§ 127 ff. BauGB) ist nur rechtmäßig, wenn
1. die Ermächtigungsgrundlage in der Erschließungsbeitragssatzung (§ 132 BauGB) wirksam ist.
2. Die Ermächtigungsgrundlage in der Satzung ist nur wirksam, wenn die Satzung rechtmäßig ist.
3. Die Satzung kann nur rechtmäßig sein, wenn das zum Erlass der Satzung ermächtigende Gesetz seinerseits wirksam (verfassungsgemäß) ist.

„Die Behörde stützt ihre Verfügung auf § x VO. Die VO müsste wirksam sein. Gemäß § y Gesetz kann die Behörde zur Regelung von … eine Rechtsverordnung erlassen. Die VO könnte aber nicht den Anforderungen genügen, die § y Gesetz an diese stellt."

„§ y Gesetz könnte gegen Art. 80 GG (bzw. die entsprechende Vorschrift aus der jeweiligen Landesverfassung) verstoßen und damit nichtig sein. Dies hätte zur Folge, dass auch § x VO unwirksam wäre und als Rechtsgrundlage ausscheiden würde."

Hinweis: Die einschlägige Ermächtigungsgrundlage ist als grundlegende Rechtmäßigkeitsvoraussetzung im Gutachten stets vorab zu benennen, da sich hieraus – je nach dem betroffenen Rechtsgebiet – spezielle formelle und materielle Voraussetzungen ergeben können.

Beruht der VA auf einer wirksamen und ausreichenden Ermächtigungsgrundlage, so sind sodann die **formellen** und **materiellen** Rechtmäßigkeitsvoraussetzungen zu prüfen.

II. Formelle Rechtmäßigkeit

Formell rechtmäßig ist der VA, wenn 101

- er von der **zuständigen Behörde**
- in einem **ordnungsgemäßen Verfahren** und
- **formgerecht** erlassen worden ist.

1. Zur **Zuständigkeit** der Behörde gehört die Prüfung der sachlichen, instanziellen und örtlichen Zuständigkeit.

Hinweis: Kenntnisse von Zuständigkeiten der handelnden Behörden kommt in einer Klausur aus dem zweiten Staatsexamen eine besondere Bedeutung zu. Verinnerlichen Sie die in der Regel abgedruckten Vorschriften und schenken sie diesem Prüfungspunkt immer eine besondere Aufmerksamkeit.

102

43 Vgl. BVerwG RÜ 2018, 119; vgl. auch VGH BW RÜ 2009, 732 ff.

a) Die Zuständigkeit knüpft in erster Linie an einen bestimmten **Aufgabenbereich** an (sog. **sachliche Zuständigkeit**).

Dabei ist nach Verbandskompetenz und Organkompetenz zu unterscheiden:

Verwaltungsträger sind Bund und Länder (wobei die Gemeinden Teil der mittelbaren Landesverwaltung sind). Als juristische Personen sind Verwaltungsträger nicht handlungsfähig. Für sie handeln ihre **Behörden**.

103 Da jedes behördliche Handeln einer juristischen Person des öffentlichen Rechts zugerechnet werden muss, ist zunächst festzustellen, welcher Verwaltungsträger die Aufgabe wahrzunehmen hat (sog. **Verbandskompetenz**).

Die Verbandskompetenz kann beim Bund, Land, bei den Gemeinden, Landkreisen und sonstigen Körperschaften, Stiftungen oder Anstalten des öffentlichen Rechts liegen.

104 Ein Verwaltungsträger kann mehrere **Behörden** haben. Es muss deshalb bestimmt werden, welche Behörde die sachlich umschriebene Aufgabe konkret wahrzunehmen hat (sog. **Organkompetenz**).

Beispiel: Verwaltungsbehörde der Gemeinde ist grundsätzlich der Bürgermeister bzw. Magistrat. Der Gemeinderat ist lediglich internes Willensbildungsorgan. Nur ausnahmsweise ist der Rat die für die Gemeinde handelnde Behörde. Das gilt dann, wenn die Beschlussfassung bereits externe Wirkung und damit VA-Qualität hat, z.B. Feststellung der Zulässigkeit eines Bürgerbegehrens;[44] Umbenennung einer Straße[45] sowie grundlegende schulorganisatorische Maßnahmen (z.B. Schließung einer Schule).[46]

105 Handelt im Verhältnis zum Bürger das **falsche Organ**, so ist die Maßnahme mangels Organkompetenz **rechtswidrig**.

Beispiel: Der Rat der kreisfreien Stadt erlässt eine Beseitigungsverfügung an den Bürger. Da der Oberbürgermeister die allgemeine Behörde der Stadt ist, ist er, und nicht der Rat, untere Bauaufsichtsbehörde. Die Verfügung ist deshalb rechtswidrig.

„Die Beseitigungsverfügung könnte bereits aus formellen Gründen rechtswidrig sein. Zuständig für den Erlass von Beseitigungsverfügungen nach der LBauO ist gemäß § x LBauO der Oberbürgermeister. Gehandelt hat aber der Rat der Stadt A. Dieser ist für den Erlass von Ordnungsverfügungen nach der LBauO nicht zuständig. Dies allein begründet schon die Rechtswidrigkeit des VA. …"

Entsprechendes gilt in den Fällen, in denen der Rat ausnahmsweise als Behörde fungiert. **Beispiel:** Bei der Straßenumbenennung handelt der Rat als Behörde. Deshalb kann z.B. nur der Rat als Erlassbehörde und nicht der Bürgermeister die sofortige Vollziehung der Straßenumbenennung gemäß § 80 Abs. 2 S. 1 Nr. 4 VwGO anordnen.[47]

106 **b)** Hat der Verwaltungsträger Behörden auf verschiedenen Ebenen, so ist die sog. **instanzielle Zuständigkeit** festzulegen. In der Regel ist die Zuständigkeit der jeweils unteren Instanz zugewiesen. Die vorgesetzte Behörde darf dann nur ausnahmsweise bei einem **Selbsteintrittsrecht** tätig werden.

Beispiel: Nach § 44 Abs. 1 S. 1 StVO sind zur Ausführung der StVO grundsätzlich die unteren Verwaltungsbehörden zuständig. Die obersten Landesbehörden und die höheren Verwaltungsbehörden können diesen Behörden Weisungen erteilen oder die erforderlichen Maßnahmen selbst treffen (§ 44 Abs. 1 S. 2 StVO).[48]

---

44 OVG NRW NWVBl. 2002, 326; HessVGH DVBl. 2000, 928; Kutsch NWVBl. 2005, 398, 402; beachte a.A. in anderen Bundesländern, z.B. in Nds OVG Lüneburg NdsVBl. 1998, 96.

45 VGH Mannheim NVwZ 1992, 196 ff.; Suerbaum JuS 1994, 324, 327; Zilkens NWVBl. 2001, 369, 370 m.w.N.

46 Vgl. OVG NRW DVBl. 1992, 448; Suerbaum JuS 1994, 324, 327 m.w.N.

47 Vgl. OVG NRW DVBl. 1981, 879; Lichtenfeld DVBl. 1982, 1021, 1025.

48 Vgl. dazu BVerwG RÜ 2016, 123, 124.

c) Die **örtliche Zuständigkeit** muss festgelegt werden, wenn es mehrere gleichartige Behörden mit räumlich begrenztem Zuständigkeitsbereich gibt. Fehlen Spezialregelungen (vgl. z.B. § 73 Abs. 2 FeV), so gilt für die örtliche Zuständigkeit § 3 VwVfG. **107**

Beispiele: Für Baugenehmigungen und bauaufsichtliche Verfügungen gilt § 3 Abs. 1 Nr. 1 VwVfG (Belegenheit des Grundstücks), für gewerberechtliche Erlaubnisse § 3 Abs. 1 Nr. 2 VwVfG (Standort des Unternehmens). Im Übrigen ist bei natürlichen Personen auf den Aufenthaltsort (§ 3 Abs. 1 Nr. 3 a VwVfG), bei juristischen Personen oder Vereinigungen auf deren Sitz abzustellen (§ 3 Abs. 1 Nr. 3 b VwVfG). Subsidiär ist die Behörde zuständig, in deren Bezirk Anlass für die Amtshandlung besteht (§ 3 Abs. 1 Nr. 4 VwVfG). Bei Gefahr im Verzug ist für unaufschiebbare Maßnahmen jede Behörde örtlich zuständig, in deren Bereich der Anlass für die Amtshandlung hervortritt (§ 3 Abs. 4 S. 1 VwVfG, ähnlich der Eilfallzuständigkeit im Polizeirecht).

Ändern sich im Lauf des Verwaltungsverfahrens die die Zuständigkeit begründenden Umstände, so kann die bisher zuständige Behörde das Verwaltungsverfahren fortführen, wenn dies unter Wahrung der Interessen der Beteiligten der einfachen und zweckmäßigen Durchführung des Verfahrens dient und die nunmehr zuständige Behörde zustimmt (§ 3 Abs. 3 VwVfG).[49] Die Regelung gilt über § 79 VwVfG auch bei Zuständigkeitsveränderungen im Widerspruchsverfahren.[50]

Zuständigkeitsprüfung

Sachliche Zuständigkeit

Verbandskompetenz

Welchem Verwaltungsträger ist die Aufgabe zugewiesen?

Organkompetenz

Welches Organ (Behörde) des Verwaltungsträgers hat die Aufgabe zu erfüllen?

Instanzielle Zuständigkeit

wenn Behörden auf verschiedenen Ebenen bestehen

Örtliche Zuständigkeit

bei gleichartigen Behörden mit territorialer Begrenzung

2. Das **Verwaltungsverfahren** ist grundsätzlich nicht an bestimmte Förmlichkeiten gebunden (§ 10 S. 1 VwVfG). Es ist einfach, zweckmäßig und zügig durchzuführen. **108**

Die Behörde muss daher in der Regel binnen angemessener Frist entscheiden. Dementsprechend scheidet eine **Aussetzung des Verfahrens** grundsätzlich aus. Allerdings ist anerkannt, dass die Behörde aufgrund des Rechtsgedankens des § 94 VwGO auch das Verwaltungsverfahren aussetzen darf, wenn die zu treffende Entscheidung ganz oder zum Teil von dem Bestehen oder Nichtbestehen eines Rechtsverhältnisses abhängt, das Gegenstand eines anderen Verwaltungsverfahrens oder anhängigen Rechtsstreits ist und Rechtsvorschriften einer Aussetzung nicht entgegenstehen. Auch für die Aussetzung ist keine bestimmte Form vorgeschrieben. Teilweise sehen Spezialvorschriften eine Aussetzung ausdrücklich vor (vgl. z.B. § 79 Abs. 2 AufenthG, § 5 Abs. 4 WaffG).

Ein **förmliches Verwaltungsverfahren** findet nur statt, wenn es durch Rechtsvorschrift angeordnet ist (§ 63 Abs. 1 VwVfG); vgl. z.B. § 10 BImSchG. **109**

Auch im förmlichen Verwaltungsverfahren sind grundsätzlich die allgemeinen Vorschriften der §§ 9 ff. VwVfG anzuwenden, es sei denn, in den §§ 63–71 VwVfG finden sich abweichende Regelungen. Wesentlich für das förmliche Verfahren ist, dass die Behörde vor der Entscheidung grundsätzlich eine mündliche Verhandlung durchzuführen hat (Einzelheiten in §§ 67, 68 VwVfG).

49 Vgl. BVerwG DVBl. 1995, 861.

50 OVG Hamburg NordÖR 1999, 412.

110 Für das **Planfeststellungsverfahren** (§§ 72 ff. VwVfG) sind wesentlich die Regelungen über das Anhörungsverfahren (§ 73 VwVfG) und den Planfeststellungsbeschluss (§ 74 VwVfG) als besondere Art des Verwaltungsakts.

Planfeststellungsverfahren finden sich vor allem im Verkehrswegerecht, z.B. in § 17 FStrG, §§ 14 ff. WaStrG, §§ 8 ff. LuftVG. Die §§ 72 ff. VwVfG gelten nur insoweit, als in den Spezialgesetzen keine abweichenden Sonderregelungen enthalten sind.

111 Die **wesentlichen Verfahrensregeln** finden sich in §§ 20 ff. VwVfG, insbesondere

- Ausschluss von Amtsträgern wegen Befangenheit (§§ 20, 21 VwVfG),
- Anhörung Beteiligter (§ 28 VwVfG).

112 **a)** Gemäß § 20 Abs. 1 VwVfG sind **Amtsträger** automatisch **kraft Gesetzes ausgeschlossen**, die selbst am Verfahren beteiligt, Angehörige eines Beteiligten oder Vertreter eines Beteiligten sind oder in einem besonderen Näheverhältnis stehen (vgl. § 20 Abs. 1 Nr. 1–6 VwVfG).

Ein Verstoß gegen § 20 VwVfG macht den VA grundsätzlich rechtswidrig, der Fehler kann aber nach § 46 VwVfG unbeachtlich sein.[51] Die Mitwirkung in eigener Sache (§ 20 Abs. 1 Nr. 1 VwVfG) kann unter den Voraussetzungen des § 44 Abs. 1 VwVfG zur Nichtigkeit des VA führen.[52] In den Fällen des § 20 Abs. 1 Nr. 2–6 VwVfG führt der Verstoß dagegen allein nicht zur Nichtigkeit, sondern nur zur Rechtswidrigkeit (vgl. § 44 Abs. 3 Nr. 2 VwVfG).

113 Im Übrigen kann ein Amtsträger wegen Besorgnis der Befangenheit nach § 21 VwVfG durch **Anordnung** des Behördenleiters von der Amtsausübung ausgeschlossen werden. **Besorgnis der Befangenheit** besteht, wenn ein Grund vorliegt, der geeignet ist, Misstrauen gegen eine unparteiische Amtsausübung zu rechtfertigen.

Die Mitwirkung eines nach § 21 VwVfG befangenen Amtsträgers führt zur Rechtswidrigkeit des VA und zwar unabhängig davon, ob der betroffene Amtswalter einer entsprechenden Anordnung nicht Folge leistet oder ob, aus welchen Gründen auch immer, eine solche Anordnung unterblieben ist. Der Fehler kann aber nach § 46 VwVfG unbeachtlich sein, wenn der VA keinen anderen (materiellen) Fehler aufweist und offensichtlich ist, dass er die Entscheidung in der Sache nicht beeinflusst hat.[53]

114 **b)** Nach § 22 S. 1 VwVfG entscheidet die Behörde grundsätzlich nach pflichtgemäßem **Ermessen**, ob und wann sie ein Verwaltungsverfahren durchführt. Etwas anderes gilt, wenn sie aufgrund von Rechtsvorschriften tätig werden **muss** (also bei gebundenen Entscheidungen, z.B. nach § 35 Abs. 1 GewO, § 15 Abs. 1 u. 2 GaststG, § 3 Abs. 1 StVG).

115 **c)** Praktische Bedeutung hat vor allem die **Anhörung** nach § 28 VwVfG: Bevor ein VA erlassen wird, der in Rechte eines Beteiligten (§ 13 VwVfG) eingreift, ist diesem Gelegenheit zu geben, sich zu den für die Entscheidung erheblichen Tatsachen zu äußern. Nicht erforderlich ist, dass der Beteiligte auch tatsächlich Stellung nimmt. Ebenso besteht kein Anspruch auf ein Rechtsgespräch.[54]

116 **aa)** Die Anhörungspflicht besteht nur gegenüber einem am Verwaltungsverfahren **Beteiligten**, also grundsätzlich nicht gegenüber Dritten. Wer in einem Verwaltungsverfahren Beteiligter ist, ist in § 13 VwVfG geregelt. In der Regel sind dies Antragsteller und Antragsgegner sowie der **Adressat** des (belastenden) VA. Nach § 13 Abs. 1 Nr. 4 VwVfG ist Beteiligter auch, wen die Behörde nach § 13 Abs. 2 VwVfG zum Verfahren hinzugezogen hat, weil seine rechtlichen Interessen durch den Ausgang des Verfahrens berührt werden können (einfache Hinzuziehung) oder wenn die Entscheidung rechtsgestaltende Wirkung für den Dritten hat (notwendige Hinzuziehung). § 13 Abs. 2

51 Kopp/Ramsauer VwVfG § 20 Rn. 69.

52 Kopp/Ramsauer VwVfG § 44 Rn. 54.

53 Zur Beachtlichkeit von Fehlern in einer Untersuchungsanordnung nach der FeV BVerwG RÜ 2017, 387; vgl. auch BGH NVwZ 2002, 509, 510; Kopp/Ramsauer VwVfG § 21 Rn. 16 m.w.N.

54 Kopp/Ramsauer VwVfG § 28 Rn. 42.

VwVfG entspricht der Regelung über die Beiladung im gerichtlichen Verfahren gemäß § 65 VwGO und ist im Verwaltungsverfahren die speziellere Regelung.

bb) Unter den Voraussetzungen des § 28 Abs. 2 VwVfG kann von der Anhörung **abgesehen** werden, insbesondere wenn **117**

- **Nr. 1**: eine sofortige Entscheidung wegen **Gefahr im Verzug** oder im öffentlichen Interesse notwendig erscheint;

  insbesondere bei Eilentscheidungen im Polizei- und Ordnungsrecht, wenn durch die Anhörung der mit der Maßnahme verfolgte Zweck vereitelt oder wesentlich erschwert würde;[55]

- **Nr. 4**: die Behörde eine **Allgemeinverfügung** oder gleichartige VAe in größerer Zahl oder VAe mit Hilfe automatischer Einrichtungen erlassen will (z.B. bei Aufstellen vor Verkehrsschildern);

- **Nr. 5**: **Maßnahmen in der Verwaltungsvollstreckung** getroffen werden sollen.

  Beispiele: Androhung und Festsetzung von Zwangsmitteln, nicht jedoch der Kostenbescheid nach durchgeführter Vollstreckung, da es sich nicht mehr um eine Maßnahme „in" der Verwaltungsvollstreckung handelt.[56]

Die in § 28 Abs. 2 VwVfG genannten Fälle sind nicht abschließend (vgl. „insbesondere"). Als weitere Gründe kommen vor allem solche in Betracht, die mit den gesetzlich genannten Gründen vergleichbar sind. Jedoch ist hierbei angesichts des rechtsstaatlichen Anspruchs auf rechtliches Gehör Zurückhaltung geboten.

Anders als im Fall des § 28 Abs. 3 VwVfG („unterbleibt") entfällt die Anhörung nach **118**
§ 28 Abs. 2 VwVfG **nicht automatisch**. Vielmehr steht der Verzicht auf die Anhörung im Ermessen der Behörde (vgl. „kann"), d.h. die Behörde muss hierüber unter Abwägung aller Umstände eine ermessensfehlerfreie Entscheidung treffen. Übt die Behörde dieses Ermessen nicht aus, ist die Anhörung trotz Vorliegens der Voraussetzungen des § 28 Abs. 2 VwVfG nicht entbehrlich und der gleichwohl ergangene VA grundsätzlich rechtswidrig.[57]

Umstritten ist, ob die Behörde darüber hinaus verpflichtet ist, die Entscheidung über den Verzicht auf die Anhörung besonders zu begründen. Da es sich bei der Entscheidung, von der Anhörung abzusehen, nicht um einen VA, sondern um eine bloße verfahrensbegleitende Entscheidung handelt, unterliegt sie nicht unmittelbar dem Begründungszwang nach § 39 VwVfG. Gleichwohl wird überwiegend angenommen, die Behörde sei im Hinblick auf Art. 19 Abs. 4 GG (Effektivität des Rechtsschutzes) gehalten, analog § 39 VwVfG die Gründe für die Entscheidung nach § 28 Abs. 2 VwVfG offenzulegen.[58] Nach der Gegenansicht gilt die Begründungspflicht nur für das materielle Recht, nicht für das Verfahrensrecht.[59]

Grundschema: Anhörung gemäß § 28 VwVfG

I. Voraussetzungen
1. Erlass eines VA
2. am Verfahren Beteiligter
3. in die Rechte eingreifend
4. Ausnahmen nach § 28 Abs. 2 u. Abs. 3 VwVfG

II. Rechtsfolge: Gelegenheit zur Stellungnahme, sonst VA rechtswidrig; ggf. Heilung[60] im späteren Verfahren (§ 45 VwVfG) oder Unbeachtlichkeit (§ 46 VwVfG)

55 Vgl. dazu BVerwG RÜ 2012, 457.
56 OVG Koblenz DVBl. 1999, 216; OVG NRW OVGE 22, 307, 308.
57 HessVGH RÜ 2013, 459, 462; Kopp/Ramsauer VwVfG § 28 Rn. 50.
58 Kopp/Ramsauer VwVfG § 28 Rn. 50; Wolff/Decker VwVfG § 28 Rn. 14; Ehlers Jura 1996, 617, 620.
59 VGH Mannheim DÖV 1981, 971, 973; offengelassen in BVerwG DVBl. 1983, 999.
60 Zur Heilung eines Anhörungsmangels im vorläufigen Rechtsschutzverfahren vgl. OVG SH RÜ 2020, 185.

119 **3.** Eine bestimmte **Form** ist für den VA nicht vorgeschrieben. Ein VA kann daher grundsätzlich schriftlich, elektronisch, mündlich oder in anderer Weise (auch konkludent) erlassen werden (vgl. § 37 Abs. 2 VwVfG). Jedoch gibt es in Spezialvorschriften zahlreiche Formerfordernisse.

Beispiele: Erteilung der Fahrerlaubnis durch Führerschein (§ 4 Abs. 2 FeV), Ernennung zum Beamten durch Aushändigung einer Urkunde (§ 8 Abs. 2 BeamtStG), Schriftform bei ausländerrechtlichen Maßnahmen, z.B. Versagung eines Aufenthaltstitels oder Ausweisung (§ 77 AufenthG).

Das Erfordernis einer **Rechtsbehelfsbelehrung** (§ 37 Abs. 6 VwVfG) gehört nicht zur Form in diesem Sinne. Ihr Fehlen oder ihre Unrichtigkeit führt nicht zur Rechtswidrigkeit des VA, sondern nur dazu, dass die Monatsfrist für den Rechtsbehelf nach §§ 70, 74 VwGO nicht zu laufen beginnt. Stattdessen gilt die Jahresfrist des § 58 Abs. 2 VwGO.

120 Ein **mündlicher VA** ist schriftlich oder elektronisch zu bestätigen, wenn hieran ein berechtigtes Interesse besteht und der Betroffene dies unverzüglich verlangt. Entsprechendes gilt für elektronische VAe (§ 37 Abs. 2 S. 2 u. 3 VwVfG).

Die **Bestätigung** ist **kein VA**, sondern eine schlichthoheitliche Maßnahme. Sie enthält keine eigenständige Regelung, sondern wiederholt nur den Inhalt des ursprünglichen VA.[61]

121 Soweit **keine besonderen Formvorschriften** bestehen, kann der VA auch als Datei, z.B. per E-Mail, übermittelt werden. Dies wird in diversen Vorschriften durch das Begriffspaar „schriftlich oder elektronisch" klargestellt (vgl. z.B. § 37 Abs. 2 VwVfG). Ist gesetzlich **Schriftform** vorgeschrieben, kann diese durch ein mit einer qualifizierten elektronischen Signatur versehenes **elektronisches Dokument** ersetzt werden (§ 3 a Abs. 2 VwVfG).[62]

Der Begriff des **elektronischen VA** ist im Gesetz nicht ausdrücklich definiert. Entscheidend ist, dass der VA elektronisch erzeugt und als Datei übermittelt wird[63] (anders der automatisch hergestellte VA i.S.d. §§ 28 Abs. 2 Nr. 4, 39 Abs. 2 Nr. 3 VwVfG, der zwar durch eine EDV-Anlage erstellt, aber nicht als Datei, sondern in traditioneller Weise übermittelt wird[64]).

Kein elektronischer VA ist das **Telefax**, auch wenn es unmittelbar aus dem Computer versandt wird (sog. Computerfax), da es dem Empfänger nicht als Datei übermittelt wird, sondern dort bestimmungsgemäß ausgedruckt werden soll.[65]

Für bestimmte VAe, für die gesetzlich die Schriftform vorgeschrieben ist, können nach § 37 Abs. 4 VwVfG höhere Anforderungen an die Überprüfbarkeit der elektronischen Signatur vorgeschrieben werden (vgl. z.B. § 69 Abs. 2 S. 2 VwVfG: „dauerhaft überprüfbare qualifizierte elektronische Signatur"). In Einzelfällen ist die elektronische Form unzulässig (z.B. § 38 a StAG).

122 Zur Form des VA im weiteren Sinne zählt auch das Erfordernis einer **Begründung** nach § 39 VwVfG. Nach § 39 Abs. 1 VwVfG ist ein **schriftlicher** oder schriftlich bestätigter VA grundsätzlich schriftlich zu begründen. Entsprechendes gilt für elektronische oder elektronisch bestätigte VAe. In den Fällen des § 39 Abs. 2 VwVfG ist die Begründung **entbehrlich** (z.B. wenn die behördliche Auffassung bekannt oder ohne Weiteres erkennbar ist).

Die Ausnahmen nach § 39 Abs. 2 VwVfG sind abschließend. Die Behörde hat Ermessen, ob sie von einem Ausnahmetatbestand Gebrauch macht.[66]

123 Zum **Umfang** der Begründung bestimmt § 39 Abs. 1 S. 2 VwVfG, dass die für die Entscheidung der Behörde wesentlichen tatsächlichen und rechtlichen Gründe mitzuteilen sind. Die Begründung von Ermessensentscheidungen soll außerdem die Gesichtspunkte erkennen lassen, von denen die Behörde bei der Ausübung ihres Ermes-

---

61 Kopp/Ramsauer VwVfG § 37 Rn. 23.

62 OVG NRW RÜ2 2016, 43.

63 Kintz NVwZ 2004, 1429, 1430; Dietlein/Heinemann NWVBl. 2005, 53, 55.

64 Maurer/Waldhoff § 18 Rn. 9.

65 BVerwG NVwZ 2012, 1262, 1263; BGH NJW 2006, 2263, 2265; Wusch JuS 2003, 276, 278.

66 Schoch Jura 2005, 757, 759 m.w.N.

sens ausgegangen ist (§ 39 Abs. 1 S. 3 VwVfG).[67] Als Soll-Vorschrift ist die Regelung so zu verstehen, dass die Behörde im Normalfall verpflichtet ist, dem Betroffenen die Beweggründe für die Ausübung des Ermessens mitzuteilen.[68]

III. Materielle Rechtmäßigkeit

Damit der VA (materiell) rechtmäßig ist, 124

- müssen die **tatbestandlichen Voraussetzungen** der Ermächtigungsgrundlage vorliegen,
- muss der VA an den **richtigen Adressaten** gerichtet sein,
- muss er den **allgemeinen Rechtmäßigkeitsanforderungen** entsprechen und
- muss die Behörde eine **zulässige Rechtsfolge** gewählt haben.

1. Die **materiellen Voraussetzungen** ergeben sich in erster Linie aus **Spezialgesetzen**. Ergänzend gelten die allgemeinen Vorschriften, insbesondere des VwVfG. Konkretisiert werden die in der Regel abstrakt gehaltenen Voraussetzungen vor allem durch die Rspr. 125

Beispiele:

1. Nach § 3 Abs. 1 StVG hat die Behörde die Fahrerlaubnis zu entziehen, wenn sich der Inhaber als **ungeeignet oder nicht befähigt** zum Führen von Kraftfahrzeugen erweist. Ungeeignet ist, wer nicht die notwendigen körperlichen und geistigen Anforderungen erfüllt oder erheblich oder wiederholt gegen verkehrsrechtliche Vorschriften oder Strafgesetze verstoßen hat (vgl. § 2 Abs. 4 StVG, § 46 Abs. 1 S. 2 FeV). Die Einzelheiten regeln die verschiedenen Anhänge zur FeV.

2. Eine Untersagungsverfügung nach § 35 Abs. 1 GewO verlangt Tatsachen, welche die **Unzuverlässigkeit** des Gewerbetreibenden dartun. Dies wird angenommen, wenn der Gewerbetreibende nach dem Gesamteindruck seines Verhaltens nicht die Gewähr dafür bietet, dass er sein Gewerbe künftig ordnungsgemäß betreiben wird.[69]

3. Voraussetzung für eine Verfügung zur **Gefahrenabwehr** im Polizeirecht ist das Vorliegen einer **Gefahr für die öffentliche Sicherheit**. Schutzgüter der öffentlichen Sicherheit sind nach der Rspr. die geschriebene Rechtsordnung, die Individualrechtsgüter des Einzelnen sowie der Staat und die Funktionsfähigkeit seiner Einrichtungen.

4. Eine Baugenehmigung ist nach der LBauO zu erteilen, wenn dem **Bauvorhaben keine öffentlich-rechtlichen (baurechtlichen) Vorschriften** entgegenstehen. Dies sind vor allem solche des Bauplanungsrechts (BauGB, BauNVO) und des Bauordnungsrechts (LBauO).

Die **tatbestandlichen Voraussetzungen** der Ermächtigungsgrundlage regeln das „Ob" des VA. Sie können entweder positiv normiert sein oder sich negativ aus Versagungstatbeständen ergeben. 126

Beispiele: Ein Versammlungsverbot nach § 15 Abs. 1 VersG setzt (positiv) eine unmittelbare Gefahr für die öffentliche Sicherheit oder Ordnung voraus. Die Gaststättenerlaubnis (§ 2 GaststG) ist zu erteilen, wenn (negativ) keine Versagungsgründe i.S.d. § 4 GaststG vorliegen.

2. An **welche Person** ein VA zu richten ist, ist teilweise bereits in der Ermächtigungsgrundlage festgelegt (z.B. § 35 GewO „Gewerbetreibender", § 20 BImSchG „Betreiber der Anlage"). Darüber hinaus finden sich **spezielle Adressatenregelungen** z.B. für bauordnungsrechtliche Verfügungen in der LBauO (z.B. der Bauherr oder der Bauleiter). Nach dem allgemeinen Polizei- und Ordnungsrecht kommen als Adressaten einer Verfügung zur Gefahrenabwehr der sog. Verhaltensstörer, der Zustandsstörer und ggf. der Notstandspflichtige in Betracht. 127

3. Neben den Voraussetzungen, die sich aus der Ermächtigungsgrundlage des VA ergeben, gibt es eine Reihe von Anforderungen, die grundsätzlich bei allen VAen zu be- 128

67 Vgl. BVerwG NJW 1998, 2233, 2234; VGH Mannheim NVwZ 1998, 86.

68 BayVGH NJW 2011, 326, 328.

69 OVG NRW NVwZ-RR 2011, 553, 554.

achten sind. Diese **allgemeinen Anforderungen** – wie z.B. Bestimmtheit des VA, Möglichkeit der Maßnahme und Verhältnismäßigkeit – sind entweder spezialgesetzlich geregelt, finden sich im VwVfG (z.B. § 37 Abs. 1 VwVfG) oder gelten als allgemeine Grundsätze des Verwaltungsrechts.

129 **a)** Nach § 37 Abs. 1 VwVfG muss ein Verwaltungsakt **hinreichend bestimmt** sein. Es muss erkennbar sein, **wer** (erlassende Behörde) **von wem** (Adressat) **was** (Inhalt) verlangt. Ein vollstreckbarer VA muss einen klaren Vollstreckungstitel darstellen. Der Adressat muss ohne Weiteres erkennen können, was genau von ihm gefordert wird bzw. was in der Angelegenheit geregelt worden ist. In der Regel genügt es, wenn die Behörde den Zweck und das Ziel des VA hinreichend bestimmt. Die Angabe des Mittels ist nur erforderlich, wenn dies gesetzlich besonders vorgeschrieben ist oder wenn nur durch das Mittel ein ausreichendes Maß an Klarheit erreicht werden kann.[70]

Beispiel: Das Verbot, im Straßenraum zum Zwecke des Alkoholgenusses zu verweilen, „wenn dessen Auswirkungen geeignet sind, Dritte erheblich zu belästigen", ist zu unbestimmt, da es unter den Vorbehalt einer weiteren Sachverhaltsfeststellung gestellt wird.[71] Zu unbestimmt sind z.B. Verfügungen, „einen ordnungsgemäßen Zustand herzustellen"; „die nicht genehmigten Anlagen zu beseitigen"; den Lärm einer Anlage „durch ausreichende Schalldämmung zu beschränken", wenn nicht gleichzeitig der zulässige Lärmwert in db(A) angegeben wird.[72]

130 **b)** Rechtswidrig ist ein VA grundsätzlich auch dann, wenn er etwas **rechtlich oder tatsächlich Unmögliches** verlangt (zur Nichtigkeit vgl. § 44 Abs. 2 Nr. 4 VwVfG).

Ist die Verwirklichung der geforderten Maßnahme wegen der Berechtigung eines Dritten rechtlich unmöglich, kann dieses Hindernis aber durch eine Duldungsverfügung ausgeräumt werden. So berührt das Fehlen der Duldungsverfügung nicht die Rechtmäßigkeit des Haupt-VA, sondern nur seine Durchsetzbarkeit.[73] Die Rechtsgrundlage für die Duldungsverfügung ist die gleiche wie für den Haupt-VA.[74] **Beispiel:** Gegen Eigentümer E ergeht eine Beseitigungsverfügung. Gegen Mieter M kann eine Duldungsverfügung ergehen, da er als Inhaber der tatsächlichen Gewalt ebenfalls ordnungspflichtig ist.[75]

131 **c)** Die Maßnahme muss stets **verhältnismäßig** sein, d.h. sie muss zur Verfolgung eines legitimen Zwecks geeignet, erforderlich und angemessen sein.

- Ein **legitimer Zweck** liegt vor, wenn die Maßnahme dem Gemeinwohlbelang oder einem öffentlichen Interesse dient, das verfassungsrechtlich nicht ausgeschlossen ist.[76]
- Der VA ist **geeignet**, wenn mit seiner Hilfe der gewünschte Erfolg zumindest gefördert werden kann (er muss also nicht unbedingt erreicht werden).
- **Erforderlich** ist die Maßnahme nur, wenn der Behörde zur Erreichung des Zwecks kein anderes gleich wirksames, aber weniger belastendes Mittel zur Verfügung steht.

  Beispiel: Ein Versammlungsverbot nach § 15 Abs. 1 VersG ist nicht erforderlich, wenn mildere Mittel (z.B. Erteilung von Auflagen) zur Abwehr der Gefahr ausreichen.[77]
- **Angemessen** ist die Maßnahme, wenn sie nicht zu Nachteilen führt, die erkennbar außer Verhältnis zum angestrebten Erfolg stehen.

70 BVerwG NVwZ 1990, 658, 659; OVG NRW, Beschl. v. 06.11.2008 – 13 B 1461/08.
71 VGH Mannheim RÜ 2009, 732, 735.
72 OVG NRW NWVBl. 1997, 11.
73 HessVGH NVwZ-RR 2015, 270, 273.
74 BayVGH, Urt. v. 16.02.2015 – 1 B 13.649; Schübel-Pfister JuS 2013, 417 420.
75 BVerwGE 40, 101, 103; HessVGH DVBl. 1996, 573, 574; Maurer/Waldhoff § 10 Rn. 55.
76 BVerfG RÜ 2010, 42, 45; Kluckert JuS 2015, 116, 117.
77 VGH Mannheim NVwZ-RR 2011, 602, 604.

Beispiele: Ist ein Haus einsturzgefährdet, so ist weder eine Beseitigungsverfügung noch das Gebot zur Reparatur unangemessen, und zwar unabhängig davon, welche Werte dadurch vernichtet werden bzw. welche Kosten dadurch entstehen. Denn der durch die Verfügung herbeigeführte Vermögensnachteil ist geringer zu bewerten, als der dadurch abzuwendende Schaden, den Personen an Leib und Leben erleiden können.

Dagegen ist eine Beseitigungsverfügung unverhältnismäßig, wenn sie darauf beruht, dass der Bauherr den erforderlichen Grenzabstand lediglich um 6 cm unterschritten hat. Solche geringfügigen Abweichungen ergeben sich bei Bauten häufig und bringen weder dem Bauherrn Vorteile noch dem Nachbarn spürbare Nachteile.[78]

Bislang gingen Rspr. und Lit. überwiegend davon aus, dass der Verhältnismäßigkeitsgrundsatz bei der Prüfung von **gebundenen VAen** keine selbstständige Bedeutung hat. Ergibt die Prüfung, dass die zwingende Rechtsfolge in bestimmten Fällen unverhältnismäßig ist, so ist das Gesetz entweder verfassungswidrig und damit nichtig, oder es ist verfassungskonform so auszulegen, dass das Gesetz die insoweit problematischen Fälle nicht dieser Rechtsfolge unterwirft.[79] Die neuere Rspr. geht dagegen zunehmend davon aus, dass auch bei gebundenen Entscheidungen zu prüfen ist, ob die vorgesehene Rechtsfolge dem Grundsatz der Verhältnismäßigkeit entspricht.[80] Eine besondere Prüfung dürfte allerdings nur in atypischen Einzelfällen angezeigt sein. 132

4. Rechtsfolge

Liegen die Voraussetzungen für den VA vor, so ist auf der **Rechtsfolgenseite** danach zu unterscheiden, ob die Behörde zu einem bestimmten Verhalten verpflichtet ist oder ob ihr ein Ermessensspielraum zusteht. 133

- Muss die Verwaltung handeln („ist", „muss", „hat", „wird"), so ist die vom Gesetz vorgeschriebene Rechtsfolge zwingend zu treffen (sog. **gebundene Entscheidung**).

  Die Fahrerlaubnis ist zu entziehen, wenn ihr Inhaber ungeeignet zum Führen von Kraftfahrzeugen ist (§ 3 Abs. 1 StVG). Die Baugenehmigung ist zu erteilen, wenn dem Vorhaben öffentlich-rechtliche Vorschriften nicht entgegenstehen. Die Gaststättenerlaubnis ist zu widerrufen, wenn nachträglich Tatsachen eintreten, die die Versagung der Erlaubnis wegen Unzuverlässigkeit (§ 4 Abs. 1 Nr. 1 GaststG) rechtfertigen würden (§ 15 Abs. 2 GaststG). Die Betriebsschließung (§ 31 GaststG, § 15 Abs. 2 GewO) ist dagegen eine Ermessensentscheidung („kann"). Fehlt die Ermessensausübung bzgl. der Schließung, so kann die Begründung der Entscheidung nach § 15 GaststG die Begründung für die Anordnung nach § 15 Abs. 2 GewO nicht ersetzen.[81]

- Bei **Ermessensentscheidungen** („kann", „darf" u.Ä.) ist der Behörde dagegen ein Handlungsspielraum eingeräumt, ob sie überhaupt tätig wird (sog. **Entschließungsermessen**) und hinsichtlich der Auswahl des konkreten Mittels **(Auswahlermessen)**.[82] 134

  So steht es im Polizeirecht zum einen im (Entschließungs-)Ermessen der Behörde, **ob** sie überhaupt einschreitet, um eine Gefahr für die öffentliche Sicherheit abzuwehren. Hat sich die Behörde zum Einschreiten entschlossen, steht es in ihrem (Auswahl-)Ermessen, **welche** von mehreren gleichermaßen rechtmäßigen Maßnahmen **gegenüber wem** (bei mehreren Störern) getroffen wird.

- Eine **Zwischenstellung** nehmen die Regelungen ein, nach denen die Behörde unter bestimmten Voraussetzungen tätig werden **„soll"** (vgl. z.B. §§ 20 Abs. 2, 25 Abs. 2 BImSchG). In diesen Fällen ist die Behörde in der Regel verpflichtet, die betreffende Maßnahme zu ergreifen und darf nur in atypischen Fällen davon absehen.[83] 135

---

78 OVG Lüneburg BRS 40 Nr. 226.

79 Proppe JA 2006, 451, 458.

80 BVerwG NJW 2009, 2905, 2906; OVG NRW NWVBl. 2009, 435; ebenso schon BVerwG DÖV 1991, 651.

81 VG Meiningen GewArch 1997, 34, 35.

82 Zum Ermessen bei ausnahmsweise zulässigem Bauvorhaben vgl. VGH BW RÜ2 2021, 119.

83 Schoch Jura 2010, 358, 359; Kment/Vorwalter JuS 2015, 193, 198 f.

136 ■ Den Soll-Vorschriften im Ergebnis ähnlich sind die Vorschriften, die ein sog. **intendiertes Ermessen** beinhalten. Liegen die Voraussetzungen der Vorschrift vor, so ist wegen des vom Gesetz verfolgten Zwecks in der Regel nur eine bestimmte Entscheidung zulässig.

Nach Ansicht der Rspr. ist das Ermessen „intendiert", wenn die Richtung der Ermessensbetätigung vom Gesetz vorgegeben ist, bei „der also ein bestimmtes Ergebnis dem Gesetz nähersteht, sozusagen im Grundsatz gewollt ist und davon nur ausnahmsweise abgesehen werden darf. Bei einer solchen Konstellation gilt nämlich, dass es für die eine Ausnahme ablehnende Ermessensentscheidung keiner Abwägung des Für und Wider bedarf."[84] Von der Rspr. wird dies z.B. in den Fällen des § 49 Abs. 2 S. 1 Nr. 2 und Abs. 3 VwVfG und bei bauordnungsrechtlichen Illegalitätsverfügungen[85] bejaht.

137 **a)** Das Ermessen gehört zur Rechtsfolgenseite der Norm, ist also stets **Rechtsfolgeermessen.**[86] Auf Tatbestandsseite hat die Verwaltung in aller Regel keinen Entscheidungsspielraum. Auch unbestimmte Rechtsbegriffe sind verwaltungsgerichtlich grundsätzlich voll überprüfbar.

Ein gerichtlich nur eingeschränkt überprüfbarer **Beurteilungsspielraum** ist nur ausnahmsweise anerkannt, z.B. bei Prüfungsentscheidungen und beamtenrechtlichen Beurteilungen.

Das bedeutet, dass Ermessenserwägungen nur zulässig sind, wenn die **Voraussetzungen** der das Ermessen einräumenden Norm **erfüllt** sind. Ob diese vorliegen, ist eine reine Rechtsfrage, die vom Gericht uneingeschränkt überprüft wird. Ist nur eine der erforderlichen Voraussetzungen nicht erfüllt, darf die Behörde nicht tätig werden.

Nach § 11 Abs. 1 Nr. 1 BBG darf zum Bundesbeamten auf Lebenszeit nur ernannt werden, wer die in § 7 BBG bezeichneten Voraussetzungen erfüllt. Liegen diese Voraussetzungen nicht vor, darf der Betroffene nicht ernannt werden. Ein Antrag ist zwingend abzulehnen. Ermessen besteht insoweit nicht.

Soweit Ermessen bei der Entscheidung besteht, **„ob"** überhaupt behandelt wird, spricht man von Entschließungsermessen. Das Ermessen im Hinblick auf die Auswahl des konkreten Mittels **(„wie")** wird als Auswahlermessen bezeichnet.[87]

138 **b)** Gemäß § 40 VwVfG ist das Ermessen entsprechend dem Zweck der Ermächtigung auszuüben und die gesetzlichen Grenzen des Ermessens einzuhalten. Wichtigste prozessuale Konsequenz bei Ermessensentscheidungen ist die Einschränkung der gerichtlichen Prüfungskompetenz. Das Gericht darf nur die Rechtmäßigkeit des VA überprüfen, nicht aber dessen Zweckmäßigkeit. Das Gericht muss deshalb den Ermessensvorgang der Behörde beachten und darf insbesondere kein eigenes Ermessen ausüben. Die gerichtliche Überprüfung ist vielmehr auf **Ermessensfehler i.S.d. § 114 S. 1 VwGO** beschränkt.[88] Der VA ist daher rechtswidrig, wenn die Behörde

- die gesetzlichen Grenzen des Ermessens überschreitet **(Ermessensüberschreitung)**,
- ihr Ermessen überhaupt nicht ausübt **(Ermessensunterschreitung)** oder
- von dem Ermessen in einer dem Zweck der Ermächtigung nicht entsprechenden Weise Gebrauch macht **(Ermessensfehlgebrauch)**.

139 **aa)** Eine **Ermessensüberschreitung** liegt vor, wenn die Behörde eine im Gesetz – abstrakt – nicht zugelassene Rechtsfolge wählt.

Die für die Ermessensüberschreitung festzustellenden äußeren Grenzen des Ermessens können sich ergeben aus der das Ermessen einräumenden Norm selbst, aus anderen Rechtsvorschriften (vor allem aus Grundrechten und sonstigem Verfassungsrecht, z.B. aus dem Rechtsstaatsprinzip) und aus

---

84 Vgl. BVerwGE 72, 1, 6; BVerwG NJW 1998, 2233, 2234; ThürOVG ThürVBl. 1999, 161; BayVGH NVwZ 2001, 931.

85 OVG Berlin LKV 2000, 545, 546; vgl. Schoch Jura 2010, 358, 361.

86 Lemke JA 2000, 150; Schoch Jura 2004, 462, 463 m.w.N.

87 Schoch Jura 2004, 462, 463.

88 Kment/Vorwalter JuS 2015, 193, 199; zum Nachschieben von Ermessenserwägungen vgl. BayVGH RÜ 2019, 328.

dem Grundsatz der **Verhältnismäßigkeit**. Jede unverhältnismäßige Maßnahme stellt eine unzulässige Rechtsfolge dar und überschreitet damit die gesetzlichen Grenzen des Ermessens. Deshalb wird der Gesichtspunkt der Verhältnismäßigkeit häufig auch im Rahmen des Ermessens erörtert.

Die Verhältnismäßigkeit sollte als gesonderter Prüfungspunkt immer dann angesprochen werden, wenn im Gesetz Verhältnismäßigkeit und Ermessen ausdrücklich in verschiedenen Vorschriften geregelt sind (vgl. z.B. §§ 11, 12 ASOG Bln; §§ 3, 4 PolG Bbg; §§ 2, 3 PolG NRW). Ansonsten ist es regelmäßig angebracht, auf die Verhältnismäßigkeit im Rahmen des Ermessens einzugehen.

bb) Der Ermessensüberschreitung steht die sog. **Ermessensunterschreitung** gleich (Ermessensausfall, Ermessensnichtgebrauch). Räumt das Gesetz der Behörde Ermessen ein, so ist sie **verpflichtet**, von diesem Ermessen auch Gebrauch zu machen. Fehlt es an einer Ermessensausübung oder schöpft die Verwaltung deren Möglichkeiten nicht aus, so ist die Entscheidung ebenso rechtswidrig, wie wenn die Behörde die Grenzen des Ermessens nicht beachtet.[89] **140**

Eine Ermessensunterschreitung liegt z.B. vor, wenn die Behörde fälschlicherweise die Voraussetzungen der Ermessensnorm verneint und daher zu einer Prüfung der Rechtsfolgenseite gar nicht mehr kommt oder die Behörde sich irrtümlich für gebunden hält, insbesondere den Ermessensspielraum überhaupt nicht erkannt hat, z.B. wenn die Behörde bei Anwendung von Verwaltungsvorschriften übersehen hat, dass ein atypischer Fall vorliegt und deshalb von den Verwaltungsvorschriften abgewichen werden kann.

cc) Ein **Ermessensfehlgebrauch** liegt vor, wenn die Behörde ihr Handeln auf **sachfremde Erwägungen** stützt, die mit dem Zweck der Rechtsvorschriften und allgemeinen Grundsätzen, die die Behörde bei ihrer Entscheidung zu berücksichtigen hat, nicht vereinbar sind. **141**

Stets **sachfremd** sind persönliche Motive (Freundschaft, Abneigung etc.). Dagegen sind politische und wirtschaftliche Erwägungen nicht generell unzulässig, denn die Behörde darf nach Zweckmäßigkeit entscheiden, und dabei können diese Gesichtspunkte durchaus eine Rolle spielen. Bei einer Wohnungsverweisung einer alleinerziehenden Mutter ist die Betreuung der (minderjährigen) Kinder zu berücksichtigen.[90] Auch fiskalische Erwägungen sind nicht von vornherein ausgeschlossen, denn auch bei hoheitlichen Maßnahmen ist es vielfach geboten, die entstehenden finanziellen Nachteile zu berücksichtigen.[91] Fiskalische Erwägungen sind z.B. zulässig bei der Rückforderung rechtswidrig gewährter Subventionen, dagegen unzulässig bei einer Polizeiverfügung.

Der in der Praxis neben sachfremden Erwägungen häufigste Ermessensfehler ist der **Verstoß gegen den Gleichbehandlungsgrundsatz** des Art. 3 Abs. 1 GG. Der Gleichbehandlungsgrundsatz verpflichtet die Behörde, ihr Ermessen in gleich gelagerten Fällen grundsätzlich gleich auszuüben **(Selbstbindung der Verwaltung)**.[92] Abweichungen von der Verwaltungspraxis sind nur aus sachlichem Grund zulässig. **142**

Beispiele: Beim Einschreiten gegen Schwarzbauten muss die Behörde zwar nicht „flächendeckend" einschreiten, sondern darf auch anlassbezogen vorgehen und sich auf die Regelung von Einzelfällen beschränken, sofern sie hierfür sachliche Gründe anführen kann. Allerdings muss sie ihr Vorgehen an einem bestimmten Konzept ausrichten. So ist es z.B. zulässig, wenn die Behörde einen geeigneten Fall als „Musterfall" auswählt, um erst nach einer gerichtlichen Bestätigung ihrer Rechtsauffassung gleichartige Fälle aufzugreifen. Ebenso ist es mit Art. 3 Abs. 1 GG vereinbar, wenn die Behörde zunächst nur Fälle aufgreift, in denen eine akute Verschlechterung des bestehenden Zustandes droht.[93]

Unzulässig ist es dagegen, von einem Betroffenen die Beseitigung eines baurechtswidrigen Gebäudes zu verlangen, wenn die Behörde gegen dritte Personen unter gleichen Voraussetzungen untätig geblieben ist und weiter untätig bleibt, wenn sachliche Gründe hierfür nicht vorliegen.

dd) Hat die Behörde grundsätzlich Ermessen, so ist es ausnahmsweise aber möglich, dass im konkreten Fall alle Entscheidungen bis auf eine ermessensfehlerhaft sind **143**

---

89 BVerwGE 48, 81, 84; Maurer/Waldhoff § 7 Rn. 21 m.w.N.

90 Vgl. jüngst OVG NRW RÜ 2018, 255.

91 Maurer/Waldhoff § 7 Rn. 22.

92 VGH BW RÜ 2019, 189; BVerwG NVwZ 2014, 1583, 1584.

93 BVerwG DÖV 1992, 748.

(sog. **Ermessensreduzierung auf Null**).[94] Wann eine solche Ermessensreduzierung anzunehmen ist, lässt sich nicht allgemein feststellen, sondern ist stets eine Frage des Einzelfalls, die insbesondere unter Berücksichtigung des betroffenen Rechtsgebietes und der betroffenen Rechte zu beantworten ist.

Beispiele:

- im **Ordnungsrecht:** Ermessensreduzierung bei hoher Intensität der Störung oder Gefährdung der öffentlichen Sicherheit, z.B. bei Beeinträchtigung hochrangiger Rechtsgüter wie Leben und Gesundheit;[95]
- im **Baurecht** liegt bei Verletzung nachbarschützender Vorschriften nur dann eine Ermessensreduzierung vor, wenn eine „hohe Intensität der Störung oder Gefährdung" vorliegt oder bei „besonders schweren Gefahrenfällen".[96]
- **allgemein:** Bei Selbstbindung der Verwaltung (durch tatsächliche Übung oder Verwaltungsvorschriften) gebietet Art. 3 Abs. 1 GG grundsätzlich eine Gleichbehandlung.

„Das Ermessen der Behörde könnte auf Null reduziert sein. Das ist dann der Fall, wenn alle Entscheidungen bis auf eine ermessensfehlerhaft sind. Fraglich ist, wann eine solche Ermessensreduzierung anzunehmen ist. Dies lässt sich nicht allgemein feststellen, sondern ist stets eine Frage des Einzelfalls, die insbesondere unter Berücksichtigung des betroffenen Rechtsgebiets und der betroffenen Rechte zu beantworten ist. Im vorliegenden Fall geht es um …"

IV. Spezialfall: Aufhebung von Verwaltungsakten gemäß §§ 48, 49 VwVfG

144 Besondere Examensrelevanz haben Bescheide der Ausgangsbehörde zur **Aufhebung** eines belastenden oder begünstigenden Verwaltungsakts im Rahmen der §§ 48, 49 VwVfG. Als Gegenstand der Assessorklausur bietet sich diese Problematik vor allem im Hinblick auf das durch die v.g. Vorschriften eröffnete Ermessen an.

So kann es z.B. vorkommen, dass die Voraussetzungen z.B. für einen Widerruf nach § 49 Abs. 2 S. 1 Nr. 2 VwVfG unproblematisch erfüllt sind, weil der Adressat einer Auflage nicht oder nicht innerhalb der ihm gesetzten Frist nachgekommen ist und das Schwergewicht der Klausur dann in der Darstellung der Ermessensausübung liegt.

145 Die **Aufhebung eines VA** (außerhalb des Widerspruchsverfahrens) richtet sich nach Spezialvorschriften (z.B. § 3 StVG, § 21 BImSchG, § 45 Abs. 1 u. 2 WaffG, § 15 GaststG,[97] § 18 BJagdG, § 14 BBG, § 12 BeamtStG), im Übrigen nach §§ 48, 49 VwVfG. Aufhebung ist der Oberbegriff zu Rücknahme und Widerruf:[98]

- Eine **Rücknahme** (§ 48 VwVfG) erfolgt, weil der VA, der aufgehoben werden soll, rechtswidrig erlassen worden ist.
- Ein **Widerruf** (§ 49 VwVfG) erfolgt bei begünstigenden Verwaltungsakten, wenn ein Widerrufsgrund i.S.d. § 49 Abs. 3 S. 1 Nr. 1 oder 2 VwVfG oder § 49 Abs. 2 S. 1 Nr. 1–5 VwVfG vorliegt. Dem Wortlaut nach erfasst § 49 VwVfG nur rechtmäßige Verwaltungsakte. Die Widerrufsgründe gelten aber auch bei rechtswidrigen Verwaltungsakten, denn ein rechtswidriger Verwaltungsakt kann in seinem Bestand nicht weitergehend geschützt sein als ein rechtmäßiger.[99]

---

94 BVerwG NVwZ 2014, 181, 189.

95 Vgl. z.B. OVG NRW NWVBl. 2006, 145, 147.

96 OVG LSA RÜ 2015, 744, 747; OVG Bln-Bbg, Urt. v. 06.12.2011 – OVG 10 B 6.11.

97 HessVGH RÜ 2018, 51; BVerwG RÜ 2017, 185.

98 Zur Kombination aus Erlaubniswiderruf und erweiterter Gewerbeuntersagung vgl. OVG NRW RÜ 2020, 535.

99 BVerwG NJW 1991, 766, 768; OVG NRW NVwZ 1993, 76, 79; Kopp/Ramsauer VwVfG § 49 Rn. 5; a.A. Ruffert in Ehlers/Pünder § 25 Rn. 1; Ehlers/Schröder Jura 2010, 503, 506.

Beispiel: A hat aufgrund eines Bescheides eine Subvention erhalten, die mit einer Auflage verbunden war. Ob die Subvention rechtmäßig gewährt wurde, ist zweifelhaft. Die Auflage für sich genommen ist rechtmäßig. Hat A der Auflage hartnäckig zuwidergehandelt, kann die Subvention nach § 49 Abs. 3 S. 1 Nr. 2 VwVfG widerrufen werden, ohne dass die Frage der Rechtmäßigkeit des Bewilligungsbescheides entschieden werden müsste.

1. Widerruf nach § 49 VwVfG

a) Nach § 49 Abs. 1 VwVfG kann ein rechtmäßiger nicht begünstigender, also **belastender VA**, mit Wirkung für die Zukunft widerrufen werden. Der Widerruf eines rechtmäßigen belastenden VA steht daher im **Ermessen** der Behörde, **ohne** dass das Gesetz an den Widerruf **besondere Voraussetzungen** knüpft. 146

Beispiel: Hat die Behörde die Gewerbeausübung nach § 35 GewO wegen Unzuverlässigkeit des Gewerbetreibenden rechtmäßigerweise untersagt, so darf die Untersagungsverfügung nach § 49 Abs. 1 VwVfG nicht widerrufen werden. Denn die Behörde müsste sofort eine erneute Untersagungsverfügung erlassen (vgl. § 35 Abs. 1 GewO: „ist ... zu untersagen").

b) Ein **begünstigender VA** kann nur widerrufen werden, wenn ein besonderer Widerrufsgrund besteht, wobei § 49 Abs. 2 VwVfG den **Widerruf für die Zukunft** und § 49 Abs. 3 VwVfG den **Widerruf auch für die Vergangenheit** regelt.[100] 147

Bei den Widerrufsgründen nach § 49 Abs. 2 S. 1 Nr. 1 u. 2 u. Abs. 3 S. 1 Nr. 2 VwVfG stellt sich in der Praxis häufig die Frage, inwieweit der Widerruf von der **Rechtmäßigkeit einer zugrunde liegenden Nebenbestimmung** (Widerrufsvorbehalt, Auflage) abhängig ist. Ist die Nebenbestimmung gemäß § 44 VwVfG nichtig, so hat sie keine Wirkung und kann daher auch einen Widerruf nicht rechtfertigen. Liegt keine Nichtigkeit vor, so ist nach h.M. zwischen den verschiedenen Nebenbestimmungen zu unterscheiden:

- Bedingung und Befristung als „integrierte Bestandteile" des VA beschränken dessen Wirksamkeit auch dann, wenn sie rechtswidrig sind. 148
- Bei Widerrufsvorbehalt und Auflage sind die Rechtswirkungen umstritten: Teilweise wird die Rechtmäßigkeit der Nebenbestimmung als Tatbestandsvoraussetzung des § 49 VwVfG angesehen. Ein Widerruf sei nur bei rechtmäßigem Widerrufsvorbehalt bzw. rechtmäßiger Auflage zulässig.[101] Die Gegenansicht verweist zutreffend darauf, dass auch eine rechtswidrige, aber nicht nichtige Nebenbestimmung Tatbestandswirkung entfalte, da Nebenbestimmungen nach heute h.M. regelmäßig isoliert anfechtbar sind und – mangels Rechtsbehelfserhebung – bestandskräftig werden können. Die Behörde kann daher den Widerruf grundsätzlich auch auf eine **rechtswidrige, aber unanfechtbare Nebenbestimmung** stützen.[102] Einschränkungen können sich aber im Rahmen des Ermessens ergeben. Ist die Rechtswidrigkeit der Nebenbestimmung ohne Weiteres erkennbar, ist ihre Ausnutzung in der Regel ermessensfehlerhaft.[103]

---

100 Zum Widerruf und Rückforderung einer Subvention wegen Zweckverfehlung und Auflagenverstoß vgl. jüngst SächsOVG RÜ 2020, 598.

101 Maurer/Waldhoff § 11 Rn. 62; Erichsen/Brügge Jura 1999, 496, 498 m.w.N.

102 Kopp/Ramsauer VwVfG § 49 Rn. 38a.

103 BVerwG NVwZ-RR 1994, 580; OVG NRW NWVBl. 1992, 279, 283; Kopp/Ramsauer VwVfG § 49 Rn. 37 u. 38.

Aufbauschema: Widerruf für die Zukunft gemäß § 49 Abs. 2 VwVfG

I. Ermächtigungsgrundlage: § 49 Abs. 2 S. 1 VwVfG

beachte: u.U. Spezialgesetz einschlägig

II. Formelle Rechtmäßigkeit

1. **Zuständigkeit**
2. **Verfahren** (§ 28 VwVfG)
3. **Form** (§§ 37, 39 VwVfG)

III. Materielle Rechtmäßigkeit

1. **Voraussetzungen der Ermächtigungsgrundlage**
   a) aufzuhebender VA **rechtmäßig** (analog bei rechtswidrigem VA)[104]
   b) aufzuhebender VA **begünstigend** (vgl. Legaldefinition in § 48 Abs. 1 S. 2 VwVfG)
   c) **Widerrufsgrund** gemäß § 49 Abs. 2 S. 1 Nr. 1-5 VwVfG
   d) **Widerrufsfrist**: ein Jahr (§§ 49 Abs. 2 S. 2 i.V.m. 48 Abs. 4 S. 1 VwVfG)[105]
2. **Rechtsfolge:** Ermessen, insbesondere Verhältnismäßigkeit; u.U. Hinweis auf intendiertes Ermessen

149 **c)** Ein Widerruf **für die Vergangenheit ist nach § 49 Abs. 3 VwVfG** nur bei Verwaltungsakten zulässig, die eine einmalige oder laufende Geldleistung oder teilbare Sachleistung zur Erfüllung eines bestimmten Zweckes gewähren oder hierfür Voraussetzung sind. Der Widerruf nach § 49 Abs. 3 VwVfG ist in der Praxis vor allem bei der **Aufhebung von Subventionsbescheiden** von Bedeutung.

150 Bei Subventionen kommt den **haushaltsrechtlichen Grundsätzen** der Wirtschaftlichkeit und Sparsamkeit (vgl. z.B. § 7 BHO) eine ermessenslenkende Bedeutung dergestalt zu, dass im Regelfall nur die positive Entscheidung für den Widerruf ermessensfehlerfrei ist. Im Rahmen des § 49 Abs. 2 u. Abs. 3 VwVfG hat der Gesetzgeber den Vertrauensschutz bereits in die Widerrufstatbestände eingearbeitet. Das der Behörde eingeräumte Ermessen ist deshalb im Hinblick auf das öffentliche Interesse in Richtung auf einen Widerruf **„intendiert"**. Aus diesem Grund können Vertrauensschutzgesichtspunkte im Rahmen des der Behörde obliegenden Widerrufsermessens nur dann zugunsten des Betroffenen zu Buche schlagen, wenn der ihm ohnehin bereits kraft Gesetzes zustehende Vertrauensschutz aus besonderen Gründen (z.B. atypischer Fall) nicht ausreichend erscheint.[106]

104 BVerwG RÜ 2019, 45.
105 Zur Fristenproblematik BVerwG RÜ 2019, 395.
106 VGH Mannheim NuR 2015, 48; Ebeling/Tellenbröker JuS 2014, 217, 221.

Aufbauschema: Widerruf für die Vergangenheit gemäß § 49 Abs. 3 VwVfG

I. Ermächtigungsgrundlage: § 49 Abs. 3 S. 1 VwVfG
beachte: u.U. Spezialgesetz einschlägig

II. Formelle Rechtmäßigkeit
1. **Zuständigkeit**
2. **Verfahren** (§ 28 VwVfG)
3. **Form** (§§ 37, 39 VwVfG)

III. Materielle Rechtmäßigkeit
1. **Voraussetzungen der Ermächtigungsgrundlage**
   a) aufzuhebender VA **rechtmäßig** (analog bei rechtswidrigem VA)
   b) **aufzuhebender VA** gewährt Geldleistung oder teilbare Sachleistung zu bestimmtem Zweck
   c) **Widerrufsgrund** gemäß § 49 Abs. 3 S. 1 Nr. 1 oder Nr. 2 VwVfG
   d) **Widerrufsfrist**: ein Jahr (§§ 49 Abs. 3 S. 2 i.V.m. 48 Abs. 4 S. 1 VwVfG)
2. **Rechtsfolge:** Ermessen, insbesondere Verhältnismäßigkeit; u.U. Hinweis auf intendiertes Ermessen

2. Rücknahme nach § 48 VwVfG

Die Rücknahme **rechtswidriger Verwaltungsakte** außerhalb eines Rechtsbehelfsverfahrens richtet sich nach § 48 VwVfG. **151**

a) Die Rücknahme **rechtswidriger belastender** Verwaltungsakte ist nach § 48 Abs. 1 S. 1 VwVfG **ohne weitere Voraussetzungen** zulässig. Es sind lediglich die allgemeinen Beschränkungen des Ermessens zu beachten.

Beispielsweise darf eine Rücknahme nicht aus sachwidrigen Gründen oder unter Verstoß gegen Art. 3 Abs. 1 GG erfolgen.

b) Bei der Rücknahme **rechtswidriger begünstigender** Verwaltungsakte (§ 48 Abs. 1 S. 2 VwVfG) ist zu differenzieren:

- Ein rechtswidriger Verwaltungsakt, der eine **einmalige oder laufende Geldleistung** oder teilbare Sachleistung gewährt oder hierfür Voraussetzung ist, darf nicht zurückgenommen werden, soweit der Begünstigte auf den Bestand des Verwaltungsaktes vertraut hat und sein Vertrauen unter Abwägung mit dem öffentlichen Interesse an einer Rücknahme schutzwürdig ist (§ 48 Abs. 2 VwVfG). **152**

  Schutzwürdig ist das Vertrauen nach § 48 Abs. 2 S. 2 VwVfG in der Regel, soweit der Begünstigte die gewährten Leistungen verbraucht oder eine Vermögensdisposition getroffen hat, die er nicht mehr oder nur unter unzumutbaren Nachteilen rückgängig machen kann.

  Nicht schutzwürdig ist das Vertrauen nach § 48 Abs. 2 S. 3 VwVfG bei Kenntnis der Rechtswidrigkeit des VA bzw. grob fahrlässiger Unkenntnis oder wenn der VA durch Arglist, Drohung, Bestechung oder durch in wesentlicher Hinsicht unrichtige oder unvollständige Angaben erwirkt wurde.[107]

- **Sonstige rechtswidrige begünstigende** Verwaltungsakte (z.B. eine Baugenehmigung) können ohne weitere Tatbestandsvoraussetzungen (vgl. § 48 Abs. 3 VwVfG) zurückgenommen werden. Allerdings muss dem Betroffenen ggf. der Vermögensnachteil ausgeglichen werden, den er dadurch erlitten hat, dass er auf den Bestand des Verwaltungsakts vertraut hat, soweit sein Vertrauen unter Abwägung mit dem öffentlichen Interesse schutzwürdig ist (§ 48 Abs. 3 VwVfG). § 48 Abs. 3 **153**

107 BVerwG RÜ 2017, 728.

VwVfG regelt daher keine Tatbestandsvoraussetzungen, sondern die Rechtsfolge, wenn eine Rücknahme erfolgt ist. Gleichwohl ist schon bei der Entscheidung über die Rücknahme die Folge des § 48 Abs. 3 VwVfG zu berücksichtigen, also sämtliche Interessen des Betroffenen, **auch Vertrauensschutzgesichtspunkte**. Das bedeutet zwar nicht, dass Vertrauensinteressen, wie im Fall des § 48 Abs. 2 VwVfG, eine Rücknahme generell hindern können. Sie sind aber als schutzwürdige Belange des Betroffenen in die Abwägung mit den öffentlichen Interessen einzubeziehen, können also einer Rücknahme nur entgegenstehen, wenn sie das Rücknahmeinteresse überwiegen.[108]

Beachten Sie, dass nach der Rspr. bei der Rücknahme rechtswidriger Verwaltungsakte **kein Fall des intendierten Ermessens** vorliegt. Die Prinzipien der Gesetzmäßigkeit der Verwaltung und der Bestandskraft von Verwaltungsakten stehen vielmehr gleichberechtigt nebeneinander, sofern dem anzuwendenden Fachrecht nicht ausnahmsweise eine andere Wertung zu nehmen ist. Dies gilt auch, wenn sich der Betroffene nicht auf Vertrauensschutz berufen kann. Vor allem im Bereich des Zuwendungsrechts ist keine gesetzliche Wertung ersichtlich, die das in § 48 Abs. 1 S. 1 VwVfG gewährte Ermessen einschränken würde. Der haushaltsrechtliche Grundsatz der Sparsamkeit und Wirtschaftlichkeit der örtlichen Verwaltung allein genügt dafür nicht, sodass auch ein formelhafter Verweis hierauf die geschuldete Ermessensausübung nicht zu ersetzen vermag.[109]

Aufbauschema: Rücknahme eines rechtswidrigen begünstigenden VA

I. Ermächtigungsgrundlage: § 48 Abs. 1 S. 1 VwVfG

beachte: u.U. Spezialgesetz einschlägig

II. Formelle Rechtmäßigkeit

1. **Zuständigkeit**
2. **Verfahren** (§ 28 VwVfG)
3. **Form** (§§ 37, 39 VwVfG)

III. Materielle Rechtmäßigkeit

1. **Voraussetzungen der Ermächtigungsgrundlage**
   a) aufzuhebender VA **rechtswidrig**
   b) **kein Vertrauensschutz** gemäß § 48 Abs. 1 S. 2, Abs. 2 VwVfG
   c) **Widerrufsfrist**: ein Jahr (§ 48 Abs. 4 S. 1 VwVfG)
   Beachte: b) und c) gelten nicht in den Fällen des § 50 VwVfG!
2. **Rechtsfolge:** Ermessen, insbesondere Verhältnismäßigkeit; u.U. Hinweis auf intendiertes Ermessen

c) Jahresfrist

154 Rücknahme und Widerruf begünstigender Verwaltungsakte sind nur innerhalb einer **Jahresfrist** zulässig (§ 48 Abs. 4 S. 1 VwVfG, § 49 Abs. 2 S. 2, Abs. 3 S. 2 VwVfG), außer der Betroffene hat den Verwaltungsakt durch arglistige Täuschung, Drohung oder Bestechung erwirkt (§ 48 Abs. 4 S. 2 i.V.m. Abs. 2 S. 3 Nr. 1 VwVfG). Bei der Jahresfrist handelt es sich nicht um eine Bearbeitungsfrist, sondern um eine **Entscheidungsfrist**, die erst mit dem Zeitpunkt der **Entscheidungsreife** zu laufen beginnt.[110] Im Einzelnen heißt das:

108 BVerwG NVwZ-RR 2001, 198; OVG NRW NWVBl. 2005, 70; Kopp/Ramsauer VwVfG § 48 Rn. 137 f.
109 Vgl. OVG RP RÜ 2020, 190.
110 Grundlegend BVerwGE 70, 356, 362; BVerwG DVBl. 2001, 1221, 1222; Waldhoff JuS 2011, 95 f.

- Die für die Rücknahme zuständige Behörde muss die für die Rücknahme maßgeblichen tatsächlichen Umstände **positiv kennen**, grob fahrlässige Unkenntnis genügt nicht.[111]

- Kenntnis muss die nach der innerbehördlichen Geschäftsverteilung für die Rücknahme **zuständige Stelle** haben (also der für die Aufhebung zuständige Amtswalter). Die Kenntnis irgendeines Beamten der Behörde reicht nicht aus, ebenso wenig die Tatsache, dass die Umstände aktenkundig sind.[112]

- Die Frist des § 48 Abs. 4 VwVfG gilt nicht nur in den Fällen, in denen die Behörde Kenntnis von Tatsachen erhält, die die Rücknahme rechtfertigen, sondern auch in den Fällen der sog. **Rechtsanwendungsfehler**. In solchen Fällen sind der Behörde alle Tatsachen schon bei Erlass des VA bekannt, aber die Behörde hat (nur) das Recht fehlerhaft zur Anwendung gebracht. Hier beginnt die Rücknahmefrist nicht bereits mit Erlass des VA (die Behörde kennt alle Tatsachen), sondern erst, wenn die Behörde die Rechtswidrigkeit des VA **erkannt hat**.[113]

- Die Frist beginnt erst zu laufen, wenn der Behörde **alle Umstände bekannt** sind, die zur sachgemäßen Ermessensausübung erforderlich sind. Dazu zählt z.B. bei Geldleistungsbescheiden auch der Umstand, wie der Empfänger das Geld verwendet hat.

  Da die für die Abwägung relevanten Umstände im Rahmen einer Anhörung gemäß § 28 VwVfG ermittelt werden müssen, kann die Frist des § 48 Abs. 4 VwVfG z.B. erst nach Eingang der Stellungnahme des Betroffenen beginnen.[114]

Besonderheiten gelten bei **EU-rechtswidrigen Subventionsbescheiden**, die aufgrund eines bestandskräftigen Kommissionsbeschlusses rückabzuwickeln sind. Wegen des Effektivitätsprinzips (Art. 4 Abs. 3 UAbs. 2 EUV) kann sich der Betroffene in diesen Fällen auf Vertrauensschutz nach § 48 Abs. 2 S. 2 VwVfG grundsätzlich nicht berufen, § 48 Abs. 4 VwVfG findet keine Anwendung und der nationalen Behörde steht in der Regel auch kein Ermessen zu.[115] **155**

d) Ausschluss des Vertrauensschutzes

Während nach § 48 Abs. 2–4, § 49 Abs. 2–4 u. 6 VwVfG die Aufhebung begünstigender Verwaltungsakte eingeschränkt wird, gilt dies nach § 50 VwVfG nicht, wenn im Fall der Drittanfechtung durch die Aufhebung „dem Widerspruch oder der Klage **abgeholfen** wird". **156**

Beispiel: Gegen die dem Bauherrn B erteilte Baugenehmigung hat Nachbar N Widerspruch erhoben. Die Ausgangsbehörde nimmt dies zum Anlass, die Baugenehmigung erneut zu überprüfen. Da sie feststellen muss, dass der ursprüngliche Sachbearbeiter die Festsetzungen des geltenden Bebauungsplans nicht beachtet hat, nimmt sie die Baugenehmigung nach § 48 VwVfG zurück. Ein Entschädigungsanspruch nach § 48 Abs. 3 VwVfG wird durch § 50 VwVfG ausgeschlossen. Das Vertrauen des Begünstigten ist in diesen Fällen nicht schutzwürdig, weil er mit der Anfechtung durch den Dritten rechnen muss. Deshalb ist das behördliche Ermessen bei der Rücknahme eines VA nach § 48 VwVfG während des Vorverfahrens auf Null reduziert, wenn der Widerspruch des Dritten zulässig und begründet ist.[116]

---

111 BVerwG DVBl. 2001, 1221, 1223; Kopp/Ramsauer VwVfG § 48 Rn. 153.

112 BVerwG DVBl. 2001, 1221, 1223; BayVGH NVwZ 2001, 931, 932; Stelkens/Bonk/Sachs § 48 Rn. 214.

113 Grundlegend BVerwGE 70, 356, 362; VGH Mannheim NVwZ-RR 2014, 806; Krausnick JuS 2010, 778, 779; Maurer/Waldhoff § 11 Rn. 42.

114 BVerwG NVwZ 2002, 485; OVG NRW NWVBl. 2000, 105, 106.

115 BVerwG RÜ 2017, 243; zur Europäisierung des Verwaltungsrechts vgl. allgemein Voßkuhle/Schemmel JuS 2019, 347 ff; ausführlich AS-Skript Verwaltungsrecht AT 2 (2019), Rn. 138 ff.

116 BVerwG NVwZ 2002, 730, 732.

157 **Abhilfe** i.S.d. § 50 VwVfG ist nach der Rspr. nicht im technischen Sinne zu verstehen. Verlangt wird nur, dass dem Rechtsbehelfsbegehren des Dritten durch die behördliche Entscheidung **im Ergebnis** (also im beantragten Umfang) entsprochen wird. Anders als im Rahmen des § 72 VwGO hat dies zur Folge, dass § 50 VwVfG auch einschlägig ist, wenn der Rechtsbehelf des Dritten unbegründet ist.[117]

Beispiel: Die dem B erteilte Baugenehmigung ist zwar objektiv rechtswidrig, aber es sind keine nachbarschützenden Vorschriften verletzt. Eine Abhilfe nach § 72 VwGO scheidet aus, weil der Widerspruch des N mangels Rechtsverletzung unbegründet ist. Gleichwohl schränkt § 48 Abs. 2 bis 4 VwVfG die Rücknahme außerhalb des Widerspruchsverfahrens gemäß § 50 VwVfG nicht ein. Die Gegenansicht verlangt, dass der Rechtsbehelf des Dritten zumindest nicht offensichtlich unbegründet sein darf.[118] Andere verlangen generell die Begründetheit. Nur dann sei ein Ausschluss des Vertrauensschutzes gerechtfertigt, da der Betroffene mit einem unbegründeten Rechtsbehelf eines Dritten nicht zu rechnen brauche.[119]

Nach Auffassung der Rspr. ist § 50 VwVfG daher auch einschlägig, wenn die Baugenehmigung wegen Verstoßes gegen nicht nachbarschützende Vorschriften aufgehoben wird, während nach der Lit. in diesem Fall der Widerspruch des Nachbarn mangels Rechtsverletzung unbegründet ist und die allgemeinen Regeln des § 48 Abs. 2–4 VwVfG gelten.

e) Verhältnis zum Widerspruchsverfahren

158 Findet ein Vorverfahren statt, so erfolgt die Aufhebung durch Abhilfe- oder Widerspruchsbescheid, wenn der Widerspruch begründet ist. Eine Aufhebung außerhalb des Vorverfahrens nach § 48 VwVfG kommt daher vor allem aus **nicht widerspruchsbezogenen Gründen** in Betracht.

Beispiel: Da im obigen Beispiel der Widerspruch des N mangels Rechtsverletzung unbegründet ist, kommt nur eine Rücknahme der rechtswidrigen Baugenehmigung „außerhalb des Widerspruchsverfahrens" nach § 48 VwVfG in Betracht. Der Widerspruch des N muss zurückgewiesen werden, eine Abhilfe nach § 72 VwGO scheidet aus. Da in diesem Fall keine positive Entscheidung über den Widerspruch erfolgt, steht dem N kein Kostenerstattungsanspruch nach § 80 VwVfG zu.[120]

Nach der Rspr. hat die Behörde aber auch bei **widerspruchsbezogenen Gründen**, also solchen, die die Behörde an sich zur Abhilfe verpflichten würden, ein Wahlrecht, ob sie einen Abhilfebescheid erlässt oder ob sie den angefochtenen VA außerhalb des Vorverfahrens aufhebt.[121]

Beispiel: Kommt die Ausgangsbehörde zu dem Ergebnis, dass die Baugenehmigung wegen Verstoßes gegen nachbarschützende Vorschriften rechtswidrig ist, kann sie dem Widerspruch des N nach § 72 VwGO abhelfen, kann aber alternativ die Baugenehmigung auch außerhalb des Widerspruchsverfahrens nach § 48 VwVfG aufheben.[122]

Die Behörde muss ihr insoweit bestehendes **Ermessen** jedoch sachgerecht ausüben. Insbesondere darf die Behörde den Widerspruchsführer nicht ohne tragfähigen Grund um den zu erwartenden Kostenerstattungsanspruch gemäß § 80 VwVfG bringen.

159 Die Aufhebung des VA nach §§ 48, 49 VwVfG führt zur **Erledigung** eines etwaigen Widerspruchsverfahrens. Das Widerspruchsverfahren ist dann – ohne Kostenentscheidung – einzustellen, es sei denn, dass das **Landesrecht** vorsieht, dass nach Erledigung ggf. über die **Kosten nach billigem Ermessen** zu entscheiden ist.

Vgl. z.B. Art. 80 Abs. 1 S. 5 BayVwVfG, § 80 Abs. 1 S. 5 LVwVfG BW, § 19 Abs. 1 S. 5 AGVwGO RP, § 80 Abs. 1 S. 5 SVwVfG, § 80 Abs. 1 S. 6 ThürVwVfG.

---

117 BayVGH NVwZ 1997, 701, 702; OVG NRW DÖV 1989, 456; Pünder JuS 2000, 682, 686.

118 Kopp/Ramsauer VwVfG § 50 Rn. 10; Gassner JuS 1997, 794, 799.

119 Maurer/Waldhoff, § 11 Rn. 97.

120 Pünder JuS 2000, 682, 688.

121 BVerwG NVwZ 1997, 272, 273; Engst Jura 2006, 166, 168; abweichend OVG NRW NWVBl. 1991, 389: bei Aufhebung aus widerspruchsbezogenen Gründen liege stets ein (konkludenter) Abhilfebescheid vor.

122 Vgl. VGH BW RÜ 2019, 251.

3. Rückforderung gemäß § 49 a VwVfG

Gemäß § 49 a VwVfG sind – soweit ein Verwaltungsakt mit Wirkung für die Vergangenheit zurückgenommen oder widerrufen worden oder infolge Eintritts einer auflösenden Bedingung unwirksam geworden ist – bereits erbrachte Leistungen zu erstatten.[123] 160

a) Voraussetzungen

aa) § 49 a VwVfG gilt nur **bei Rücknahme und Widerruf** mit Wirkung für die Vergangenheit, außerdem bei nachträglicher Rechtsgrundlosigkeit durch **Eintritt einer auflösenden Bedingung** und analog beim sog. **VA mit vorläufiger Regelung.**[124] In diesen Fällen verdrängt § 49 a den allgemeinen öffentlich-rechtlichen Erstattungsanspruch.[125] 161

> **Hinweis:** Der allgemeine Erstattungsanspruch bleibt demgegenüber anwendbar bei Aufhebung im Vorverfahren durch Abhilfe- oder Widerspruchsbescheid (§§ 72, 73 VwGO) sowie bei ursprünglicher Nichtigkeit nach § 44 VwVfG.[126]

bb) § 49 a VwVfG setzt weiter voraus, dass die zu erstattenden Leistungen **auf der Grundlage eines VA** erbracht worden sind. Das bedeutet, dass Leistungen, die auf einem anderen Rechtsgrund beruhen, z.B. einem öffentlich-rechtlichen oder einem privatrechtlichen Vertrag, nicht nach § 49 a Abs. 1 VwVfG zurückgefordert werden können.[127] 162

Beispiel: Hat die Behörde eine Subvention in Anwendung der **Zwei-Stufen-Theorie** durch VA bewilligt und sodann auf der Grundlage eines privatrechtlichen Darlehensvertrages ausgezahlt, so kann die Rückforderung **nicht nach § 49 a VwVfG durch VA** geltend gemacht werden, sondern muss im Wege der Leistungsklage vor den ordentlichen Gerichten durchgesetzt werden.[128]

b) Rechtsfolge

aa) Anders als beim Erlass des Widerrufs- oder des Rücknahmebescheids gemäß §§ 48, 49 VwVfG hat die Behörde bei der Rückforderung nach § 49 a Abs. 1 VwVfG kein Ermessen (vgl. „sind zu erstatten").[129] § 49 a Abs. 1 S. 2 VwVfG sieht die **Festsetzung der zu erstattenden Leistung durch VA** vor und schließt damit – anders als sonst – die Rückforderung durch Leistungsklage aus.[130] 163

bb) § 49 a Abs. 2 VwVfG regelt den **Umfang des Erstattungsanspruchs** durch (Rechtsfolgen-)Verweis auf die Vorschriften über die ungerechtfertigte Bereicherung (§§ 812 ff. BGB). Entsprechend § 818 Abs. 2 BGB ist der Begünstigte zum Wertersatz verpflichtet, wenn ihm die Herausgabe unmöglich ist. Auf den Wegfall der Bereicherung (§ 818 Abs. 3 BGB) kann er sich nicht berufen, soweit er die Umstände, die zur Aufhebung des VAs geführt haben, kannte oder – abweichend von § 819 Abs. 1 BGB – grob fahrlässig nicht kannte (§ 49 a Abs. 2 S. 2 VwVfG). 164

---

123 Zur Inanspruchnahme eines Erben bei Erlass eines Rückforderungsbescheids OVG NRW RÜ 2018, 728.

124 BVerwG RÜ 2010, 188; dazu Selmer JuS 2010, 941; a.A. OVG Bln-Bbg RÜ 2009, 390; Stelkens/Bonk/Sachs VwVfG § 49 a Rn. 8; zum vorläufigen VA allgemein AS-Skript Verwaltungsrecht AT 1 (2019), Rn. 249 ff.

125 Zur Verjährung des Rückforderungsanspruchs BVerwG RÜ 2017, 605.

126 Zur Verjährung des allgemeinen Erstattungsanspruchs BVerwG RÜ 2017, 450.

127 BVerwG NJW 2006, 536 ff.

128 BVerwG NJW 2006, 536, 537 f.; dazu Dorf NVwZ 2008, 375 ff.; Ebeling/Tellenbröker JuS 2014, 217, 222; zu den unionsrechtlichen Bezügen vgl. ThürOVG RÜ 2011, 254; OVG Bln-Bbg, Urt. v. 29.12.2006 – OVG 8 S 42.06.

129 Zweifelnd aber BVerwG, Urt. v. 03.03.2011 – BVerwG 3 C 19.10.

130 Gurlit in: Ehlers/Pünder § 35 Rn. 23.

165 **cc)** § 49 a Abs. 3 VwVfG schreibt die **Verzinsung** des zu erstattenden Betrages ab Eintritt der Unwirksamkeit des Bewilligungsbescheides vor. Von der Zinspflicht kann bei mangelndem Verschulden abgesehen werden. Nach § 49 a Abs. 4 S. 1 VwVfG können auch Zwischenzinsen bis zur zweckentsprechenden Verwendung verlangt werden, nach § 49 a Abs. 4 S. 2 VwVfG Zinsen bei verfrühter Inanspruchnahme.[131]

Aufbauschema: Rückforderung gemäß § 49 a VwVfG

I. Ermächtigungsgrundlage: § 49 a VwVfG

II. Formelle Rechtmäßigkeit

   1. Zuständigkeit

   2. Verfahren (§ 28 VwVfG)

   3. Form (§§ 37, 39 VwVfG)

III. Materielle Rechtmäßigkeit

   1. Voraussetzungen der Ermächtigungsgrundlage

      a) Rücknahme oder Widerruf für die Vergangenheit oder Eintritt einer auflösenden Bedingung

         - analog, wenn VA mit vorläufiger Regelung gegenstandslos wird
         - nicht bei Aufhebung im Rechtsbehelfsverfahren oder bei Nichtigkeit

      b) Leistung aufgrund des unwirksam gewordenen VA

   2. Rechtsfolgen

      - gebundene Entscheidung, kein Ermessen (§ 49 a Abs. 1 S. 1 VwVfG)
      - Rückforderung durch VA (§ 49 a Abs. 1 S. 2 VwVfG)
      - Umfang nach § 49 a Abs. 2 VwVfG entsprechend § 818 BGB
      - ggf. Verzinsung, § 49 a Abs. 3 und 4 VwVfG

131 Zur Zinspflicht vgl. BVerwG DVBl. 2003, 270; NVwZ 2005, 964; OVG NRW, Urt. v. 20.04.2012 – 4 A 2005/10.

2. Abschnitt: Der begünstigende Verwaltungsakt

A. Entwurf eines begünstigenden Verwaltungsaktes

Der begünstigende Erstbescheid			
Rn.	Thema	Entwurf	
18	**Absender** **Aktenzeichen** **Ort, Datum**	**Stadt Musterhausen** Der Oberbürgermeister – Liegenschaftsamt – Az: 99-709/21	11111 Musterhausen Mustermannstr. 99 Tel.: 0000-0000-00 Fax: 0000-0000-00
19 ff.	**Bekanntgabe/ Zustellung**		
22	**Anschrift des Empfängers** (ggf. Vertreter)	Herrn Martin Mustermann Mustermannstr. 10 11111 Musterhausen	
167	**Betreff** **Bezug** **Anlagen**	Schützenfest 2019 hier: Bratwurststand Ihr Antrag vom ... <u>Anlage:</u> Lageplan	
27	**Überschrift**	**Sondernutzungserlaubnis**	
28	**Anrede**	Sehr geehrter Herr Mustermann,	
168	**Tenor** ▪ Verfügungsinhalt	1. hiermit wird Ihnen auf der Grundlage des § ... die Erlaubnis erteilt, vom 01.07... bis 08.07... auf der Straße Mustermannstraße (Fußgängerzone) vor dem Haus Nr. 90 in einem Abstand von 5 Metern zur Häuserfront einen Bratwurststand in der Größe 3 x 6 Meter aufzustellen. 2. Gleichzeitig wird Ihnen aufgegeben, an den vier Ecken Ihres Standes jeweils eine 120 Liter große Abfalltonne aufzustellen und im Bedarfsfall zu entleeren. Die Entleerung durch den städtischen Abfallentsorgungsdienst erfolgt täglich in den Morgenstunden. 3. Ihr weitergehender Antrag auf Aufstellung eines weiteren Standes vor dem Haus Nr. 40 in der Münstermannstraße wird abgelehnt.	
171	▪ u.U. AOsofVZ gemäß § 80 Abs. 2 S. 1 Nr. 4 VwGO	4. Die sofortige Vollziehung der Verfügung in Ziffer 2. Satz 1 wird angeordnet. (Hinweis: Da oben in Ziffer 2. eine belastende Nebenbestimmung verfügt wurde)	
52	▪ ggf. Kostenentscheidung (i.d.R. **keine** Gebührenberechnung)	5. Die Kosten (Gebühren und ggf. Auslagen) für diese Erlaubnis und die Benutzung der Straßenfläche haben Sie zu tragen.	

Der begünstigende Erstbescheid (Fortsetzung)		
Rn.	Thema	Entwurf
53	**Begründung**	<u>Begründung:</u>
172	▪ Sachverhalt ▪ Antrag, Begehren, Tatsachen ▪ Vorbringen der Verfahrensbeteiligten, Verfahrensgang	Mit Antrag vom ... begehren Sie, während des Schützenfestes 2021 vor den Häusern Nr. 40 und 90 jeweils einen Bratwurststand in der Größe von 3 x 6 Metern zwecks Verkaufs von Bratwürstchen aufstellen zu dürfen. Zur Begründung haben Sie vorgetragen, ... Meine Ermittlungen hierzu haben ergeben, dass der Metzger Hackfleisch, der seine Metzgerei im Haus Mustermannstraße 40 betreibt, ebenfalls einen Antrag auf Aufstellung eines Bratwurststandes vor seinem Ladenlokal gestellt hat ...
173	▪ rechtliche Gründe insbesondere Anspruchsgrundlage, Ermessenserwägungen	Bei der von Ihnen beantragten Aufstellung des ... handelt es sich um eine Sondernutzung, die nach § ... einer Erlaubnis bedarf. Für diese Erlaubnis bin ich nach § ... zuständig. Die Voraussetzungen des § ... liegen vor, sodass die Entscheidung in meinem Ermessen steht. Von diesem mache ich hinsichtlich eines Standes vor dem Haus Nr. 90 Gebrauch und erteile die Erlaubnis. Sie werden Verständnis dafür haben, dass wir vor dem Haus Nr. 40 dem Metzger Hackfleisch eine entsprechende Erlaubnis erteilt haben, da er als Anlieger der Straße ein besonderes Bedürfnis für den Stand geltend machen kann und außerdem sein Antrag zeitlich vor Ihrem Antrag bei uns eingegangen ist. Ihr Antrag war deshalb insoweit abzulehnen. Die Pflicht, Abfalltonnen aufzustellen ergibt sich aus § ... i.V.m. § 36 Abs. 2 VwVfG. ... Wie Ihnen bekannt ist, können die fest installierten städtischen Mülleimer den Unrat bei einem Schützenfest in der anfallenden Menge nicht aufnehmen, sodass ich aus Gründen der Abfallentsorgung ...
78 f.	▪ bei § 80 Abs. 2 S. 1 Nr. 4 VwGO Begründung für das bes. öff. Interesse (vgl. § 80 Abs. 3 VwGO)	Angesichts der auftretenden Abfallsituation ist die sofortige Vollziehung der Aufforderung in Ziffer 2. Satz 1 geboten, denn ... (eingehende Begründung erforderlich!)
80	▪ bei **Gebührenfestsetzung**	Die Kostenentscheidung beruht auf § ...
81 ff.	**Rechtsbehelfsbelehrung** notwendiger Inhalt ▪ Rechtsbehelf ▪ Adresse ▪ Form, Frist	Gegen diese ... (Verfügung, Anordnung, Bescheid) kann innerhalb eines Monats nach Bekanntgabe (ggf. Zustellung) Widerspruch erhoben werden. Der Widerspruch ist schriftlich oder zur Niederschrift oder elektronisch mit qualifizierter Signatur bei ... (Angabe der Behörde mit Sitz – Adresse nicht nötig) oder der Widerspruchsbehörde (nicht zwingend!) ... einzulegen. **Beachte:** Gibt es in der Materie kein Widerspruchsverfahren, ist über die Erhebung einer Klage zu belehren.
93	Grußformel Unterschrift	Mit freundlichem Gruß (i.V./i.A.) (Unterschrift)

I. Allgemeine Anforderungen

Für die Gestaltung begünstigender Verwaltungsakte gelten grundsätzlich die Ausführungen für belastende Verwaltungsakte bezüglich Kopf, Bekanntgabe, Anschrift, Überschrift, Anrede, Kostenentscheidung, Gebührenfestsetzung, Rechtsbehelfsbelehrung und Grußformel entsprechend. **166**

II. Betreff, Bezug, Anlagen

In dem zu entwerfenden begünstigenden Erstbescheid empfiehlt es sich, unter dem Merkmal **„Betreff"** diejenige Materie zu benennen, in der der Antragsteller einen Verwaltungsakt begehrt (also z.B. Musterhausen, Grundstück auf der Mustermannstraße 20, Gemarkung ..., Flur ..., Flurstück ..., hier: Antrag auf Baugenehmigung). **167**

Unter dem **„Bezug"** ist auf den gestellten Antrag des Antragstellers mit Datum und Eingang hinzuweisen.

Bei den **Anlagen** ist es häufig denkbar, dass dem begünstigenden Verwaltungsakt Lagepläne, Beschreibungen oder sonstige Merkblätter hinzugefügt werden.

III. Tenor

Was den **Verfügungsinhalt** eines begünstigenden Verwaltungsakts angeht, gelten grundsätzlich die gleichen Regeln wie bei einem belastenden Erstbescheid, sodass insoweit auf die Rn. 30 ff. verwiesen werden kann. Besonderes Augenmerk ist aber darauf zu legen, dass das **eingeräumte Recht** konkret beschrieben wird. Dabei sind die Ortsbeschreibung, eine etwaige Genehmigungszeit und etwaige Genehmigungsinhalte möglichst genau auch unter Angabe von Registrierungsnummern o.Ä. anzugeben. **168**

„Hiermit erteile ich Ihnen die Erlaubnis, am Samstag, den 28.09. ... von 10.00 bis 19.00 Uhr vor dem Haus Ludgeristraße 44 in Münster in einem Abstand von 3 Metern zur Hauswand einen Informationsstand in der Größe 3 x 1 Meter aufzustellen. Gleichzeitig erteile ich Ihnen die Erlaubnis, einen Sonnen-/Regenschirm mit einem Durchmesser von zwei Metern neben dem Informationsstand zu installieren.
Soweit durch Ihr Informationsmaterial Verunreinigungen der Straße entstehen, gebe ich Ihnen hiermit auf, die Verunreinigungen zu beseitigen."

„Hiermit genehmige ich Ihnen auf dem Grundstück ... (Gemarkung, Flur, Flurstück) in ... (PLZ, Stadt) ein ...haus entsprechend den beiliegenden Bauzeichnungen mit der Genehmigungsnummer 1311/13 zu errichten.
In Wohnungen müssen in Schlafräumen und Kinderzimmern sowie in Fluren, über die Rettungswege von Aufenthaltsräumen führen, jeweils mindestens ein Rauchwarnmelder installiert werden."

Besonders ist darauf zu achten, dass im Fall der **nicht vollständig gewährten Leistung** zusätzlich tenoriert wird: **169**

„Ihr weitergehender Antrag auf ... wird abgelehnt."

Für den Fall, dass dem begünstigenden Verwaltungsakt eine Nebenbestimmung hinzugefügt wird oder ein Antrag teilweise abgelehnt wird, ist dies bei der **Rechtsbehelfsbelehrung** zu berücksichtigen. Normalerweise muss ein begünstigender Verwaltungsakt keine Rechtsbehelfsbelehrung enthalten, da er „nicht der Anfechtung un- **170** terliegt“ (vgl. § 37 Abs. 6 S. 1 VwVfG). Im Fall einer belastenden **Nebenbestimmung** ist aber – wie üblich – darüber zu belehren, dass wegen der Nebenbestimmung Widerspruch bzw. Klage erhoben werden kann.

„Gegen die in Ziffer ... angeordnete Auflage zur Installation von Rauchwarnmeldern kann innerhalb eines Monats nach Bekanntgabe Widerspruch (bzw. Klage) erhoben werden. Der Widerspruch (bzw. die Klage) ist bei ... .“

Dabei hängt die Beifügung einer Rechtsbehelfsbelehrung nicht davon ab, ob die Nebenbestimmung isoliert angefochten werden kann. Selbst wenn dies ausnahmsweise zu verneinen sein sollte, besteht die Möglichkeit des (Verpflichtungs-)Widerspruchs bzw. der (Verpflichtungs-)Klage, über die belehrt werden muss. Im Übrigen wird die isolierte Anfechtbarkeit heute grds. ohnehin bei allen Nebenbestimmungen bejaht, soweit sie vom Haupt-VA logisch teilbar sind. Zu verneinen ist die logische Teilbarkeit und damit die isolierte Anfechtbarkeit bei Inhaltsbestimmungen und bei modifizierenden Auflagen.[132]

Wird die beantragte Begünstigung teilweise gewährt und teilweise abgelehnt, muss der Antrag „im Übrigen abgelehnt“ werden. Auch **hinsichtlich des abgelehnten Teils** muss dann eine Rechtsbehelfsbelehrung nach dem üblichen Muster erfolgen.

171 Für den Fall des Erlasses von Nebenbestimmungen ist außerdem zu beachten, dass – wegen der vorerläuterten isolierten Anfechtbarkeit –, eine **Anordnung sofortiger Vollziehung** der Nebenbestimmung ausgesprochen werden kann. Damit soll verhindert werden, dass der Adressat die Begünstigung ausnutzt und die Nebenbestimmung aufgrund der aufschiebenden Wirkung seines Rechtsbehelfs nach § 80 Abs. 1 VwGO zunächst nicht beachtet. Die Anordnung bedarf jedoch in jedem Fall nach § 80 Abs. 3 VwGO einer substantiierten und nicht nur floskelhaften Begründung (s.o. Rn. 78).

IV. Sachverhalt

172 Bei der Darstellung des **Sachverhalts** eines begünstigenden Erstbescheids ist zum einen das **Begehren des Antragstellers** genau wiederzugeben. Bei den einzelnen darzustellenden Tatsachen und Ermittlungsergebnissen ist insbesondere darauf zu achten, dass diejenigen Tatsachen mitgeteilt werden, die zur teilweisen Ablehnung des Antrags führen können. Insbesondere ist auf die Wiedergabe derjenigen Tatsachen zu achten, die möglicherweise von dritter Seite (Nachbar, weiterer Antragsteller) vorgetragen worden sind, weil diese Tatsachen regelmäßig für die Entscheidung, insbesondere wenn sie im Ermessen steht, Bedeutung haben. Was die Reihenfolge angeht, bietet sich auch hier eine **chronologische Abfolge** an, die sehr leicht aus der erstellten chronologischen Zeittafel aus Ihrer Lösungsskizze entwickelt werden kann.

V. Rechtliche Gründe

173 **1.** Bei der Darlegung der rechtlichen Gründe ist von der **Anspruchsgrundlage** für die begehrte Leistung auszugehen. Die entscheidungserhebliche Norm muss **Anspruchsqualität** haben, d.h. die Norm muss für den Bürger ein **subjektives Recht** enthalten.

Dies ist bei den meisten Erlaubnissen und Genehmigungen unproblematisch, da sie Ausfluss grundrechtlicher Betätigungen sind (z.B. bei der Baugenehmigung die durch Art. 14 GG geschützte Baufreiheit, bei gewerberechtlichen Erlaubnissen die Berufsfreiheit gemäß Art. 12 GG). In diesen Fällen ist die Erlaubnis zu erteilen, wenn keine Ausschlusstatbestände bestehen. So ist nach der

132 Vgl. AS-Skript Die Verwaltungsgerichtliche Assessorklausur (2021), Rn. 458.

LBauO die Baugenehmigung zu erteilen, „wenn dem Vorhaben keine öffentlich-rechtlichen (Bau-) Vorschriften entgegenstehen". Daraus folgt unmittelbar ein **Anspruch** des Bürgers, wenn diese Voraussetzungen erfüllt sind.

Problematisch ist dies dann, wenn es **keine ausdrückliche Anspruchsgrundlage** gibt. Dabei sind zwei Fälle zu unterscheiden: Entweder der Antragsteller begehrt etwas für sich, was andere Personen auch schon erhalten haben, und die Gewährung stellt keinen Eingriff in Freiheitsgrundrechte Dritter dar. Für diese Fälle kommt **Art. 3 Abs. 1 GG i.V.m. der Selbstbindung der Verwaltung** durch eine entsprechende Verwaltungspraxis (die z.B. in Verwaltungsvorschriften niedergelegt ist) in Betracht (dazu Rn. 179).

Oder der Antragsteller begehrt von der Behörde ein **Einschreiten gegen einen Dritten**. In diesen Fällen ist auf die behördliche Ermächtigungsgrundlage abzustellen. So kann sich z.B. aus der behördlichen Ermächtigungsgrundlage ein Anspruch eines Dritten auf ordnungsbehördliches Einschreiten ergeben. Die Eingriffsnormen der Behörde dienen zwar in erster Linie der Durchsetzung öffentlicher Interessen (vgl. z.B. „öffentliche" Sicherheit). Zum Schutz der öffentlichen Sicherheit gehören aber auch die Individualrechte des Einzelnen. Ausnahmsweise haben die Eingriffsnormen daher Anspruchsqualität, wenn es um den Schutz solcher Rechte geht.

Beispiel: Im Baurecht kann sich ein Anspruch des Nachbarn auf baubehördliches Einschreiten (zumindest in der Form eines Anspruchs auf ermessensfehlerfreie Entscheidung) aus der Ermächtigungsgrundlage für Bauordnungsverfügungen ergeben, wenn das Vorhaben gegen nachbarschützende Vorschriften verstößt.

Als Anspruchsgrundlagen können auch § 51 Abs. 1–4 VwVfG und § 51 Abs. 5 i.V.m. § 48 Abs. 1 S. 1 oder § 49 Abs. 1 VwVfG (Wiederaufgreifen des Verfahrens im engeren oder weiteren Sinne) in Betracht kommen (dazu Rn. 207 ff.).

2. Sodann ist die **Zuständigkeit** der Behörde mit den einschlägigen Vorschriften festzustellen. Weil sich möglicherweise dritte Personen gegen die Rechtsgewährung wenden können, folgt die positive Subsumtion der **Tatbestandsvoraussetzungen** der Anspruchsgrundlage. **174**

„Für die Erteilung der Baugenehmigung bin ich nach § ... der Landesbauordnung zuständig.
Die Voraussetzungen des § ... der Landesbauordnung liegen vor. Das Bauvorhaben entspricht den bauplanungsrechtlichen Anforderungen des § 34 Abs. 2 BauGB i.V.m. § 3 Abs. 1 und 2 BauNVO und dem § 15 Abs. 1 BauNVO. Denn ... Verstöße gegen Vorschriften des Bauordnungsrechts oder sonstiger Vorschriften des öffentlichen Rechts, die einem Bauvorhaben entgegenstehen könnten, sind nicht ersichtlich."

Soll eine **teilweise Ablehnung des Antrags** erfolgen, sind hierfür die rechtlichen Gründe unter Nennung des abzulehnenden Tatbestandsmerkmals anzuführen. Für den Fall, dass die Rechtsgewährung und ggf. Nebenbestimmungen im Ermessen stehen sollte, sind die tragenden **Ermessenserwägungen** für die Entscheidung ausführlich darzulegen. Dies gilt insbesondere für den Fall, dass möglicherweise eine dritte Person gegen die erteilte Rechtsgewährung Rechtsbehelfe erheben kann oder der Adressat des begünstigenden Verwaltungsakts gegen Nebenbestimmungen oder die teilweise Ablehnung seines Antrags Rechtsbehelfe erheben will. **175**

Keine Begründung ist insbesondere bei begünstigenden Verwaltungsakten erforderlich, wenn die Behörde einem Antrag voll entspricht und der Verwaltungsakt nicht in Rechte eines Anderen eingreift (§ 39 Abs. 2 Nr. 1 VwVfG). Allerdings ist in der Klausur in der Regel nach dem Bearbeitungsvermerk von dieser Möglichkeit kein Gebrauch zu machen.

B. Gutachten zum begünstigenden Verwaltungsakt

Grundschema: Anspruch auf Erlass eines begünstigenden VA

- **Anspruchsgrundlage**
- **Formelle Voraussetzungen**
  - Antrag bei der zuständigen Behörde
- **Materielle Voraussetzungen**
  - Erfüllung der Tatbestandsvoraussetzungen
- **Rechtsfolge** der Anspruchsgrundlage
  - gebundener Anspruch auf Erlass des begünstigenden VA
  - Anspruch auf ermessensfehlerfreie Entscheidung
- ggf. **Nebenentscheidungen**

176 Bei einem **begünstigenden VA** kommt es darauf an, ob der Antragsteller einen **Anspruch** auf den begehrten VA hat. Die entscheidungserhebliche Norm muss **Anspruchsqualität** haben, d.h. die Norm muss für den Bürger ein **subjektives Recht** enthalten (s.o. Rn. 173). Besteht eine Anspruchsgrundlage, so müssen des Weiteren die **formellen und materiellen Voraussetzungen** für den VA erfüllt sein.

I. Anspruchsgrundlage

177 Die Anspruchsgrundlage muss so konkret wie möglich benannt werden (mit Absatz, Satz, Nr. etc.). In der Regel werden **spezialgesetzliche Anspruchsgrundlagen** einschlägig sein, häufig aus den Examenskandidaten unbekannten und im Aufgabentext abgedruckten Spezialgesetzen.

178 Eine besondere Problematik besteht im **gesetzlich nicht geregelten** Verwaltungsbereich. Nach ganz herrschender Auffassung unterliegt die freiwillige Leistungsverwaltung (Subventionen, Förderungen etc.) nicht dem materiellen Parlamentsvorbehalt, sodass solche staatlichen Leistungen nur im bloß formellen Haushaltsgesetz (des Bundes oder Landes) oder in einer Haushaltssatzung einer Körperschaft des öffentlichen Rechts bzgl. des „Ob" bereitgestellt werden müssen. Die Verteilung dieser Leistungen erfolgt **ohne gesetzliche Regelung** durch die zuständigen Organe der Exekutive, oft auf der Grundlage von internen Verwaltungsvorschriften (Vergaberichtlinien).

179 Hat die Behörde in ständiger Praxis unter bestimmten Voraussetzungen eine Subvention gewährt, so kann sich daraus ein **Anspruch auf Erlass eines Subventionsbescheides** in vergleichbaren Fällen ergeben. Der Anspruch ergibt sich dann zwar nicht unmittelbar aus entsprechenden Verwaltungsvorschriften, da diese als bloßes Innenrecht keine Rechtsnormen sind und keine Ansprüche des Bürgers begründen können. Anspruchsgrundlage ist in diesem Fall vielmehr **Art. 3 Abs. 1 GG i.V.m. der Verwaltungspraxis**. Wenn die Vergabe einer Leistung in Verwaltungsvorschriften geregelt ist, entsteht über das Prinzip der Selbstbindung der Verwaltung ein grundrechtlicher Teilhabeanspruch aus Art. 3 Abs. 1 GG.[133] Der Gleichheitssatz begründet dann zugunsten eines jeden Bewerbers einen Anspruch darauf, nach dem in den Verwaltungsvorschriften enthaltenen Verteilungsprogramm behandelt zu werden.

180 Weicht die tatsächliche Verwaltungspraxis von den Verwaltungsvorschriften ab, so ist bzgl. der Selbstbindung stets die tatsächliche Verwaltungspraxis maßgebend.[134]

133 Maurer/Waldhoff § 24 Rn. 27.

134 BVerwG DVBl. 1996, 814.

Wird eine Subvention dagegen durch Gesetz geregelt, so bestimmt sich die maßgebliche Sach- und Rechtslage allein nach diesem Gesetz. Eine davon abweichende Verwaltungspraxis ist unerheblich, wenn das Gesetz einen Anspruch auf die Subvention begründet.[135]

Gegenbeispiel: Die Behörde hat dem K über einen längeren Zeitraum im Ermessen stehende Subventionen gewährt. Wird die Förderung abgebrochen, so stellt dies allein noch keinen Verstoß gegen Art. 3 Abs. 1 GG dar, wenn auch in anderen vergleichbaren Fällen keine Subventionierung mehr erfolgt. Denn Art. 3 Abs. 1 GG begründet nur einen Anspruch auf Gleichbehandlung verschiedener Rechtssubjekte im Hinblick auf eine eingeführte Verwaltungspraxis, nicht dagegen darauf, dass ein- und demselben Rechtssubjekt bei vergleichbaren Sachverhalten gleichmäßige Begünstigungen gewährt werden. Hier kann sich ein Anspruch nur aus dem Grundsatz des **Vertrauensschutzes als Bestandteil des Rechtsstaatsprinzips** (Art. 20 Abs. 3 GG) ergeben. Allein die Tatsache einer jahrelang gewährten Subvention begründet aber kein schutzwürdiges Vertrauen in die Weitergewährung, sofern nicht besondere Umstände hinzutreten.[136]

II. Formelle Voraussetzungen

Für den Erlass eines begünstigenden Verwaltungsakts ist ein **Antrag** an die zuständige Behörde erforderlich. Zuständig ist in der Regel die untere Behörde des sachlich betroffenen Verwaltungsbereichs. Hierbei gelten im Grundsatz dieselben Zuständigkeitsregelungen wie beim Erlass eines belastenden Verwaltungsakts (Rn. 102 ff.). **181**

Bei antragsgebundenen VAen darf die Behörde nur auf **Antrag** tätig werden (§ 22 S. 2 Nr. 2 VwVfG). Dies gilt praktisch für sämtliche Verfahren, die auf Erteilung einer Genehmigung gerichtet sind (z.B. Baugenehmigung, Gaststättenerlaubnis, Sondernutzungserlaubnis). Der Antrag hat in der Regel nicht nur verfahrensrechtliche Bedeutung, sondern ist zugleich materielle Entscheidungsvoraussetzung. Fehlt der Antrag, so ist ein gleichwohl ergehender VA **rechtswidrig**, aber in der Regel nicht nichtig. Der Mangel kann gemäß § 45 Abs. 1 Nr. 1 VwVfG geheilt werden. **182**

Nach dem VwVfG ist der Antrag grundsätzlich formlos möglich (Ausnahme § 64 VwVfG für das förmliche Verfahren). Anträge können daher, soweit durch Rechtsvorschrift nichts anderes bestimmt ist, mündlich, schriftlich oder auch konkludent gestellt werden. Eine durch Rechtsvorschrift angeordnete Schriftform kann, soweit nichts anderes bestimmt ist, durch die elektronische Form ersetzt werden. In diesem Fall ist der elektronische Antrag grundsätzlich mit einer qualifizierten Signatur zu versehen (§ 3 a Abs. 2 VwVfG).

Nach § 25 Abs. 1 S. 1 VwVfG soll die Behörde Erklärungen und Anträge bzw. deren Berichtigung **anregen**, wenn diese offensichtlich nur versehentlich oder aus Unkenntnis unterblieben oder unrichtig abgegeben oder gestellt worden sind. Außerdem hat die Behörde den Beteiligten die erforderlichen Auskünfte über die ihnen zustehenden Rechte und die ihnen obliegenden Pflichten zu erteilen (§ 25 Abs. 1 S. 2 VwVfG). **183**

Nach § 42 a Abs. 1 VwVfG gilt eine beantragte Genehmigung nach Ablauf einer für die Entscheidung festgelegten Frist als erteilt **(Genehmigungsfiktion)**, wenn dies durch Rechtsvorschrift angeordnet und der Antrag hinreichend bestimmt ist. **184**

§ 42 a VwVfG legt nur die allgemeinen Grundsätze fest, regelt aber nicht, bei welchen Genehmigungsverfahren eine Genehmigungsfiktion gelten soll. Dies bleibt dem besonderen Verwaltungsrecht vorbehalten (vgl. z.B. § 6 a GewO). Dort können auch von der Regelentscheidungsfrist des § 42 a Abs. 2 S. 1 VwVfG (drei Monate) abweichende Entscheidungsfristen angeordnet werden.

Die **Genehmigungsfiktion** entfaltet die gleiche Wirkung wie ein ordnungsgemäß zustande gekommener und bekannt gegebener Verwaltungsakt. Die Regelungen über Nichtigkeit, Rücknahme und Widerruf eines Verwaltungsaktes (§§ 44, 48, 49 VwVfG) gelten daher entsprechend. Ebenso kann die Genehmigungsfiktion mit Wi- **185**

---

135 BVerwG RÜ 2008, 807, 808.

136 Vgl. BVerwG NVwZ 2006, 1184, 1188; VGH Mannheim NJW 2004, 624; abweichend OVG Berlin DVBl. 2003, 1333, 1334.

derspruch und Anfechtungsklage angefochten werden. Mangels Rechtsbehelfsbelehrung gilt hierfür grundsätzlich die Jahresfrist des § 58 Abs. 2 VwGO. Diese kann allerdings in der Bestätigung nach § 42 a Abs. 3 VwVfG nachgeholt werden.

186 Bei der Ablehnung eines begünstigenden VA ist nach der Rspr., der die Verwaltungspraxis folgt, **keine gesonderte Anhörung** erforderlich, da durch die Ablehnung nicht in bestehende Rechte eingegriffen, sondern lediglich ein Mehr an Rechten verweigert wird.[137] Die Lit. hält dagegen auch in diesen Fällen die Anhörung für erforderlich, da das Unterbleiben einer Begünstigung für den Bürger ebenso schwerwiegend sein kann wie ein Eingriff.[138] Dann handelt es sich jedoch weniger um ein formelles als ein materielles Problem.

187 Die formellen Voraussetzungen für den Erlass eines begünstigenden VA fehlen, wenn der Antragsteller **kein Sachbescheidungsinteresse** (vergleichbar mit dem Rechtsschutzbedürfnis) hat, insbesondere, wenn die begehrte Verwaltungsentscheidung für ihn nutzlos ist. Das Sachbescheidungsinteresse ist z.B. zu verneinen, wenn der Antragsteller von dem begehrten VA keinen Gebrauch machen kann. So ist die Behörde berechtigt, eine Genehmigung zu versagen, wenn der Antragsteller eine erteilte Genehmigung mit Sicherheit aus zivilrechtlichen Gründen nicht ausnutzen kann (z.B. bei fehlender Zustimmung des Eigentümers). Voraussetzung für die im Ermessen der Behörde stehende Versagung der Genehmigung allein aus diesem Grund ist jedoch, dass sich das Hindernis schlechthin und offenkundig nicht ausräumen oder umgehen lässt.[139]

III. Materielle Voraussetzungen

188 Die **materiellen Voraussetzungen** ergeben sich in erster Linie aus Spezialgesetzen.

Beispiele:

- Eine **Baugenehmigung** ist nach der LBauO zu erteilen, wenn dem Bauvorhaben keine öffentlich-rechtlichen (baurechtlichen) Vorschriften entgegenstehen. Dies sind vor allem solche des **Bauplanungsrechts** (BauGB) und des **Bauordnungsrechts** (LBauO).
- Die Voraussetzungen für eine **immissionsschutzrechtliche Genehmigung** folgen aus § 6 BImSchG. Danach müssen nicht nur die immissionsschutzrechtlichen Vorgaben (§ 6 Abs. 1 Nr. 1 BImSchG), sondern auch andere öffentlich-rechtliche Vorschriften, z.B. des Baurechts, eingehalten werden (§ 6 Abs. 1 Nr. 2 BImSchG).

189 Steht der Erlass des begünstigenden Verwaltungsakts im **Ermessen**, hat der Antragsteller grundsätzlich nur einen **Anspruch auf eine ermessensfehlerfreie Entscheidung**. Ausnahmsweise kann das Ermessen aber auf Null reduziert sein, sodass ein gebundener Anspruch zu bejahen ist.

Beispiele:

- Im **Straßenrecht:** Die Sondernutzungserlaubnis (vgl. § 8 FStrG: Ermessen) zur Aufstellung von Wahlplakaten muss in Wahlkampfzeiten erteilt werden (wegen Art. 21 Abs. 1 GG, Art. 38 Abs. 1 GG).
- Im **Beamtenrecht:** Ermessensreduzierung bei Einstellung und Beförderung, wenn ein Bewerber eindeutig am besten qualifiziert ist.

190 Eine bestehende **Verwaltungspraxis** begründet grundsätzlich eine Selbstbindung der Verwaltung (Art. 3 Abs. 1 GG). Die Behörde ist verpflichtet, in vergleichbaren Sachverhalten gleich zu entscheiden. Dies gilt jedoch nicht, wenn die Behörde die Verwaltungspraxis für die Zukunft aus willkürfreien Erwägungen **generell aufgibt** und durch eine andere, ebenfalls rechtmäßige Verwaltungspraxis ersetzt. Werden

---

137 BVerwG DVBl. 1983, 271, 272; VGH Mannheim NVwZ 1994, 919.

138 Kopp/Ramsauer VwVfG § 28 Rn. 26 b; Maurer/Waldhoff § 19 Rn. 28; Ehlers Jura 1996, 617, 618 m.w.N.

139 Vgl. z.B. BayVGH RÜ 2009, 257, 258.

z.B. die Subventionsrichtlinien generell geändert, so besteht kein Anspruch aus dem Gesichtspunkt der Selbstbindung. Selbst eine langjährige Gewährung einer Subvention begründet kein schutzwürdiges Vertrauen auf eine Weitergewährung der Zuwendung.[140]

Etwas anderes gilt dann, wenn die Behörde, die in den Richtlinien festgelegte Verwaltungspraxis **nicht generell** ändert, sondern nur im Einzelfall ohne sachlichen Grund von den Subventionsrichtlinien abweichen will. In einem solchen Fall verstößt die Gewährung bzw. Nichtgewährung gegen Art. 3 Abs. 1 GG und ist deshalb rechtswidrig.[141]

IV. Rechtmäßigkeit von Nebenbestimmungen

Häufiges Problem in der verwaltungsbehördlichen Assessorklausur ist die Frage, ob der Verwaltungsakt mit **Nebenbestimmungen** versehen werden kann, oder ob die Nichtbeachtung von Nebenbestimmungen Konsequenzen haben soll.[142] **191**

In der Praxis spielen Nebenbestimmungen eine große Rolle bei der Bewilligung und Rückforderung von Subventionen (z.B. aufgrund eines Widerrufs wegen Nichterfüllung einer Auflage gemäß § 49 Abs. 2 S. 1 Nr. 2, Abs. 3 S. 1 Nr. 2 VwVfG). Außerdem kommt ihnen erhebliche Bedeutung zu bei umweltrechtlichen und baurechtlichen Genehmigungen und gewerberechtlichen Erlaubnissen (z.B. der Gaststättenkonzession).

1. Wird die Regelung eines VA eingeschränkt, so kann es sich zum einen um eine **Inhaltsbestimmung** handeln. **192**

Beispiele: Bei der Baugenehmigung gehört zum Inhalt die genaue Bezeichnung der zu bebauenden Grundstücksfläche, die Angabe der Abstände zu den Grundstücksgrenzen, die Gesamthöhe des Bauwerks, die Zahl und Höhe der Geschosse, die Dachform etc. – Bei einer immissionsschutzrechtlichen Genehmigung kann die „Auflage", schwefelarmes Heizöl zu verwenden, eine Inhaltsbestimmung darstellen.[143]

Hat der Bürger einen VA beantragt und wird ihm ein VA mit einem anderen Inhalt gewährt (aliud), so handelt es sich in der Regel um die Ablehnung der beantragten Vergünstigung, verbunden mit dem Angebot einer anderen Regelung (sog. **modifizierte Genehmigung**).[144] **193**

Beispiel: B beantragt eine Baugenehmigung für ein Einfamilienhaus mit einem Satteldach, „genehmigt" wird jedoch nur ein Bauvorhaben mit einem Flachdach. Die erstrebte Baugenehmigung ist dem B nicht erteilt worden, die erteilte Genehmigung ist mangels Antrags rechtswidrig.

2. Als **Nebenbestimmungen** kennt § 36 VwVfG die Befristung, die Bedingung, den Widerrufsvorbehalt, die Auflage und den Auflagenvorbehalt. Die begrifflichen Voraussetzungen für die einzelnen Arten finden sich in § 36 Abs. 2 VwVfG. **194**

Diese Begriffsbestimmungen gelten allgemein auch im Bereich von Spezialgesetzen. Bezüglich der Rechtmäßigkeit stellen die Spezialgesetze allerdings teilweise besondere Voraussetzungen auf. Die Aufzählung in § 36 Abs. 2 VwVfG ist nach h.M. nicht abschließend.[145]

Befristung (§ 36 Abs. 2 Nr. 1 VwVfG) und **Bedingung** (§ 36 Abs. 2 Nr. 2 VwVfG) betreffen den zeitlichen Geltungsbereich eines VA. Während die Befristung an ein gewisses künftiges Ereignis anknüpft, hängt die Wirksamkeit des VA bei der Bedingung von einem ungewissen Ereignis ab.[146] **195**

---

140 BVerwG NVwZ 2006, 1184, 1188 ff.; OVG NRW, Beschl. v. 27.09.2005 – 8 A 2947/03.

141 BVerwG NVwZ 2003, 1376.

142 Vgl. dazu Voßkuhle/Kaiser JuS 2012, 699 ff.; zu den Rechtsbehelfen gegen Nebenbestimmungen vgl. Fricke JuS 2020, 647.

143 BVerwG NVwZ 1984, 371, 372; zur Abgrenzung Fluck DVBl. 1992, 862 ff.

144 Dazu Voßkuhle/Kaiser JuS 2012, 699, 700.

145 Kopp/Ramsauer VwVfG § 36 Rn. 13.

146 Vgl. BVerwGE 60, 269, 275; BVerwG, RÜ 2015, 739, 741; Hufen/Bickenbach JuS 2004, 867, 868; zur isolierten Anfechtbarkeit einer zeitlichen Befristung bei einer Genehmigung vgl. NdsOVG RÜ2 2019, 287.

Je nach den Rechtswirkungen unterscheidet man auflösende Bedingungen und Befristungen (bei denen die Rechtswirkungen später enden) und aufschiebende Bedingungen (Befristungen), bei denen der VA erst mit Eintritt des Ereignisses wirksam wird.

196 Der **Widerrufsvorbehalt** (§ 36 Abs. 2 Nr. 3 VwVfG) ermöglicht es der Behörde, durch eine zukünftige Erklärung die weitere Wirksamkeit des VA, d.h. dessen Rechtsfolge zu beenden (vgl. § 49 Abs. 2 S. 1 Nr. 1 VwVfG).[147]

Befristung, Bedingung und Widerrufsvorbehalt werden auch als sog. **unselbstständige Nebenbestimmungen** bezeichnet. Sie sind selbst keine Verwaltungsakte, sondern nur Teile des Haupt-VA.

197 Durch eine **Auflage** (§ 36 Abs. 2 Nr. 4 VwVfG) wird dem Begünstigten ein Tun, Dulden oder Unterlassen vorgeschrieben.

Teilweise wird vertreten, dass die Auflage als Ge- oder Verbot selbst einen Verwaltungsakt darstellt.[148] Dafür spricht, dass die Auflage selbstständig vollstreckbar ist. Sie ist aber gleichwohl „Nebenbestimmung", da ihr Regelungsgehalt vom Bestand des Haupt-VA abhängt.

198 Schließlich gibt es noch den **Auflagenvorbehalt** gemäß § 36 Abs. 2 Nr. 5 VwVfG, der die Voraussetzungen festlegt, unter denen die Behörde noch im Nachhinein durch Erlass, Änderung oder Ergänzung einer Auflage auf den Bestand des VA Einfluss nehmen kann.

199 **3.** Maßgebend für die **Abgrenzung** zwischen Inhaltsbestimmung und Nebenbestimmung sowie zwischen den Nebenbestimmungen untereinander ist nicht die – möglicherweise fehlerhafte – Bezeichnung durch die Behörde, sondern entscheidend ist allein der materielle Gehalt der Regelung, wie er durch **Auslegung** aus objektiver Empfängersicht zu verstehen ist (§ 133 BGB analog).[149] Dabei kann allerdings die Bezeichnung als Indiz herangezogen werden.[150]

200 In Abgrenzung zur Inhaltsbestimmung liegt eine **Nebenbestimmung** in der Regel dann vor, wenn bestimmte typische, normalerweise mit dem VA verbundene Rechtsfolgen ausgeschlossen oder modifiziert werden.[151]

Weder eine Inhaltsbestimmung noch eine Nebenbestimmung liegt vor, wenn von der behördlichen Erklärung keine Rechtsfolge abhängt, sondern mit dieser lediglich ein Hinweis auf die Rechtslage erfolgen soll.

201 Die Nebenbestimmungen **untereinander** sind nach ihrem materiellen Gehalt abzugrenzen. Dabei kommt es für die Abgrenzung von **Bedingung** und **Befristung** einerseits von der **Auflage** andererseits wesentlich darauf an, ob die Regelung **unmittelbar Einfluss auf die Wirksamkeit des VA** haben soll (dann Bedingung bzw. Befristung) oder ob die Wirksamkeit des VA von einer weiteren behördlichen Entscheidung abhängen soll (dann Auflage).[152]

Solange eine aufschiebende Bedingung oder Befristung nicht eingetreten ist, ist der VA noch nicht wirksam. Tritt eine auflösende Bedingung oder Befristung ein, so verliert der VA ebenso seine Wirksamkeit, wie wenn der VA aufgehoben wird (§ 43 Abs. 2 VwVfG). Im Unterschied dazu berührt die Auflage die Wirksamkeit des VA nicht unmittelbar. Der VA bleibt vielmehr unabhängig von der Erfüllung der Auflage oder deren Bestand wirksam. Allerdings kann die Behörde die Auflage zwangsweise durchsetzen oder den VA nach § 49 Abs. 2 S. 1 Nr. 2 VwVfG widerrufen. **Merksatz:** „Die Bedingung suspendiert, zwingt aber nicht; die Auflage zwingt, suspendiert aber nicht."

Da die **Auflage** einerseits die Wirksamkeit des VA selbst nicht berührt, andererseits als Handlungsgebot oder Handlungsverbot vollstreckt werden kann, ist sie im Zwei-

147 Hufen/Bickenbach JuS 2004, 867, 869.

148 Maurer/Waldhoff § 12 Rn. 10; Hufen/Bickenbach JuS 2004, 867, 869.

149 BVerwG NVwZ 2015, 1764 mit Anm. Waldhoff JuS 2016, 187, 188.

150 BGH DVBl. 2001, 809.

151 Kopp/Ramsauer VwVfG § 36 Rn. 7; Fluck DVBl. 1992, 862, 865 m.w.N.

152 BGH DVBl. 2001, 809; Axer Jura 2001, 748, 749; Pabel/Bloch NWVBl. 2006, 312, 313.

fel sowohl für den Adressaten als auch für die Behörde **günstiger.**[153] Letztlich kann man auch darauf abstellen, dass die Behörde im Zweifel eine **rechtmäßige Nebenbestimmung** beifügen will.[154]

4. Die **Rechtmäßigkeit von Nebenbestimmungen** bestimmt sich in erster Linie nach Spezialvorschriften. Es sind also die für den Haupt-VA maßgeblichen Regelungen daraufhin zu überprüfen, ob sie Vorschriften über die Zulässigkeit von Nebenbestimmungen enthalten. **202**

Das Spezialgesetz kann die Voraussetzungen für die Nebenbestimmungen ausdrücklich regeln (vgl. z.B. § 33 a Abs. 1 S. 3 GewO, § 69 a Abs. 2 GewO, § 5 Abs. 1 GaststG, § 8 Abs. 2 S. 2 FStrG, § 12 BImSchG).[155]

Wird lediglich bestimmt, dass ein VA unter Auflagen und Bedingungen oder befristet ergehen „kann", so ist dies nur dann als spezielle Ermächtigungsgrundlage anzusehen, wenn die Vorschrift dahin auszulegen ist, dass sie zum Erlass von Nebenbestimmungen **nach Ermessen** ermächtigt, was nur möglich ist, wenn der Haupt-VA selbst im Ermessen steht. Ansonsten, insbesondere bei gebundenen VAen (z.B. Baugenehmigung) reicht die pauschale Zulassung von Nebenbestimmungen als Rechtsgrundlage nicht aus, sondern ist lediglich als Hinweis darauf zu verstehen, dass verfahrensmäßig Nebenbestimmungen möglich sind. Die Rechtmäßigkeit einer Nebenbestimmung bestimmt sich in diesen Fällen dann nach § 36 VwVfG. **203**

Fehlen Spezialvorschriften, so richtet sich die Rechtmäßigkeit einer Nebenbestimmung nach § 36 VwVfG. Danach kommt es entscheidend auf den **Rechtscharakter** des **Haupt-VA** an. **204**

a) Handelt es sich um einen **gebundenen VA**, so ist nach § 36 Abs. 1 VwVfG eine Nebenbestimmung nur zulässig, wenn sie durch eine Rechtsvorschrift zugelassen ist oder wenn sie sicherstellen soll, dass die gesetzlichen Voraussetzungen des VA erfüllt werden. Letzteres ist der Fall, wenn durch die Nebenbestimmung an sich bestehende Versagungsgründe ausgeräumt werden sollen. **205**

Beispiele: Ist bei einem Baugrundstück die Erschließung noch nicht gesichert und könnte die Baugenehmigung deshalb versagt werden, so ist eine Erteilung unter der (aufschiebenden) Bedingung möglich, dass z.B. eine hauseigene Kleinkläranlage errichtet wird. Nach den Vorschriften der LBauO kann die Baugenehmigung mit einer Auflage versehen werden, dass der Bauherr eine bestimmte Anzahl von Stellplätzen für Kraftfahrzeuge zu schaffen hat.

b) Steht der Haupt-VA im **Ermessen**, so steht nach § 36 Abs. 2 VwVfG auch die Beifügung einer Nebenbestimmung im pflichtgemäßen Ermessen der Behörde. Da die Behörde den VA ganz ablehnen könnte, muss sie ihn erst recht unter Beifügung von Nebenbestimmungen, d.h. unter Einschränkungen erteilen können. Die Nebenbestimmung darf dem **Zweck** des VA nicht zuwiderlaufen (§ 36 Abs. 3 VwVfG). Die Nebenbestimmung muss also sachbezogen und sachgerecht sein. **206**

V. Wiederaufgreifen des Verfahrens, § 51 VwVfG

Wird ein (belastender) VA nicht mit den dagegen möglichen Rechtsbehelfen (Widerspruch/Anfechtungsklage) innerhalb der Monatsfrist der §§ 70 Abs. 1, 74 Abs. 1 VwGO angefochten, so wird der VA **unanfechtbar**. Der Eintritt der Unanfechtbarkeit hat grundsätzlich zur Folge, dass das Verwaltungsverfahren abgeschlossen ist. Der VA ist dann bestandskräftig geworden. Die Bestandskraft des VA ist jedoch nicht unabänderlich, da einem VA keine höhere Bestandskraft zukommen kann als gerichtlichen Urteilen, deren Rechtskraft im Wege des Wiederaufnahmeverfahrens nach § 153 **207**

---

153 Brenner JuS 1996, 281, 285; Axer Jura 2001, 748, 749; Pabel/Bloch NWVBl. 2006, 312, 313.

154 Maurer/Waldhoff § 12 Rn. 18; Fluck DVBl. 1992, 862, 864 m.w.N.

155 Zu den spezialgesetzlichen Ermächtigungsgrundlagen vgl. Hufen/Bickenbach JuS 2004, 966.

VwGO i.V.m. §§ 578 ff. ZPO beseitigt werden kann. Dem entspricht bei VAen das Wiederaufgreifen des Verwaltungsverfahrens nach § 51 VwVfG.[156] Das Wiederaufgreifen stellt aus Sicht des Bürgers einen **begünstigenden VA** dar. Hierbei wird zwischen dem **Wiederaufgreifen i.e.S.** (§ 51 Abs. 1–4 VwVfG) und dem **Wiederaufgreifen i.w.S.** (§ 51 Abs. 5 VwVfG i.V.m. § 49 Abs. 1 und § 48 Abs. 1 S. 1 VwVfG) unterschieden.

1. Wiederaufgreifen im engeren Sinne

208 Nach § 51 Abs. 1 VwVfG besteht ein **Anspruch auf Wiederaufgreifen**, wenn einer der in Nr. 1–3 genannten Gründe vorliegt. Verfahrensmäßig sind hierbei **zwei Entscheidungen** zu unterscheiden.[157] Zunächst muss die Behörde auf einen entsprechenden Antrag hin (Antragsfrist drei Monate, § 51 Abs. 3 VwVfG) prüfen, ob einer der drei Gründe des § 51 Abs. 1 VwVfG vorliegt. Die dabei zu treffende **Entscheidung über das Wiederaufgreifen** dient der Überwindung der Bestandskraft und stellt bereits einen eigenständigen Verwaltungsakt dar.

209 Sodann muss die Behörde in einem zweiten Schritt eine **neue Sachentscheidung** treffen, ob sie die vom Bürger begehrte Aufhebung oder Änderung des unanfechtbaren Verwaltungsakts vornimmt. Bei dieser Aufhebung oder Änderung ist die Behörde nicht an die Voraussetzungen der §§ 48, 49 VwVfG gebunden, sondern sie entscheidet auf der Grundlage der dann in diesem Zeitpunkt geltenden **materiellen Rechts- und Sachlage**, die sich im Verhältnis zum Zeitpunkt des Erlasses des Verwaltungsakts aufgrund der geänderten Sach- oder Rechtslage (§ 51 Abs. 1 Nr. 1 VwVfG) oder aus dem neu vorliegenden Beweismittel (§ 51 Abs. 1 Nr. 2 VwVfG) ergibt.

210 Umstritten ist allerdings, ob der Zweitbescheid nunmehr generell im **Ermessen** der Behörde steht. Überwiegend wird dies verneint, da das Verfahren durch das Wiederaufgreifen in den Zustand **vor Erlass des Erstbescheides** zurückversetzt wird. Ermessen steht der Behörde daher beim Zweitbescheid nur zu, wenn das einschlägige materielle Recht Ermessen einräumt, sonst ist die Behörde zur Änderung bzw. Aufhebung verpflichtet.[158]

Beispiel: Dem B ist die Beseitigung seines Hauses aufgegeben worden. Nach Ablauf der Rechtsbehelfsfristen findet B eine alte Baugenehmigung, aus der sich ergibt, dass sein Haus Bestandsschutz genießt. Nach den bauordnungsrechtlichen Vorschriften setzt die Beseitigungsverfügung formelle und materielle Illegalität voraus. Aufgrund des neuen Beweismittels (§ 51 Abs. 1 Nr. 2 VwVfG) muss das Verwaltungsverfahren wiederaufgegriffen und die Beseitigungsverfügung aufgehoben werden.

2. Wiederaufgreifen im weiteren Sinne

211 Die §§ 48, 49 VwVfG ermöglichen es der Behörde, auch nachdem der VA unanfechtbar geworden ist, von Amts wegen oder auf Antrag **jederzeit** erneut in der Sache zu entscheiden und den Erstbescheid aufzuheben. § 51 Abs. 5 VwVfG stellt klar, dass die Vorschriften in §§ 48, 49 VwVfG durch § 51 Abs. 1 VwVfG unberührt bleiben **(Wiederaufgreifen im weiteren Sinne).**[159]

212 Soweit das Wiederaufgreifen im Ermessen der Behörde steht, hat der Bürger einen **Anspruch auf ermessensfehlerfreie Entscheidung.**[160] Dabei steht der Behörde **Ermessen** in **zweifacher Hinsicht** zu:

156 Vgl. allgemein Sasse Jura 2009, 493 ff.

157 Maurer/Waldhoff § 11 Rn. 88; Kopp/Ramsauer VwVfG § 51 Rn. 53.

158 BVerwG DVBl. 1982, 998, 1000; Stelkens/Bonk/Sachs VwVfG § 51 Rn. 32; Kopp/Ramsauer VwVfG § 51 Rn. 9 u. 18; Maurer/Waldhoff § 11 Rn.87.

159 BVerwG RÜ 2010, 253, 255.

160 Kopp/Ramsauer VwVfG § 51 Rn. 6.

- ob sie sich überhaupt erneut mit der Sache beschäftigen will (das **Wiederaufgreifen**) und
- ob sie den ursprünglichen VA nach §§ 48, 49 VwVfG zurücknimmt oder widerruft (die **Aufhebung**).

Nach h.M. stellt die Entscheidung über das Wiederaufgreifen im weiteren Sinne einen VA dar.[161] Dafür spricht, dass auch beim Wiederaufgreifen im weiteren Sinne eine regelnde Entscheidung über den Anspruch des Bürgers auf ermessensfehlerfreie Entscheidung getroffen wird.

Eine **Ermessensreduzierung auf Null** wird von der Rspr. nur angenommen, wenn die Aufrechterhaltung des Erstbescheides **schlechthin unerträglich** wäre.[162] Dies ist insbesondere der Fall, wenn 213

- die **Rechtswidrigkeit** des Erstbescheides bei Würdigung aller Umstände **offensichtlich** ist,[163]
- die Berufung auf die Unanfechtbarkeit als Verstoß gegen die **guten Sitten** oder gegen **Treu und Glauben** zu werten wäre,[164]
- die Behörde in vergleichbaren Fällen das Verfahren wiederaufgegriffen hat und daher wegen **Art. 3 Abs. 1 GG** eine Gleichbehandlung geboten ist[165] oder
- der VA **offensichtlich unionsrechtswidrig** ist.[166]

3. Abschnitt: Entwurf von untergesetzlichen Rechtsnormen

Gelegentlich ist Gegenstand der Assessorklausur der Entwurf einer untergesetzlichen Rechtsnorm. Dabei handelt es sich regelmäßig um den Entwurf von kommunalen Satzungen (z.B. Benutzungssatzungen bei öffentlichen Einrichtungen). Hin und wieder wird auch der Entwurf einer ordnungsbehördlichen bzw. polizeirechtlichen (Rechts-)Verordnung verlangt. 214

Bei diesem Klausurtypus besteht der Aktenauszug regelmäßig aus diversen Ideen, die von der Verwaltung oder dem Beschlussorgan oder Teilen des Beschlussorgans dem Referendar unterbreitet werden, die dieser prüfen und dann ggf. entsprechende Formulierungsvorschläge unterbreiten soll. Bei solchen Klausuren ist es besonders wichtig, sämtliche Anregungen, Anfragen, Vorstellungen und Ideen abzuarbeiten und in die Klausurlösung einzubringen. Soweit die Vorschläge in eine untergesetzliche Rechtsnorm aufgenommen werden können, ist ein entsprechender Formulierungsvorschlag unter Bildung von einzelnen Paragrafen und Absätzen vorzunehmen. Sollte ein Vorschlag nicht aufgenommen werden können, ist in einem ergänzenden Vermerk zum Entwurf darzulegen, warum der eine oder andere Vorschlag aus welchen Gründen nicht übernommen werden kann. 215

A. Kommunale Satzungsgebung

I. Satzungsautonomie

Satzungen sind öffentlich-rechtliche Rechtsnormen, die von einer **Selbstverwaltungskörperschaft im Bereich ihrer eigenen Angelegenheiten** erlassen werden. 216

161 BVerwG RÜ 2010, 253, 255; NVwZ 2002, 482, 483; Seiler JuS 2001, 263, 267; Britz/Richter JuS 2005, 198, 200; Traulsen VerwArch 103 (2012), 337, 351.

162 BVerwG BayVBl. 2012, 478, 480; BVerwG NVwZ 2011, 888, 889; Ludwigs DVBl. 2008, 1164, 1167 ff.

163 BVerwG a.a.O.; Ludwigs DVBl. 2008, 1164, 1168.

164 BVerwG a.a.O.; OVG LSA LKV 2011, 182.

165 BVerwG NVwZ 2007, 709, 710; Ludwigs DVBl. 2008, 1164, 1167.

166 Grundlegend EuGH DVBl. 2004, 373 ff. (Kühne & Heitz); DVBl. 2006, 1441 (Arcor); NVwZ 2008, 870; dazu Rennert DVBl. 2007, 400, 406; Weiß DÖV 2008, 477, 478; Ludwigs DVBl. 2008, 1164, 1169.

Hauptanwendungsbereich sind **Satzungen von Gemeinden und Gemeindeverbänden** (z.B. Kreise). Diese haben nicht nur das Recht, hoheitliche Regelungen im Einzelfall durch Verwaltungsakt zu treffen, sondern auch die Befugnis die eigenen Angelegenheiten durch Satzung, also durch eigene Rechtsnormen zu regeln. Das Recht, Satzungen zu erlassen, gehört als sog. **Satzungsautonomie** zum Kernbereich der durch Art. 28 Abs. 2 GG gewährleisteten Selbstverwaltung.

Beispiele: Hauptsatzung, Haushaltssatzung, Bebauungspläne (§ 10 BauGB), Erschließungsbeitragssatzung (§ 132 BauGB), Abfallsatzung, Abgabensatzungen nach dem KAG des Landes (z.B. Zweitwohnungssteuersatzung, Gebührensatzung), Benutzungssatzungen für öffentliche Einrichtungen der Gemeinden, Satzungen zum Anschluss- und Benutzungszwang bei öffentlichen Einrichtungen, Sondernutzungssatzungen nach dem Straßenrecht, Innenbereichssatzungen (§ 34 Abs. 4 BauGB), Außenbereichssatzungen (§ 35 Abs. 6 BauGB)

217 Satzungen gibt es auch in der sonstigen, **einfach-gesetzlich vorgesehenen Selbstverwaltung**, z.B. Satzungen der Universitäten, der Industrie- und Handelskammern, der Handwerkskammern, der Rechtsanwalts-, Notar- und Steuerberaterkammern. Im Gegensatz zur kommunalen Selbstverwaltung ist diese aber nicht verfassungsrechtlich abgesichert, sondern unterliegt der Regelung durch den einfachen Gesetzgeber (vgl. z.B. § 105 HandwO).

II. Erlass einer Satzung

218 Eine Satzung kann nur erlassen werden, wenn

- eine **wirksame Ermächtigungsgrundlage** vorhanden ist,
- die Zuständigkeits-, Verfahrens- und Formvorschriften eingehalten werden **(formelle Anforderungen)** und
- die Satzung inhaltlich mit dem geltenden Recht im Einklang steht **(materielle Anforderungen)**.

1. Ermächtigungsgrundlage

219 Da es sich beim Erlass von Satzungen um **Verwaltungstätigkeit** handelt, gilt der Grundsatz vom Vorbehalt des Gesetzes (Art. 20 Abs. 3 GG), d.h. die Satzung als untergesetzliche Norm bedarf einer gesetzlichen **Ermächtigungsgrundlage.**[167]

Die Ermächtigung zur Satzungsgebung kann sich ergeben aus

- einer **Spezialnorm** (z.B. §§ 10, 132 BauGB) oder
- der **Generalklausel** in der Gemeindeordnung bzw. (Land-)Kreisordnung.[168]

2. Formelle Anforderungen

220 **a)** Bei der Zuständigkeit ist nach Verbandskompetenz und Organkompetenz zu unterscheiden:

- Die **Verbandskompetenz** der Gemeinde folgt aus Spezialvorschriften (z.B. §§ 1 Abs. 3, 2 Abs. 1 BauGB) oder der allgemeinen Satzungsbefugnis der Gemeindeordnung. Danach ist die Befugnis der Gemeinde, Satzungen zu erlassen, grundsätzlich auf die **Selbstverwaltungsangelegenheiten** beschränkt. Bei staatlichen Auf-

167 Bleckmann DVBl. 1987, 1085, 1089; Maurer DÖV 1993, 187, 192; Isensee/Jakobs NWVBl. 2001, 323, 324; Pielow/Finger Jura 2007, 189, 190.

168 Vgl. z.B. Art. 23 S. 1 GO Bay, § 4 Abs. 1 S. 1 GemO BW; § 3 Abs. 1 S. 1 KVerf Bbg, § 5 Abs. 1 S. 1 HGO, § 5 Abs. 1 S. 1 KVerf MV, § 10 Abs. 1 NKomVG, § 7 Abs. 1 S. 1 GO NRW, § 24 Abs. 1 S. 1 GemO RhPf, § 12 Abs. 1 S. 1 KSVG Saarl, § 4 Abs. 1 S. 1 Sächs GemO, § 8 Abs. 1 S. 1 KVG LSA, § 4 Abs. 1 S. 1 GO SH, § 19 Abs. 1 S. 1 ThürKO.

gaben oder bei Pflichtaufgaben zur Erfüllung nach Weisung kann die Gemeinde Satzungen nur bei besonderer gesetzlicher Ermächtigung erlassen.[169]

- Die **Organkompetenz** zur Beschlussfassung über Satzungen liegt bei der **Vertretung** (z.B. dem Gemeinderat).

b) Verfahrensmäßig müssen die Anforderungen an einen ordnungsgemäßen Ratsbeschluss nach der Gemeindeordnung sowie besondere Verfahrensvorschriften nach Spezialgesetzen eingehalten werden. 221

Nach der Gemeindeordnung sind für einen ordnungsgemäßen Ratsbeschluss insbesondere zu beachten: Ordnungsgemäße Einberufung des Rates, öffentliche Bekanntmachung der Tagesordnung, Öffentlichkeit der Ratssitzung, Beschlussfähigkeit des Rates, kein Verstoß gegen die Befangenheitsvorschriften, ordnungsgemäße Abstimmung und erforderliche Mehrheit.

Spezialgesetzlich sind z.B. bei Bebauungsplänen die besonderen Verfahrensvorschriften nach dem BauGB einzuhalten, insbesondere Beteiligung der Öffentlichkeit (§ 3 BauGB), Beteiligung von Behörden (§ 4 BauGB), jeweils mit Abweichungen im vereinfachten Verfahren nach § 13 BauGB.

Eine **Genehmigung der Aufsichtsbehörde** ist nur erforderlich, wenn dies gesetzlich vorgeschrieben ist[170] (z.B. bei bestimmten Bebauungsplänen, § 10 Abs. 2 BauGB). 222

c) Die **Form** der Satzung richtet sich nach verschiedenen landesrechtlichen Regelungen, insbesondere den Bekanntmachungsvorschriften. 223

Üblicherweise besteht die Satzung aus einer Überschrift, die den Namen der Gemeinde und die Bezeichnung als Satzung enthält („Erschließungsbeitragssatzung der Gemeinde A"), das Datum des Satzungsbeschlusses, einer Einleitungsformel, in der die Ermächtigungsgrundlage(n) der Satzung anzugeben sind, dem in sich geordneten Normenteil und dem Ausfertigungsvermerk.

d) Besondere Bedeutung in formeller Hinsicht hat die **Bekanntmachung**. Aus dem Rechtsstaatsprinzip folgt, dass Vorschriften über Bekanntmachungsformen grundsätzlich eingehalten werden müssen, um der Öffentlichkeit die verlässliche Kenntnisnahme vom geltenden Recht zu ermöglichen.[171] Einzelheiten regeln die landesrechtlichen BekanntmachungsVO. Die öffentliche Bekanntmachung erfolgt in der Regel im Amtsblatt der Gemeinde. Sie muss die Satzung im vollen Umfang in der durch Gesetz oder RechtsVO vorgeschriebenen Form enthalten. Für Bebauungspläne ist die besondere Regelung in § 10 Abs. 3 BauGB zu beachten.

Sind Karten, Pläne oder Zeichnungen Bestandteile einer Satzung, so können diese Teile nach Landesrecht zumeist anstatt einer öffentlichen Bekanntmachung an einer bestimmten Stelle der Gemeindeverwaltung zu jedermanns Einsicht während der Dienststunden ausgelegt werden, sofern der Inhalt der Karten u.Ä. in der Satzung grob umschrieben wird.

3. Materielle Anforderungen

Grundschema: Materielle Rechtmäßigkeit einer Satzung

- **Voraussetzungen der Ermächtigungsgrundlage**
- **kein Verstoß gegen höherrangiges Recht**
- **allgemeine Rechtmäßigkeitsanforderungen**
  - Bestimmtheit
  - Verhältnismäßigkeit
- **bei Ermessen: keine Ermessensfehler**

169 Art. 23 S. 2 GO Bay, § 4 Abs. 1 S. 2 GemO BW, § 3 Abs. 1 S. 2 KVerf Bbg, § 5 Abs. 1 S. 2 KVerf MV, § 24 Abs. 1 S. 2 GemO RhPf, § 12 Abs. 1 S. 2 KSVG Saarl, § 4 Abs. 1 S. 3 SächsGemO, § 8 Abs. 1 S. 2 KVG LSA.

170 Vgl. z.B. § 5 Abs. 1 S. 2 HGO, § 7 Abs. 1 S. 2 GO NRW, § 12 Abs. 2 KSVG Saarl, § 8 Abs. 2 S. 2 KVG LSA.

171 BVerwG NVwZ 2007, 216 u. 334; ausführlich Wahlhäuser NWVBl. 2007, 338 ff.

224 **a)** Die **materiellen Voraussetzungen** für den Satzungserlass finden sich zum Teil in Spezialgesetzen.

So ergeben sich die inhaltlichen Anforderungen an einen Bebauungsplan (Satzung gemäß § 10 BauGB) aus den §§ 8 ff. BauGB i.V.m. diversen RechtsVO (§ 9 a BauGB), z.B. der BauNVO (Sartorius Nr. 311) und der PlanzeichenVO (Sartorius EB Nr. 312). Die Anforderungen an kommunalen Abgabensatzungen sind im KAG des Landes vorgegeben.

225 Greifen Spezialregelungen nicht ein, so ist auf die allgemeine Satzungsbefugnis nach der Gemeindeordnung abzustellen. Danach kann die Gemeinde „ihre Angelegenheiten" bzw. „die Angelegenheiten des eigenen Wirkungskreises" durch Satzung regeln, soweit die Gesetze nichts anderes bestimmen.

Beispiele: Benutzungssatzungen für gemeindliche Einrichtungen (Stadtbücherei, Stadtbad, Friedhof, Stadtpark etc.). Sonderermächtigungen bestehen insbesondere für die Anordnung eines Anschluss- und Benutzungszwangs sowie für die Hauptsatzung und die Haushaltssatzung.

- **Sachlich** muss es sich um eine Selbstverwaltungsangelegenheit handeln; im Bereich staatlicher Aufgaben sind Satzungen nur zulässig, wenn hierfür eine besondere Ermächtigung besteht. Nach h.M. gilt dies auch bei Pflichtaufgaben zur Erfüllung nach Weisung.[172]
- In **räumlicher** Hinsicht muss sich die Regelung auf das (Gemeinde-, Kreis-)Gebiet beschränken.
- In **personeller** Hinsicht darf sich die Regelung grundsätzlich nur an die Mitglieder der Körperschaft, also die Gemeinde-/Kreisbewohner richten.

  Bei öffentlichen Einrichtungen unterliegen auch Nicht-Einwohner der Benutzungsregelung. Denn räumlicher Anknüpfungspunkt ist die Belegenheit in der Gemeinde, persönlich wird an die Benutzung angeknüpft.[173]

226 **b)** Die allgemeine Satzungsbefugnis ermächtigt nicht zu **besonderen Belastungen**. Insbesondere sind aufgrund der Generalermächtigung **keine Eingriffe in Grundrechte** (z.B. Eigentum und Freiheit) zulässig. Dies folgt aus dem Prinzip der Gesetzmäßigkeit der Verwaltung (Art. 20 Abs. 3 GG) in der Ausprägung des Grundsatzes vom Vorbehalt des Gesetzes. Zwar handelt es sich bei der allgemeinen Satzungsbefugnis um eine gesetzliche Grundlage. Der Grundsatz vom Vorbehalt des Gesetzes betrifft aber alle **wesentlichen Entscheidungen**, wobei das Grundlegende vom Gesetzgeber selbst geregelt werden muss (sog. **Parlamentsvorbehalt**). Wesentlich sind hierbei alle grundrechtsrelevanten und sonstigen Fragen, die so bedeutsam sind, dass sie einer parlamentarischen Absicherung bedürfen und nicht allein der Verwaltung überlassen bleiben dürfen.

227 Greift der Parlamentsvorbehalt ein, so ist die allgemeine Satzungsbefugnis zu unbestimmt, um eine hinreichende Ermächtigungsgrundlage für Grundrechtseingriffe darstellen zu können. Vielmehr sind hier **spezielle Ermächtigungen** erforderlich.[174] Die dem Parlamentsvorbehalt unterfallenden Fragen darf der Gesetzgeber nicht, auch nicht in an sich einwandfreier Form, auf den Verordnungs- oder Satzungsgeber übertragen.

Beispiele: Die Gemeinde ist nicht befugt, durch Satzung in das Grundrecht der Berufsfreiheit aus Art. 12 GG einzugreifen.[175] Wegen Art. 13 GG darf in einer Satzung kein Betretungsrecht für Grund-

---

172 Vgl. Maurer DÖV 1993, 184, 190. Teilweise ist dies in der Gemeindeordnung ausdrücklich klargestellt; vgl. § 4 Abs. 1 S. 2 GemO BW, § 3 Abs. 1 S. 2 KVerf Bbg, § 4 Abs. 1 S. 3 SächsGemO.

173 Schmidt-Jortzig DVBl. 1990, 920, 922.

174 BVerwG DVBl. 2006, 781, 782; DVBl. 1993, 153; OVG RhPf RÜ 2009, 123, 124; VGH Mannheim NVwZ 1993, 388; BayVGH NVwZ 1992, 1004, 1006; Isensee/Jakobs NWVBl. 2001, 323, 325.

175 BVerwG DVBl. 1993, 153; OVG RhPf RÜ 2009, 123, 124; BayVGH NVwZ 1992, 1004; OVG Schleswig NVwZ 1996, 1034, 1035; a.A. OLG Braunschweig NVwZ 1995, 1035, 1036; anders auch VGH Mannheim DVBl. 2003, 287 für Zulassungsbeschränkungen für Bestattungsunternehmer in gemeindlicher Friedhofssatzung.

stücke geregelt werden.[176] Wegen Art. 14 GG bedarf es z.B. für den Anschluss- und Benutzungszwang einer besonderen Ermächtigung, wenn dadurch die Benutzung eigener Einrichtungen ausgeschlossen wird.

c) Regelt die Satzung dagegen **keine „wesentlichen Fragen"**, reicht die allgemeine Satzungsbefugnis der Gemeindeordnung als Rechtsgrundlage aus. Das ist nach der Rspr. insbesondere der Fall, wenn lediglich die **Leistung modifiziert** wird. Solange auf die Leistung kein grundrechtlicher Anspruch besteht, kann auch die Ausgestaltung des Leistungsverhältnisses nicht grundrechtsrelevant sein. Dementsprechend handelt es sich bei Regelungen, die eine Leistung lediglich modifizieren, nicht um selbstständige Grundrechtseingriffe, sondern um einen notwendigen Annex zur Ausgestaltung der Benutzung. **228**

„Im Bereich der gemeindlichen Einrichtungen sieht die Rspr. die allgemeine Ermächtigung als ausreichende Grundlage an, soweit es um Regelungen zur Benutzung der Einrichtung geht, d.h. um Regelungen, die mit dem Einrichtungszweck notwendigerweise verbunden sind. Mit der Inanspruchnahme der Einrichtung unterwirft sich der Benutzer gleichsam Regelungen, die zur Erlangung des Nutzungsvorteils für ihn mit entsprechenden Belastungen verbunden sind."[177]

Die allgemeine Satzungsbefugnis der GO reicht daher als Rechtsgrundlage aus, soweit es um Regelungen geht, die **mit dem Einrichtungszweck notwendigerweise verbunden** sind. **229**

Beispiele: Ge- und Verbote in einer Benutzungssatzung sind von der allgemeinen Satzungsbefugnis gedeckt, wenn sie dem Einrichtungszweck dienen und verhältnismäßig sind. [178] So ist es bei einem konfessionellen Friedhof z.B. zulässig, das Aufstellen von polierten Grabsteinen zu verbieten, wenn dies zum Schutz bestimmter religiöser Überzeugungen erfolgt.[179] Entsprechendes gilt für satzungsrechtliche Bestimmungen über die zulässige Dekoration der Trauerhalle.[180]

Nach teilweise vertretener Ansicht soll es auch zulässig sein, durch eine gemeindliche Friedhofssatzung die Tätigkeit von Bestattungsunternehmern auf einem Friedhof von einer vorherigen Zulassung durch die Gemeinde abhängig zu machen. Zwar berühre eine solche Beschränkung den Bestattungsunternehmer in seinem Grundrecht aus Art. 12 Abs. 1 GG, allerdings sei diese Beschränkung durch gewichtige Gründe des Allgemeininteresses gedeckt (zweifelhaft im Hinblick auf den Parlamentsvorbehalt, s.o.).[181]

Nicht von der Generalermächtigung gedeckt ist dagegen die Regelung über den Nachweis der Herkunft und der Produktionsbedingungen für das für Grabmale verwendete Steinmaterial, da hierfür im Hinblick auf Art. 12 GG eine besondere Ermächtigung erforderlich ist.[182] Ebenso wenig kann in einer gemeindlichen Satzung zu Sondernutzungen im Straßenrecht geregelt werden, dass eine Erlaubnis für das Aufstellen von Tischen und Stühlen davon abhängig ist, dass der Erlaubnisinhaber kostenlose Gästetoiletten bereithält.[183]

d) Soweit satzungsrechtliche Ge- und Verbote mit einem **Bußgeld** bewehrt werden sollen, ist dafür eine **besondere Ermächtigungsgrundlage** erforderlich.[184] **230**

Da eine Bußgeldregelung über eine bloße Leistungsmodifizierung hinausgeht und einen selbstständigen grundrechtsrelevanten Eingriff darstellt, kann nach dem Grundsatz vom Vorbehalt des Gesetzes die Generalklausel hierfür keine ausreichende Satzungsbefugnis darstellen. Deshalb bedarf es hier einer besonderen Ermächtigungsgrundlage, die in der Regel in den Gemeindeordnungen enthalten ist.

---

176 BayVGH NVwZ 1998, 540; VGH Mannheim NVwZ 1993, 388; vgl. allgemein Becker/Sichert JuS 2000, 144, 147; v.Ungern-Sternberg Jura 2007, 256, 257; vgl. aber die Sonderregelung in Art. 24 Abs. 3 GO Bay und dazu die verfassungskonforme Auslegung durch BayVerfGH, Urt. v. 10.10.2007 – Vf-VII-06 (GVBl. S. 729).

177 OVG RhPf RÜ 2009, 123, 124.

178 BVerwG DVBl. 2004, 1495, 1496 f.; VGH Mannheim DVBl. 2003, 287; Isensee/Jakobs NWVBl. 2001, 323, 326 f.

179 BVerwG DVBl. 2004, 1495, 1496 f.

180 VGH Mannheim DVBl. 2003, 287.

181 VGH Mannheim DVBl. 2003, 287.

182 BVerwG, Urt. v. 16.10.2013 – BVerwG 8 CN.12; BVerwG BayVBl. 2011, 510; OVG Koblenz RÜ 2009, 123, 125; BayVGH BayVBl. 2009, 367; anders BayVerfGH NVwZ-RR 2012, 50 = RÜ 2012, 195, 196 f.

183 VGH BW RÜ2, 2019, 239.

184 Vgl. z.B. Art. 24 Abs. 2 S. 2 GO Bay, § 3 Abs. 2 KVerf Bbg, § 5 Abs. 2 HGO, § 5 Abs. 3 KVerf MV, § 24 Abs. 5 GemO RhPf, § 12 Abs. 3 KSVG Saarl, § 8 Abs. 6 KVG LSA, § 19 Abs. 1 S. 4 ThütKO.

231 **e)** Sind die tatbestandlichen Voraussetzungen der Ermächtigungsgrundlage erfüllt, ist die Satzung nur rechtmäßig, wenn sie nicht gegen **höherrangiges** (Bundes- oder Landes-)**Recht** verstößt. Problematisch sind vor allem Satzungen, die rückwirkend in Kraft treten sollen. Während rückwirkende begünstigende Regelungen unproblematisch zulässig sind, ergeben sich bei **rückwirkenden belastenden Satzungen** Einschränkungen aus dem Rechtsstaatsprinzip und den Grundrechten.

- So ist eine sog. **echte Rückwirkung** bei in der Vergangenheit **abgeschlossenem Sachverhalt** (auch Rückbewirkung von Rechtsfolgen) **grundsätzlich unzulässig** und nur ausnahmsweise zulässig, wenn das Vertrauen des Bürgers nicht schutzwürdig ist, insbesondere weil er mit einer (Neu-)Regelung rechnen musste, das geltende Recht unklar und verworren war, eine aus formellen Gründen nichtige Norm rückwirkend durch eine rechtlich nicht zu beanstandende Norm ersetzt wird oder zwingende Gründe des gemeinen Wohls die Rückwirkung ausnahmsweise rechtfertigen.
- Eine **unechte Rückwirkung** (auch tatbestandliche Rückanknüpfung) bei noch **nicht abgeschlossenem Sachverhalt** ist dagegen **grundsätzlich zulässig** und nur ausnahmsweise unzulässig, wenn im Einzelfall der Vertrauensschutz des Bürgers das öffentliche Interesse überwiegt.

232 **Rückwirkende Satzungen** spielen in der kommunalen Praxis eine große Rolle. Stellt sich z.B. im gerichtlichen Verfahren die Nichtigkeit einer Satzungsregelung heraus, so kann eine neue Satzung mit Rückwirkung erlassen werden, sodass dadurch die Rechtswidrigkeit eines Verwaltungsaktes, der auf die nichtige Satzung gestützt wurde, geheilt werden kann.[185] Denn bei nichtiger Satzung steht der Vertrauensschutz einer Rückwirkung grundsätzlich nicht entgegen (s.o.). Unzulässig ist es dagegen, eine rechtmäßige Satzungsvorschrift rückwirkend durch eine andere rechtmäßige Vorschrift zu ersetzen.[186]

Im **Beitragsrecht** kommt der Rückwirkung bislang keine große Bedeutung zu. So ist z.B. Voraussetzung für das Entstehen der Erschließungsbeitragspflicht neben der endgültigen Herstellung (§ 133 Abs. 2 BauGB) das Vorliegen einer wirksamen Erschließungsbeitragssatzung (§ 132 BauGB). Ist die Satzung unwirksam, so kann der Erschließungsbeitrag gar nicht entstehen (und vor allem auch nicht verjähren). Der Beitragsanspruch entsteht erst (ex nunc) mit dem Inkrafttreten der neuen wirksamen Satzung. Einer Rückwirkungsanordnung bedürfe es dazu in der Regel nicht.[187] Die Rspr. hat diese Grundsätze weitestgehend auch auf das allgemeine Beitragsrecht übertragen. Allerdings hat das BVerfG nunmehr festgestellt, dass es dem Rechtsstaatsprinzip widerspricht, wenn Abgaben dadurch im Ergebnis zeitlich unbegrenzt festgesetzt werden können.[188] Der Gesetzgeber ist gehalten, eine absolute zeitliche Obergrenze vorzusehen.

233 **f)** Die **allgemeinen Rechtmäßigkeitsanforderungen** ergeben sich vor allem aus dem Rechtsstaatsprinzip. Satzungsregelungen müssen hinreichend **bestimmt** sein, damit der Bürger zuverlässig erkennen kann, was von ihm verlangt wird. Außerdem müssen Satzungsbestimmungen **verhältnismäßig**, d.h. geeignet, erforderlich und angemessen sein.

Unverhältnismäßig ist es z.B., fachkundigen Bestattungsunternehmern die Dekoration in Trauerhallen nicht zu gestatten und diese Tätigkeit nur zugelassenen Friedhofsgärtnern vorzubehalten.[189] Ebenfalls unverhältnismäßig ist ein sog. Leichenhauszwang, der gewerbliche Bestattungsunternehmer von der Aufbahrung von Leichen in eigenen Leichenräumen völlig ausschließt.[190]

234 **g)** Steht – wie zumeist – der Erlass (das „Ob") und der Inhalt der Satzung (das „Wie") im Ermessen des Satzungsgebers, so darf die Entscheidung **nicht ermessensfehlerhaft** sein.[191]

---

185 BVerwG NJW 1976, 1115.

186 OVG NRW NVwZ-RR 1991, 664.

187 BVerwGE 64, 218, 223.

188 BVerfG NVwZ 2013, 1004, 1005; ebenso OVG NRW, Urt. v. 30.04.2013 – 14 A 207/11; OVG Bln-Bbb, Beschl. v. 27.05.2013 – OVG 9 S 75.12.

189 VGH Mannheim VBlBW 2007, 353.

190 BayVerfGH DVBl. 2005, 436.

191 Zum Satzungsermessen BVerwG NVwZ 2006, 1068, 1069; NVwZ 2002, 1123, 1124; Maurer DÖV 1993, 184, 192; Oebbecke NVwZ 2003, 1313, 1315.

Im Normalfall steht der Erlass und der Inhalt der Satzung im Ermessen der Gemeinde (insbesondere bei Benutzungssatzungen für öffentliche Einrichtungen). Für bestimmte Bereiche hat die Gemeinde die Pflicht, eine Satzung zu erlassen, deren Inhalt teilweise gesetzlich vorgegeben ist (z.B. die Hauptsatzung und die Haushaltssatzung). Hiervon zu unterscheiden sind die sog. bedingten Pflichtsatzungen, die von der Gemeinde nicht in jedem Fall erlassen werden müssen, sondern von einer bestimmten Situation abhängig sind (z.B. der Erlass eines Bebauungsplans gemäß § 1 Abs. 3 BauGB von einem Planungsbedürfnis). Der Inhalt unterliegt dann in der Regel gleichwohl dem Ermessen der Gemeinde (vorbehaltlich gesetzlicher Vorgaben, z.B. BauGB i.V.m. BauNVO).

4. Gestaltung von Satzungen

a) Formale Gestaltung

Satzungen werden üblicherweise nach folgendem Grundschema aufgebaut: 235

Grundschema: Formale Gestaltung einer Satzung

- **Überschrift**
  - mit Namen der Gemeinde
  - Bezeichnung als Satzung
  - Datum und Fundstelle der öffentlichen Bekanntmachung
- **Einleitungsformel**
  - mit Ermächtigungsgrundlage
  - Angabe des Beschlussorgans
  - Datum des Satzungsbeschlusses
- **Normenteil**
  - materielle Regelungen
  - Haftungsregeln, OWi-Tatbestände
  - ggf. Inkrafttreten
- **Ausfertigungsvermerk**

aa) Überschrift

Satzungen sind mit einer Überschrift mit dem Namen der Gemeinde und einer konkreten Bezeichnung zu versehen. Üblich ist des Weiteren die Angabe der Fundstelle. 236

Beispiel: „Satzung über die Abfallvermeidung und Abfallversorgung in der Stadt M... (Abfallsatzung) vom 13.12.2012 (Amtsblatt der Stadt M ... 2012, S. 397)."

Ist gesetzlich für eine den betroffenen Adressatenkreis berechtigende oder verpflichtende Regelung ausdrücklich der Erlass einer „Satzung" vorgesehen (so z.B. im KAG), so ist aus Gründen der Rechtsklarheit und Rechtssicherheit zu verlangen, dass die vom Gemeinderat beschlossenen Rechtsvorschriften auch **ausdrücklich als Satzung** zu bezeichnen sind. Fehlt es daran, so ist die Rechtsvorschrift nichtig.[192] Die konkrete Bezeichnung der Satzung (Abfallsatzung, Betriebssatzung, Hundesteuersatzung etc.) steht dagegen im Ermessen der Gemeinde. Bei Satzungen anderer Körperschaften weicht die Bezeichnung oft ab (z.B. bei Universitäten „Ordnung").

bb) Einleitungsformel

An die Überschrift schließt sich die **Einleitungsformel** mit Angabe der Ermächtigungsgrundlage(n), des Beschlussorgans und des Datums des Satzungsbeschlusses an. 237

Beispiel: „Der Rat der Stadt M... hat in seiner Sitzung am 11.12.2012 aufgrund der §§ ... und der §§ ... – jeweils in der bei Erlass dieser Satzung geltenden Fassung – folgende Satzung beschlossen: ..."

192 VGH Mannheim NVwZ-RR 1989, 267.

Ausreichend ist, dass objektiv eine **wirksame Rechtsgrundlage** für die Satzung besteht. Deshalb ist auch die Angabe einer **falschen Rechtsgrundlage unschädlich** und führt nicht dazu, dass die Satzung für „unwirksam" erklärt wird.[193] Aus Gründen der Bürgernähe empfiehlt es sich jedoch, die Rechtsgrundlage für die Satzung zu zitieren, um dem Bürger die Möglichkeit der Überprüfung zu geben.[194]

Vgl. z.B. Art. 23 S. 3 GO Bay, wonach in Satzungen zur Regelung übertragener Angelegenheiten und in strafbewehrten Satzungen die besondere Rechtsgrundlage angegeben werden „soll".

cc) Normenteil

238 Nach der Einleitung folgt der **Normenteil.** Dabei ist es üblich, zunächst die **materiellen Regelungen** zu treffen (z.B. Anwendungsbereich, Gebote und Verbote, Adressaten etc.). Haftungsregelungen und Ordnungswidrigkeitentatbestände finden sich zumeist am Ende der Satzung. Abweichend von der allgemeinen Regelung der Gemeindeordnung, wonach Satzungen in der Regel mit dem Tag nach der Bekanntmachung in Kraft treten,[195] kann die Satzung abweichende Regelungen treffen.[196]

dd) Haftungsregeln

239 Haftungsregeln finden sich in Satzungen heute nur noch selten. Denn die Wahrnehmung von Verkehrssicherungspflichten durch einen Hoheitsträger ist nach h.Rspr. grundsätzlich privatrechtlich zu beurteilen, auch bei öffentlichen Einrichtungen.

Beispiel: Allerdings kann die Gemeinde die Verkehrssicherungspflicht durch Satzung hoheitlich ausgestalten, sodass dann die Amtshaftung eingreift.[197]

Haftungsbeschränkungen in einer Satzung (z.B. auf Vorsatz und grobe Fahrlässigkeit) gelten nach der Rspr. nur für die vertragsähnliche Haftung im verwaltungsrechtlichen Schuldverhältnis. Die (nur durch formelles Gesetz einschränkbare) Amtshaftung bleibt davon unberührt.[198] Deshalb erübrigt sich in der Regel eine abweichende satzungsrechtliche Regelung.

ee) Ausfertigungsvermerk

240 Die Originalsatzung schließt mit dem **Ausfertigungsvermerk** und der Unterschrift des Bürgermeisters. Im Ausfertigungsvermerk bestätigt der Bürgermeister, dass der Wortlaut der Satzung mit den Ratsbeschlüssen übereinstimmt und das gesetzlich vorgeschriebene Satzungsverfahren eingehalten wurde.

ff) Bekanntmachung

241 Nach ordnungsgemäßer Ausfertigung erfolgt die **öffentlichen Bekanntmachung** der Satzung. Formen der Bekanntmachung sind nach den Gemeindeordnungen und den BekanntmachungsVO in der Regel die Veröffentlichung im Amtsblatt oder in einer oder mehreren hierfür allgemein bestimmten regelmäßig erscheinenden Zeitungen oder sonstigen Publikationen. Teilweise ist auch die Möglichkeit des Anschlags an der Bekanntmachungstafel der Gemeinde vorgesehen, wobei in diesen Fällen gleichzeitig durch das Amtsblatt oder die Zeitung oder ggf. im Internet auf den Anschlag hingewiesen wird.

---

193 BVerwG NJW 1974, 2301, 2303.

194 Becker/Sichert JuS 2000, 144, 148.

195 Abweichend Art. 26 Abs. 1 S. 1 GO Bay: eine Woche nach Bekanntmachung.

196 Vgl. z.B. Art. 26 Abs. 1 S. 2 GO Bay, § 4 Abs. 3 S. 2 GemO BW, § 5 Abs. 3 S. 2 HGO, § 7 Abs. 4 S. 2 GO NRW, § 24 Abs. 3 S. 2 u. 3 GemO RhPf, § 12 Abs. 5 KSVG Saarl, § 4 Abs. 3 S. 2 SächsGemO, § 8 Abs. 4 KVG LSA.

197 BGHZ NJW 1973, 460, 461.

198 BGHZ 61, 7, 14 ff.; BGH NJW 1984, 615, 617; a.A. BayVGH BayVBl. 1985, 407.

b) Beispiel für eine Satzung zur Benutzung einer kommunalen Einrichtung

Bearbeitungsvermerk

Herrn Rechtsreferendar Kundig

1. Der Rat der Gemeinde G hat in seiner Sitzung am 19.03.2021 beschlossen, verschiedene Satzungen zu ändern bzw. neu zu erlassen. U.a. möchte der Rat, dass das seit Jahren auf dem gemeindeeigenen Festplatz durchgeführte Oktoberfest nunmehr ordnungsgemäß gewidmet und die notwendigen Benutzungsregelungen getroffen werden. Das Benutzungsverhältnis soll öffentlich-rechtlich ausgestaltet werden. Gewerberechtliche Regelungen sind nicht vorgesehen. Außerdem soll für die Beschicker des Oktoberfestes eine Benutzungsgebühr vorgesehen werden.

2. Stellen Sie bitte jeweils den wesentlichen Inhalt der Satzung(en) dar und formulieren Sie beispielhaft die jeweiligen Satzungsbestimmungen. Vorschriften zum Verwaltungsverfahren sind nicht zu entwerfen, sondern sollen, falls erforderlich, aus der Mustersatzung des Städte- und Gemeindebundes übernommen werden.

3. Die neuen Satzungsbestimmungen sollen Gegenstand der Beratung in der nächsten Sitzung des Rates am 26.04.2021 sein. Bitte leiten Sie mir Ihre Vorschläge daher bis spätestens 10.04.2021 zu.

4. Wv: 12.04.2021 (Vorschlag Ref.?)

gez.
Lichtmeier
(Bürgermeister)

Auszug aus dem Landesrecht des Landes L

- **Gemeindeordnung des Landes L (GO)**

§ 5

(1) Die Gemeinden können die Angelegenheiten der örtlichen Gemeinschaft durch Satzung regeln, soweit gesetzlich nichts anderes bestimmt ist. Satzungen bedürfen der Genehmigung der Aufsichtsbehörde nur, soweit eine Genehmigung gesetzlich ausdrücklich vorgeschrieben ist.

(2) In den Satzungen können vorsätzliche und fahrlässige Zuwiderhandlungen gegen Gebote oder Verbote mit Geldbuße bedroht werden. Zuständige Verwaltungsbehörde im Sinne des § 36 Abs. 1 Nr. 1 des Gesetzes über Ordnungswidrigkeiten ist der Bürgermeister. ...

§ 7

(1) Die Gemeinden schaffen innerhalb der Grenzen ihrer Leistungsfähigkeit die für die wirtschaftliche, kulturelle und soziale Betreuung ihrer Einwohner erforderlichen öffentlichen Einrichtungen.

(2) Alle Einwohner der Gemeinde sind im Rahmen des geltenden Rechts berechtigt, die öffentlichen Einrichtungen der Gemeinde zu benutzen und verpflichtet, die Lasten zu tragen, die sich aus ihrer Zugehörigkeit zur Gemeinde ergeben.

(3) Diese Vorschriften gelten entsprechend für juristische Personen und Personenvereinigungen.

§ 28

(1) Der Rat der Gemeinde ist für alle Angelegenheiten der Gemeindeverwaltung zuständig, soweit dieses Gesetz nichts anderes bestimmt. Die Entscheidung über folgende Angelegenheiten kann der Rat nicht übertragen: ...

(2) Den Erlass, die Änderung und die Aufhebung von Satzungen und sonstigen ortsrechtlichen Bestimmungen, ...

§ 63

(1) Der Bürgermeister bereitet die Beschlüsse des Rates und seiner Ausschüsse vor. Er führt diese Beschlüsse unter der Kontrolle des Rates und in Verantwortung ihm gegenüber aus. ...

- **Kommunalabgabengesetz des Landes L (KAG)**

§ 2 Rechtsgrundlage

(1) Abgaben dürfen nur aufgrund einer Satzung erhoben werden. Die Satzung muss den Kreis der Abgabenschuldner, den die Abgabe begründenden Tatbestand, den Maßstab und den Satz der Abgabe sowie den Zeitpunkt der Fälligkeit angeben. ...

§ 4 Gebühren

(1) Die Gemeinden und Gemeindeverbände können Gebühren erheben. ...

§ 5 Verwaltungsgebühren

(1) Verwaltungsgebühren dürfen nur erhoben werden, wenn die Leistung der Verwaltung von dem Begünstigten beantragt worden ist oder wenn sie ihn unmittelbar begünstigt. ...

§ 6 Benutzungsgebühren

(1) Benutzungsgebühren sind zu erheben, wenn eine Einrichtung oder Anlage überwiegend dem Vorteil einzelner Personen oder Personengruppen dient, sofern nicht ein privatrechtliches Entgelt gefordert wird. Im Übrigen können Gebühren erhoben werden. Das veranschlagte Gebührenaufkommen soll die voraussichtlichen Kosten der Einrichtung oder Anlage nicht übersteigen und in den Fällen des Satzes 1 in der Regel decken.

(2) Kosten im Sinne des Absatzes 1 sind die nach betriebswirtschaftlichen Grundsätzen ansatzfähigen Kosten. Zu den Kosten gehören auch ... Der Gebührenbedarfsberechnung darf ein Kalkulationszeitraum von höchstens drei Jahren zugrunde gelegt werden.

(3) Die Gebühr ist nach der Inanspruchnahme der Einrichtung oder Anlage zu bemessen (Wirklichkeitsmaßstab). Wenn das besonders schwierig oder wirtschaftlich nicht vertretbar ist, kann ein Wahrscheinlichkeitsmaßstab gewählt werden, der nicht in einem offensichtlichen Missverhältnis zu der Inanspruchnahme stehen darf ...

242 **aa)** Beim Volksfest handelt es sich um eine Einrichtung der Gemeinde, die nach den Vorgaben des Rates **ausdrücklich gewidmet** werden soll.

Oktoberfestsatzung der Gemeinde G vom ...

Der Rat der Gemeinde G hat in seiner Sitzung am ... aufgrund der §§ 5, 7 und 28 Abs. 1 der Gemeindeordnung für das Land L i.d.F. der Bekanntmachung vom ... folgende Satzung beschlossen:

§ 1
Widmung

In der Gemeinde G findet auf dem Grundstück ... Flur ... Flurstück ... jährlich im Oktober ein Volksfest zur Unterhaltung der Bevölkerung statt. Das Volksfest trägt die Bezeichnung „Oktoberfest". Das Volksfest ist eine öffentliche Einrichtung, deren Benutzung nach Maßgabe der folgenden Vorschriften erfolgt.

243 **bb)** Für den **Gegenstand** der Benutzung kann – weil keine Vorgaben vom Rat gemacht wurden – auf die Vorschriften aus anderen Gesetzen zurückgegriffen werden, hier konkret auf § 60 b GewO, der laut Aufgabenstellung (Ziffer 1 S. 4) gerade nicht über eine Festsetzung nach § 69 GewO zur Anwendung kommen soll.

§ 2
Gegenstand

Gegenstände des Volksfestes sind:

1. unterhaltende Tätigkeiten als Schausteller oder nach Schaustellerart,

2. Angebot von Waren, die üblicherweise auf Volksfesten angeboten werden,

3. Abgaben von Getränken und Speisen zum Verzehr an Ort und Stelle,

4. Bewirtung in Festzelten.

Soweit erforderlich, insbesondere bei Bebauungsplänen, ist der **Geltungsbereich der Satzung** präzise zu umschreiben, ggf. durch Beifügung von Plänen und Zeichnungen.

cc) Im Wesentlichen betrifft die Benutzungssatzung die Ausgestaltung des Benutzungsverhältnisses. Das **Benutzungsverhältnis** bei öffentlichen Einrichtungen kann die Gemeinde aufgrund ihres Wahlrechts in der Leistungsverwaltung entweder öffentlich-rechtlich oder privatrechtlich ausgestalten.[199] Die Wahlfreiheit unterliegt allerdings insoweit einer Beschränkung, als die **Organisationsform** des Leistungsträgers die Ausgestaltung des Benutzungsverhältnisses bestimmt. Auch insoweit hat die Gemeinde aber ein Wahlrecht. **244**

So kann die Gemeinde die Einrichtung privatrechtlich, insbesondere als selbstständige GmbH organisieren (in der Praxis häufig bei Verkehrs- und Versorgungsbetrieben, z.B. Stadtwerke GmbH, Stadthallen GmbH). Sie kann sie aber auch in Form rechtlich selbstständiger oder unselbstständiger öffentlich-rechtlicher Einrichtungen betreiben (z.B. als öffentlich-rechtliche Anstalt oder Eigenbetrieb oder als unselbstständiger Regiebetrieb).

Soll das Benutzungsverhältnis – wie hier – öffentlich-rechtlich ausgestaltet werden, so bietet es sich an, bereits in der Satzung das Verfahren auf **Zuteilung eines Standplatzes** festzulegen. **Anerkannte Kriterien** für die Auswahl der Bewerber sind z.B. das Prioritätsprinzip, die Zuverlässigkeit des Bewerbers, die Attraktivität des Angebots, die Bevorzugung bekannter und bewährter Anbieter (soweit ein bestimmtes Kontingent für Neubewerber vorgesehen ist), die Anwendung eines rollierenden Systems oder eines Losverfahrens.[200] **245**

Ist die Kapazität erschöpft, so besteht kein Anspruch auf Erweiterung vorhandener oder Schaffung neuer Kapazitäten.[201] Der gemeindliche Benutzungsanspruch wandelt sich – ebenso wie ein etwaiger Zulassungsanspruch nach § 70 Abs. 1 GewO – um in einen Anspruch auf ermessensfehlerfreie Auswahl (vgl. auch § 70 Abs. 3 GewO).[202]

§ 3
Zuteilung von Standplätzen

(1) Das Gesamtvolumen der Standplätze von ... qm wird auf die verschiedenen Anbietergruppen wie folgt verteilt: Betreiber von Fahrgeschäften zu ... %, Schieß- und Losbuden zu ... %, Imbissstände zu ... %, Verkaufsstände zu ...% und Festzelte zu ...%.

(2) Innerhalb der jeweiligen Anbietergruppen sind Bewerber vorrangig nach Attraktivität des Angebots, im Übrigen nach Zuverlässigkeit, Bekanntheit und Bewährtheit der Anbieter zu berücksichtigen. Für Neubewerber bleibt stets ein Anteil von 10 % des Anteils einer Anbietergruppe vorbehalten. Im Zweifel entscheidet das Los.

(3) Die Zulassung erfolgt durch Zuteilung einer Standfläche aufgrund eines Antrags nach § 4 dieser Satzung.

dd) Ergänzend finden sich in einer Benutzungssatzung für ein Volksfest in der Regel Vorschriften über **Form und Inhalt des Antrags**, zur **Gestaltung und Benutzung der Stände** und zum **Verhalten der Nutzer**. Derartige Regelungen sind nach der allgemeinen Satzungsbefugnis zulässig, wenn sie dem **Einrichtungszweck** dienen und dem Grundsatz der **Verhältnismäßigkeit** entsprechen (s.o. Rn. 141). **246**

§ 4
Zulassungsanträge

Anträge auf Zuteilung einer Standfläche sind spätestens bis zum 31.03. eines Jahres für das in dem Jahr stattfindende Oktoberfest bei der Gemeindeverwaltung – Ordnungsamt – (Anschrift) schriftlich zu stellen. In den Anträgen sind anzugeben: ...

---

199 BayVerfGH NVwZ 1998, 727, 728; OVG NRW NVwZ 1995, 1238, 1240; Erlenkämper NVwZ 1999, 1295, 1308; Becker/Sichert JuS 2000, 144, 145; einschränkend Ehlers DVBl. 1998, 497, 505.

200 BVerwG NVwZ-RR 2006, 786; OVG Lüneburg NVwZ-RR 2006, 117; VGH Mannheim DVBl. 1991, 949, 950; Mückl Jura 2002, 627, 631; Meßmer Jus 2002, 755, 757 m.w.N.

201 Meßmer JuS 2002, 755, 757.

202 Vgl. Donhauser NVwZ 2010, 931, 934.

§ 5
Aufbau und Benutzung der Stände

(1) Mit dem Aufbau der Stände darf erst nach der im schriftlichen Zulassungsbescheid festgelegten Platzverteilung begonnen werden.

(2) Der Platz muss am zweiten Tag nach Schluss des Volksfestes um 12.00 Uhr geräumt sein.

(3) Es dürfen nur die zugewiesenen Plätze nach dem jeweiligen Zuteilungsplan benutzt werden. Das Anbieten von Waren und Leistungen sowie das Darbieten von Schaustellungen außerhalb der zugewiesenen Plätze ist nicht gestattet.

(4) Die zugewiesenen Plätze dürfen nicht gewechselt oder anderen Personen überlassen werden. Ausnahmen bedürfen der vorherigen Genehmigung des Ordnungsamtes.

(5) Die Standfläche ist reinzuhalten. Abfälle sind in die dafür bestimmten Behälter zu bringen.

§ 6
Verhalten auf dem Festplatz

(1) Der Beschicker darf durch sein Verhalten andere bei der zugelassenen Tätigkeit oder beim Besuch des Oktoberfests nicht behindern oder belästigen.

(2) Das Abbrennen von Feuerwerks- und Knallkörpern ist dem Beschicker untersagt. Sirenen dürfen nur aus Sicherheitsgründen zu Signalzwecken benutzt werden.

(3) Lautsprecher dürfen nur mit der Lautstärke betrieben werden, die eine Belästigung der Anwohner sowie der Volksfestbesucher und Nachbarunternehmen vermeidet. Ab 22.00 Uhr sind die Anlagen so zu drosseln, dass die Lautstärke in einer Entfernung von 4 m vom Geschäftsbetrieb nur noch einem Schallpegel von 55 dB(A) entspricht.

247 **ee)** Enthält die Satzung, wie hier, Ge- oder Verbote, so können diese, soweit dies in der Satzungsermächtigung vorgesehen ist (hier § 5 Abs. 2 GO), als **Ordnungswidrigkeit** mit einem Bußgeld bewehrt werden.

Das Bestimmtheitsgebot nach Art. 103 Abs. 2 GG, der auch für Bußgeldvorschriften gilt,[203] verlangt jedoch, dass nicht nur die Satzung, die das eigentliche Ge- oder Verbot enthält, sondern bereits die gesetzliche Ermächtigung hinreichend bestimmt ist. Die Bußgeldvorschriften in der Gemeindeordnung[204] genügen nach h.Rspr. (noch) den verfassungsrechtlichen Bestimmtheitsanforderungen, da sie an den Gegenstandsbereich der Satzungshoheit (Selbstverwaltungsangelegenheiten) anknüpfen.[205]

§ 7
Ordnungswidrigkeiten

(1) Ordnungswidrig im Sinne des § 5 Abs. 2 Gemeindeordnung des Landes L in der jeweils gültigen Fassung handelt, wer vorsätzlich oder fahrlässig gegen §§ 5 und 6 dieser Satzung verstößt.

(2) Die Ordnungswidrigkeit kann mit einer Geldbuße bis zu eintausend Euro geahndet werden.

Aufgrund des Bestimmtheitsgrundsatzes ist bei einer Bußgeldbewehrung die **Angabe der Ermächtigungsgrundlage zwingend**. Fehlt sie, ist die Bußgeldregelung in der Satzung nichtig, die satzungsrechtlichen Ge- und Verbote können dann nur im Wege des Verwaltungszwangs durchgesetzt werden.[206]

248 **ff)** Zum **Inkrafttreten** der Satzung ist eine Regelung nur erforderlich, wenn diese von der in der Gemeindeordnung vorgesehenen Regelung abweicht. In der Praxis ist es allerdings üblich, stets das Inkrafttreten klarzustellen.

§ 8
Inkrafttreten

Diese Satzung tritt am Tage nach ihrer öffentlichen Bekanntmachung in Kraft.

---

203 BVerfGE 71, 108, 114; BVerfG NVwZ 1990, 751.

204 Vgl. z.B. Art. 24 Abs. 2 S. 2 GO Bay, § 3 Abs. 2 KVerf Bbg, § 5 Abs. 2 HGO, § 5 Abs. 3 KVerf MV, § 24 Abs. 5 GemO RhPf, § 12 Abs. 3 KSVG Saarl, § 8 Abs. 6 KVG LSA, § 19 Abs. 1 S. 4 ThürKO.

205 OVG Lüneburg DÖV 1986, 341, 342.

206 Becker/Sichert JuS 2000, 144, 148.

c) Beispiel für eine Gebührensatzung

Wenn bei öffentlich-rechtlicher Benutzung einer gemeindlichen Einrichtung eine Gegenleistung verlangt werden soll, kommt die Erhebung einer Gebühr in Betracht. Die Gebührenerhebung erfolgt aufgrund einer **selbstständigen Abgabensatzung**. Der Satzungsvorbehalt in den landesrechtlichen Kommunalabgabegesetzen ist nicht nur Ausdruck der kommunalen Satzungshoheit, sondern aus ihm folgt zugleich das **Prinzip der Trennung von Abgaben- und Stammsatzung.**[207] **249**

> ***Gebührensatzung der Gemeinde G für die Überlassung von Standplätzen bei dem Oktoberfest in der Gemeinde G vom ...***
>
> *Der Rat der Gemeinde G hat in seiner Sitzung am ... aufgrund der §§ 5, 7 und 28 Abs. 1 der Gemeindeordnung für das Land L i.d.F. der Bekanntmachung vom ... und der §§ 2 und 6 des Kommunalabgabengesetzes für das Land L i.d.F. der Bekanntmachung vom ... folgende Satzung beschlossen:*

Allerdings ist es üblich, in der Benutzungssatzung bereits auf die Gebührenpflicht hinzuweisen: *„Für die Überlassung der Standplätze werden nach den jeweils geltenden Bestimmungen Gebühren erhoben."*

Nach dem Grundsatz vom Vorbehalt des Gesetzes, der durch das KAG noch einmal ausdrücklich konkretisiert wird (hier § 2 Abs. 1 KAG), muss eine Abgabensatzung mindestens Angaben zu folgenden Punkten enthalten **(Mindestinhalt)**: **250**

- den die Abgabe begründenden **Tatbestand**,
- den Kreis der **Abgabenschuldner**,
- den **Maßstab** der Abgabe,
- den **Satz** der Abgabe sowie
- deren **Fälligkeit**.

aa) Der **Abgabentatbestand** muss in der Satzung so genau umschrieben werden, dass die Abgabenschuld für den Pflichtigen vorhersehbar ist (Bestimmtheitsgrundsatz). **251**

> ***§ 1***
> ***Gebührentatbestand***
>
> *Die Gemeinde G erhebt für die Überlassung von Standflächen für das Oktoberfest Gebühren nach Maßgabe dieser Gebührensatzung.*

bb) Abgabenschuldner ist die Person, die die Voraussetzungen erfüllt, an die die Abgabensatzung die Entstehung der Abgabenschuld knüpft. **252**

> ***§ 2***
> ***Gebührenschuldner***
>
> *Gebührenschuldner ist, wer einen Standplatz durch Zuteilung, vertragliche Vereinbarung oder tatsächlich in Anspruch nimmt.*

cc) Der **Abgabenmaßstab** gibt die Grundlage für die Bemessung der Abgabe an. Hier soll nach den Vorgaben des Rates eine Benutzungsgebühr erhoben werden. Bei Benutzungsgebühren richtet sich der Abgabenmaßstab nach dem **Ausmaß der Benutzung** der öffentlichen Einrichtung. Eine benutzungsorientierte Bemessung muss sich grundsätzlich am **Wirklichkeitsmaßstab**, d.h. dem tatsächlichen Benutzungsverhalten orientieren. Ein **Wahrscheinlichkeitsmaßstab** darf nur gewählt werden, **253**

---

207 Becker/Sichert JuS 2000, 552, 554.

wenn die Feststellung der tatsächlichen Inanspruchnahme besonders schwierig oder wirtschaftlich nicht vertretbar ist (vgl. hier § 6 Abs. 3 KAG).

Bei Verwaltungsgebühren muss die Gebühr im Verhältnis zur Leistung der Verwaltung insbesondere angemessen sein. Nach dem abgabenrechtlichen **Äquivalenzprinzip**, der den allgemeinen Grundsatz der Verhältnismäßigkeit konkretisiert, dürfen Verwaltungsleistung und Gebühr nicht in einem groben Missverhältnis stehen.[208]

§ 3
Gebührenmaßstab

(1) Die Gebühr bemisst sich nach der in Anspruch genommenen Standfläche nach qm.

(2) Zur Standfläche zählen die vom Geschäft belegte Grundfläche einschließlich ...

(3) Nicht zur Standfläche zählen ...

254 **dd)** Der **Abgabensatz** ist der Betrag, der für eine Berechnungseinheit erhoben wird. Dieser muss so veranschlagt werden, dass das gesamte Gebührenaufkommen die voraussichtlichen Kosten der Einrichtung oder Anlage nicht übersteigt (sog. **Kostendeckungsprinzip**). Mit Gebühren dürfen daher **keine Gewinne** erwirtschaftet werden.

§ 4
Gebührensatz

Die Gebühr beträgt

1. für Fahr- und Belustigungsgeschäfte: ...

2. für Kinderfahr- und -belustigungsgeschäfte: ...

3. für Verlosungsgeschäfte: ...

4. für Schießbuden: ...

5. für Ausschank- und Imbissbetriebe: ...

6. für Festzelte: ...

Eine gebührenmäßige Benachteiligung ortsfremder Benutzer gegenüber Einheimischen durch einen **Auswärtigenzuschlag** stellt einen Verstoß gegen Art. 3 Abs. 1 GG dar.[209] Denn Einheimische und Fremde nutzen die Einrichtung in gleichem Maße. Das BVerwG hält es jedoch für zulässig, wenn kein Auswärtigenzuschlag vorgesehen ist, sondern die Gemeinde lediglich einen Zuschuss gewährt **(Einheimischenabschlag)**, der sich nicht zum Nachteil der übrigen Benutzer auswirkt.[210]

255 **ee)** Die **Fälligkeit** der Abgabe kann die Gemeinde mangels Vorgaben im KAG nach wirtschaftlichen Grundsätzen nach Ermessen festlegen. Zumeist wird hierbei an die Bekanntgabe des Gebührenbescheides angeknüpft.

§ 5
Fälligkeit

Die Gebühren werden einen Monat nach Bekanntgabe des Gebührenbescheides fällig.

5. Rechtsfolgen fehlerhafter Satzungen

256 Ist eine Satzung (formell oder materiell) fehlerhaft, so ist sie – anders als ein VA (§§ 43, 44 VwVfG) – nicht nur rechtswidrig, sondern grundsätzlich nichtig.

- Allerdings können formelle Fehler **unbeachtlich** sein, wenn nur gegen unwesentliche Verfahrensvorschriften verstoßen wurde (vgl. z.B. § 214 Abs. 1 BauGB), oder sie

208 BVerwG NVwZ 2006, 936, 937; Kellner JuS 2008, 150, 155.

209 OVG NRW NJW 1979, 565; OVG Lüneburg NVwZ-RR 1994, 49; vgl. auch OVG NRW NVwZ-RR 2005, 549: kein Auswärtigenzuschlag zum Kindergartenbeitrag.

210 BVerwG NJW 1998, 469; Becker/Sichert JuS 2000, 552, 555; vgl. auch OVG Lüneburg DVBl. 1993, 266: Unzulässigkeit eines Zuschlages für Andersgläubige bei Benutzung eines kirchlichen Friedhofs.

können aufgrund Zeitablaufs unbeachtlich werden (§ 215 Abs. 1 Nr. 1 BauGB). Auch materielle Fehler können ausnahmsweise unbeachtlich sein (vgl. § 214 Abs. 2 u. Abs. 3 S. 2 Hs. 2, § 215 Abs. 1 S. 1 Nr. 2 u. Nr. 3 BauGB).

Auch das Landesrecht sieht vor, dass bestimmte Verstöße gegen Verfahrens- und Formvorschriften der Gemeindeordnung unbeachtlich sind oder durch Zeitablauf unbeachtlich werden können.[211]

- Kraft gesetzlicher Regelung kann in bestimmten Fällen außerdem eine **Heilung** erfolgen (vgl. z.B. § 214 Abs. 4 BauGB).

Erhebliche, nicht behebbare Mängel führen zur Unwirksamkeit (Nichtigkeit) der Satzung. Auf diese Nichtigkeit kann sich grundsätzlich jedermann jederzeit berufen, insbesondere können **Gerichte** bei einer Entscheidung von der Nichtigkeit der Satzung ausgehen (Inzidentverwerfung).[212] **257**

Beispiel: Dem Bauherrn B ist die von ihm beantragte Baugenehmigung versagt worden, weil das Vorhaben dem einschlägigen Bebauungsplan widerspricht. Im Verpflichtungsprozess gelangt das VG zu dem Ergebnis, dass der Bebauungsplan nichtig ist und hält das Vorhaben nach § 34 BauGB für zulässig. Die Verpflichtungsklage des B hat dann Erfolg, unabhängig davon, ob das OVG den Bebauungsplan bereits für unwirksam erklärt hat (§ 47 Abs. 5 S. 2 VwGO).

Von der materiell-rechtlichen Folge der Nichtigkeit zu unterscheiden ist die verfahrensrechtliche Frage, wie **Behörden** vorzugehen haben, wenn sie Bedenken gegen die Wirksamkeit einer Satzung haben. **258**

Beispiel: Die Baubehörde des Landkreises kommt bei der Überprüfung eines Baugenehmigungsantrages zu dem Ergebnis, dass der zugrunde liegende Bebauungsplan der Gemeinde rechtswidrig ist, und hält das Bauvorhaben nach § 34 BauGB für zulässig. Darf die Baugenehmigung erteilt werden, obwohl der Bebauungsplan formell noch in Kraft ist?

Unstreitig folgt aus Art. 20 Abs. 3 GG die **Normprüfungskompetenz** der Verwaltung.[213] Aus der Bindung der Verwaltung an Gesetz und Recht folgt die Befugnis und die Pflicht, die Gültigkeit einer Rechtsnorm zu überprüfen. Denn nur wenn die zugrunde liegende Norm wirksam ist, kann das darauf gestützte Verwaltungshandeln rechtmäßig sein. **259**

Umstritten ist dagegen, ob die Verwaltung auch eine **Normverwerfungskompetenz** hat, wenn sie der Auffassung ist, die anzuwendende Norm sei unwirksam. Teilweise wird aus der Rechtsbindung der Exekutive (Art. 20 Abs. 3 GG) auf eine generelle Prüfungs- und Verwerfungskompetenz der Verwaltung geschlossen.[214] Dafür spricht, dass rechtswidrige Satzungen „eo ipso" unwirksam sind. Nach h.M. hat die Verwaltung bei Einzelfallentscheidungen zwar eine Prüfungskompetenz, nicht aber die Befugnis, sich über (vermeintlich) nichtige Satzungen hinwegzusetzen. Aus der „Gerichtsgeprägtheit der Gewaltenteilung" und dem im Rechtsstaatsgebot verankerten Grundsatz der Rechtssicherheit folge ein **gerichtliches Verwerfungsmonopol**.[215] **260**

Behörden bleiben daher verpflichtet, Rechtsvorschriften und damit auch Satzungen zu beachten, solange diese nicht durch den Gemeinderat oder die Aufsichtsbehörde aufgehoben oder vom Gericht (z.B. im Verfahren nach § 47 VwGO) für unwirksam erklärt worden sind. Hält die Verwaltung eine Satzung für nichtig, so muss sie das Verfahren bis zu einer solchen Entscheidung aussetzen. **261**

---

211 Vgl. z.B. § 4 Abs. 4 GemO BW, § 3 Abs. 4 KVerf Bbg, § 5 Abs. 4 HGO, § 5 Abs. 5 KVerf MV, § 10 Abs. 2 NKomVG, § 7 Abs. 6 GO NRW, § 24 Abs. 6 GemO RhPf, § 12 Abs. 6 KSVG Saarl, § 4 Abs. 4 SächsGemO, § 8 Abs. 3 KVG LSA, § 21 Abs. 4 ThürKO.

212 Vgl. nur OVG NRW NWVBl. 2007, 278, 279.

213 OVG Lüneburg NVwZ 2000, 1061, 1062; Engel NVwZ 2000, 1258; Gril JuS 2000, 1080, 1084.

214 OVG Lüneburg NVwZ 2000, 1061, 1062; VGH Kassel NVwZ 1990, 885 f.; Diedrich BauR 2000, 819, 825 ff.; Rabe ZfBR 2003, 329 ff.

215 OVG NRW NWVBl. 1998, 60; OVG Saarlouis NVwZ 1993, 396; DÖV 1990, 152 ff.; Gril JuS 2000, 1080, 1084 f.; Engel NVwZ 2000, 1258, 1260; in der Tendenz auch BVerwG DVBl. 2001, 931, 934.

B. Ordnungsbehördliche oder polizeibehördliche Verordnungen

262 Ordnungsbehördliche oder polizeibehördliche Verordnungen (auch Gefahrenabwehrverordnungen) enthalten abstrakt-generelle Regelungen zur Gefahrenabwehr. Sie sind keine Satzungen, sondern **Rechtsverordnungen** und unterliegen deshalb inbes. den hierfür geltenden besonderen Anforderungen (vgl. Art. 80 Abs. 1 GG bzw. die entsprechenden Vorschriften der LVerf für landesrechtliche Verordnungen, z.B. der Gemeinden).

Spezialgesetzliche Verordnungsermächtigungen finden sich z.B. in §§ 28–32 IfSG (Corona-Schutz-VO), Art. 297 Abs. 1 EGStGB (Sperrbezirk), § 18 GaststättenG (SperrzeitVO). Landesrechtlich bestehen außer in Bayern verordnungsrechtliche Generalklauseln im allgemeinen Polizei- und Ordnungsrecht zur Abwehr von (abstrakten) Gefahren für die öffentliche Sicherheit oder Ordnung.[216]

263 In der **Examensklausur** ist der Entwurf einer Gefahrenabwehrverordnung extrem selten. Sollte dies ausnahmsweise einmal von Ihnen verlangt werden, entspricht die **formale Gestaltung** im Wesentlichen den Anforderungen bei einer Satzung (s.o. Rn. 235 ff.). Besonders zu beachten ist hier das Zitiergebot (vgl. Art. 80 Abs. 1 S. 3 GG bzw. die entsprechende Vorschrift der LVerf).

Zumeist geht es in der Klausur darum, **Verstöße gegen eine existierende Verordnung** zu sanktionieren (z.B. durch Erlass einer Verfügung zur Durchsetzung eines in der Verordnung enthaltenen Gebotes oder Verbotes). Dann ist **inzident** zu prüfen, ob die Verordnung wirksam ist.[217]

264 In **formeller** Hinsicht sind die Anforderungen im Beschluss- oder Bekanntmachungsverfahren zu beachten, für die insbesondere die Vorschriften der Gemeindeordnung gelten (z.B. über die Einberufung und die Abstimmung im Gemeinderat).

265 **Materiell** geht es oft um die Frage, ob tatsächlich eine abstrakte Gefahr abgewehrt werden soll oder ein nur unerwünschtes, belästigendes Verhalten vorliegt. Eine **abstrakte Gefahr** ist eine generelle Sachlage, bei der nach allgemeiner Lebenserfahrung oder fachlichen Erkenntnissen typischerweise mit dem Eintritt einer konkreten Gefahr (eines Schadens) zu rechnen ist.[218]

Bejaht z.B. für das Verbot zum Betreten zugefrorener Flüsse und Seen unabhängig von der Eisdicke; Verbot freilaufender Hunde in der Innenstadt (Leinenzwang); Verbot des Fütterns von wildlebenden Tauben,[219] Verbot der Verwendung von Fluglaternen unter freiem Himmel,[220] verneint in Form einer Verordnung für das Verbot des Mitführens von Getränken in Glasbehältnissen an bestimmten Orten bzw. zu bestimmten Gelegenheiten; umstritten bei einem generellen Verbot, auf bestimmten Straßen/Plätzen Alkohol zu konsumieren. Hier wird überwiegend eine abstrakte Gefahr verneint, da Alkoholgenuss allein nicht typischerweise zu Straftaten führt.[221] Etwas anderes kann bei nächtlichem Alkoholkonsum auf einer „Partymeile" und der Störung der Gesundheit (Nachtruhe) der benachbarten Anwohner durch angetrunkene Personen gelten.[222]

266 Die übrigen **inhaltlichen Anforderungen** (wie Bestimmtheit, Zitiergebot, Bußgeldbewehrungen) ergeben sich in der Regel aus dem Polizei- oder Ordnungsgesetz, ggf. ergänzend aus der LVerf. Gebührenregelungen sind in solchen Verordnungen in der Regel nicht enthalten.

---

216 Vgl. z.B. § 17 Abs. 1 PolG BW, § 25 Abs. 1 Bbg OBG, §§ 71 ff. HSOG, §§ 17 ff. SOG MV, § 55 Abs. 1 NPOG, §§ 26, 27 OBG NRW, § 69 Abs. 1 POG RP, § 59 Abs. 1 SPolG, § 32 Abs. 1 SächsPBG, § 94 Abs. 1 SOG LSA, § 175 Abs. 1 LVwG SH, § 27 Abs. 1 ThürOBG.

217 Vgl. ausführlich AS-Skript Materielles Verwaltungsrecht in der Assessorklausur (2021), Rn. 211 ff.

218 Vgl. z.B. auch die Legaldefinition in § 2 Nr. 2 NPOG.

219 OVG Bln-Bbg, Urt. v. 25.05.2011 – OVG 5 A 1.10; Sächs OVG, Urt. v. 18.01.2011 – 3 C 15/09.

220 VGH Mannheim VBlBW 2013, 12 (in PolizeiVO in der Regel unzulässig); anders OVG NRW, NVwZ-RR 2012, 470 für eine entspr. Allgemeinverfügung (Glasverbot im Karneval).

221 VGH Mannheim NVwZ-RR 2010, 55 = RÜ 2009, 732; ThürOVG ThürVBl. 2013, 8.

222 OVG Lüneburg NdsVBl. 2013, 68.

2. Teil: Entscheidungen im Widerspruchsverfahren

Bei Entscheidungen im Widerspruchsverfahren wird zumeist der Entwurf eines **Widerspruchsbescheides** (§ 73 VwGO) verlangt, teilweise mit vorausgehender gutachtlicher Stellungnahme. Das Gutachten im Widerspruchsverfahren unterscheidet sich erheblich vom Gutachten im Ausgangsverfahren, da es hier nicht nur um die Rechtmäßigkeit einer verwaltungsbehördlichen Maßnahme geht, sondern um die **Entscheidung über einen Rechtsbehelf**, der auf seine Zulässigkeit und Begründetheit zu überprüfen ist. **267**

Bei Nichtidentität von Ausgangs- und Widerspruchsbehörde kann die Klausuraufgabe auch darin bestehen, einen **Abhilfebescheid** (§ 72 VwGO) oder einen **Vorlagebericht** an die Widerspruchsbehörde entwerfen zu müssen (selten). **268**

Die Vorgehensweise in der Klausur stellt sich in jedem Fall wie folgt dar:

- Lesen des Aktenauszugs und des Bearbeitungsvermerks (Rn. 10, 11)
- Erstellen einer chronologischen Zeittafel (Rn. 13, 14)
- Gegenüberstellung der rechtlichen Argumente (Rn. 15)
- Entscheidung, ob Widerspruchsbescheid oder Abhilfebescheid/Vorlagebericht ergeht (Rn. 269 ff.)
- Erstellen einer gutachterlichen Lösungsskizze (Rn. 356 ff.)
- Entwurf der behördlichen praktischen Entscheidung
    - Widerspruchsbescheid (Rn. 293 ff.)
    - Abhilfebescheid (Rn. 353 f.)
    - Vorlagebericht (Rn. 355)

1. Abschnitt: Widerspruchsbescheid als zulässige Entscheidungsform

Bevor der mit der Sache befasste Beamte die Zulässigkeit und Begründetheit des Widerspruchs prüfen kann, muss er zunächst überlegen, ob überhaupt ein Widerspruchsbescheid als zulässige Entscheidungsform in Betracht kommt. Das setzt voraus, dass **269**

- der Bürger **Widerspruch erhoben** hat (Rn. 270 ff.),
- die entscheidende Behörde die **zuständige Widerspruchsbehörde** (Rn. 282 ff.) ist und
- das **Abhilfeverfahren durchgeführt** worden ist (soweit erforderlich); dazu Rn. 290 ff.

Nicht hierhin gehört die Frage nach der Zulässigkeit des Widerspruchs. Denn unabhängig davon, ob der Widerspruch zulässig oder unzulässig ist, erhält der Rechtsbehelfsführer einen Widerspruchsbescheid, bei Unzulässigkeit eben einen solchen, der den Widerspruch als unzulässig zurückweist.

Dies gilt auch dann, wenn ein Widerspruch kraft Gesetzes ausgeschlossen ist (§ 68 Abs. 1 S. 2 VwGO insbesondere i.V.m. den Ausführungsgesetzen der Länder). In diesem Fall muss der „Widerspruch", wenn es sich denn tatsächlich um einen solchen handelt (Auslegung!), durch Widerspruchsbescheid als unzulässig, weil unstatthaft, zurückgewiesen werden. Allerdings ist zu prüfen, ob es sich nicht um einen lediglich falsch bezeichneten formlosen Rechtsbehelf handelt (s.u. Rn. 271).

A. Auslegung der Eingabe des Bürgers

270 Ein Widerspruchsbescheid kann nur ergehen, wenn der Bürger **„Widerspruch" erhoben** hat (§ 69 VwGO).

Manche Prüfer reagieren angesichts des Wortlauts des § 69 VwGO ungehalten, wenn man nicht von der „Erhebung", sondern von der „Einlegung" des Widerspruchs spricht. Auch dies ist allerdings trotz häufig zu hörender gegenteiliger Behauptung nicht falsch, wie der Wortlaut des § 70 Abs. 1 S. 2 VwGO zeigt („Einlegung bei der Behörde").

271 Der Bürger muss seinen Widerspruch nicht als solchen bezeichnen. Auch **Falschbezeichnungen** wie Beschwerde, Einspruch o.Ä. sind unschädlich. Deshalb können sich Auslegungsprobleme hinsichtlich des konkret gewollten Rechtsbehelfsbegehrens ergeben, insbesondere ist der Widerspruch von den **nichtförmlichen Rechtsbehelfen** abzugrenzen.

Der Widerspruch ist ein **förmlicher Rechtsbehelf** (wegen § 70 VwGO). Davon zu unterscheiden sind die nichtförmlichen Rechtsbehelfe, die weder an eine Frist noch an eine Form gebunden sind („formlos, fristlos, fruchtlos"). Sie haben – anders als der Widerspruch – keine aufschiebende Wirkung (§ 80 Abs. 1 VwGO), wahren keine Rechtsbehelfsfristen und begründen auch keine Kostenpflicht.

Die wichtigsten **nicht förmlichen Rechtsbehelfe** sind die Dienstaufsichts-, die Fachaufsichts- und die Kommunalaufsichtsbeschwerde sowie die Gegenvorstellung.

272 ▪ **Gegenvorstellung** ist die Eingabe des Betroffenen an die Ausgangsbehörde zur Änderung/Aufhebung einer Verwaltungsmaßnahme, die kein VA (z.B. Realakt) ist. Sie ist als Auslegungsmöglichkeit insbesondere heranzuziehen, wenn der Bürger ein Unterlassen oder die Rückgängigmachung von Folgen solcher Maßnahmen begehrt.

273 ▪ Die **Dienstaufsichtsbeschwerde** richtet sich gegen das persönliche Verhalten (z.B. Unfreundlichkeit, Beleidigung) des Beamten und ist auf die Einleitung disziplinarischer Maßnahmen gerichtet. Adressat ist der Dienstvorgesetzte (vgl. z.B. § 17 BDG).

274 ▪ Die **Fachaufsichtsbeschwerde** wendet sich an eine (Fach-)Aufsichtsbehörde mit der Rüge, dass sich eine nachgeordnete Behörde fachlich fehlerhaft verhalten hat (rechtswidrig oder unzweckmäßig). Sie begehrt ein fachaufsichtsrechtliches Einschreiten gegen die nachgeordnete Behörde (z.B. eine Weisung). Da die Fachaufsichtsbehörde in der Regel die nächsthöhere Behörde im Behördenaufbau ist, ist sie in vielen Fällen nach § 73 Abs. 1 S. 2 Nr. 1 VwGO gleichzeitig die zuständige Widerspruchsbehörde. Aus diesem Grund könnte die Eingabe des Bürgers auch ein Widerspruch sein, den man nach § 70 Abs. 1 S. 2 VwGO auch bei der Widerspruchsbehörde erheben kann.

275 ▪ Die **Kommunalaufsichtsbeschwerde** wendet sich an die Kommunalaufsichtsbehörde in Selbstverwaltungsangelegenheiten einer Gemeinde oder eines Gemeindeverbandes. Sie soll zu aufsichtsrechtlichen Maßnahmen der Kommunalaufsichtsbehörde (Beanstandung, Aufhebung oder Ersatzvornahme) aus Rechtsgründen anregen. Ähnlich wie bei der Fachaufsichtsbeschwerde kann es zu Abgrenzungsschwierigkeiten zum Widerspruch kommen, wenn die Kommunalaufsichtsbehörde zugleich Widerspruchsbehörde ist.

276 Bestehen Zweifel, welcher Rechtsbehelf gewollt ist, ist analog § 133 BGB der wirkliche Wille durch **Auslegung** zu ermitteln. Dabei kommt es nicht auf den Wortlaut, sondern auf den **Gesamtinhalt der Erklärung** einschließlich der für den Empfänger erkennbaren Begleitumstände an, sodass z.B. eine „Beschwerde" oder ein „Hilferuf" als

Widerspruch zu qualifizieren ist, wenn sich aufgrund einer Gesamtwürdigung aller Umstände der Wille ergibt, einen VA auf seine **Recht- und Zweckmäßigkeit** hin überprüfen zu lassen.[223] Umgekehrt kann ein (unzulässiger) „Widerspruch" auch als Fachaufsichtsbeschwerde zu verstehen sein.

Die Auslegung und Abgrenzung richtet sich insbesondere danach, welcher Rechtsbehelf für den Bürger am effektivsten ist (Art. 19 Abs. 4 GG). Wehrt sich der Betroffene innerhalb der Widerspruchsfrist formell ordnungsgemäß gegen einen VA, so ist **im Zweifel vom Vorliegen eines Widerspruchs auszugehen**, da dieser den Eintritt der Bestandskraft verhindert. **277**

Dagegen ist eine **Fachaufsichtsbeschwerde** anzunehmen, wenn ein **Widerspruch offensichtlich unzulässig** wäre, insbesondere weil **278**

- die angegriffene Maßnahme keinen VA darstellt (Ausnahme: Beamtenrecht),
- der Widerspruch unstatthaft ist,
- die Widerspruchsbefugnis fehlt oder
- der Widerspruch offensichtlich verfristet ist.

In diesen Fällen ist ausnahmsweise die **Fachaufsichtsbeschwerde rechtsschutzintensiver** als der Widerspruch. Denn ist der Widerspruch unzulässig, kann mit ihm keine Sachprüfung erreicht werden. Dies ist dann nur im Rahmen einer Fachaufsichtsbeschwerde möglich. **279**

Beispiele: Nachbar N wehrt sich gegen eine dem B erteilte Baugenehmigung unter Berufung auf eindeutig nicht nachbarschützende Vorschriften. Der Widerspruch des N wäre mangels Widerspruchsbefugnis unzulässig. Wenn überhaupt kann eine Überprüfung der Baugenehmigung nur durch die Aufsichtsbehörde erfolgen. Allerdings hat N keinen Anspruch auf diese Überprüfung, da alle Aufsichtsvorschriften des öffentlichen Rechts nicht den Schutzzweck haben, den einzelnen Bürger zu schützen, sondern eine effektive Selbstkontrolle der Verwaltung zu bewirken. Es fehlt daher an der Klagebefugnis.[224]

Sollte eine Gegenvorstellung oder Aufsichtsbeschwerde vorliegen, ist über diese durch die Behörde zu entscheiden. Diese Entscheidung hat aber keine VA-Qualität und wird daher nicht durch Bescheid mit Rechtsbehelfsbelehrung beantwortet, sondern durch ein einfaches Schreiben, welches (sprachlich verwirrend) häufig als „Bescheid" bezeichnet wird (s. Rn. 489 ff.). **280**

Gelegentlich wird ein Widerspruch des Bürgers mit einer Rüge über das persönliche Fehlverhalten des Beamten verbunden. Dann liegt ein sog. **gemischter Rechtsbehelf** vor, bei dem zunächst eine Sachentscheidung über den Widerspruch ergeht. Zweckmäßigerweise sollte im Widerspruchsbescheid darauf hingewiesen werden, dass eine gesonderte Entscheidung über die Dienstaufsichtsbeschwerde erfolgt. In der Praxis wird der über den Widerspruch entscheidende Beamte den Widerspruchsbescheid zusammen mit der Akte dem Dienstvorgesetzten des Beamten zur Entscheidung über die Dienstaufsichtsbeschwerde vorlegen, oder der Beamte übersendet eine Kopie des Widerspruchs an den Dienstvorgesetzten zur weiteren Veranlassung. **281**

---

223 Vgl. BVerwG NJW 2002, 1137, 1139; OVG NRW NVwZ 1990, 676; Kopp/Schenke VwGO § 70 Rn. 5; Geis/Hinterseh JuS 2001, 1176 m.w.N.

224 Vgl. OVG NRW, Urt. v. 02.05.2006 – 15 A 817/04; BayVGH DVBl. 2003, 277, 278; Kallerhoff NWVBl. 1996, 53, 57; Franz JuS 2004, 937, 938; Bickenbach JuS 2006, 1091, 1096; Schoch Jura 2006, 188, 189 u. 196 m.w.N.

B. Zuständigkeit der Widerspruchsbehörde

282 Die Behörde darf nur dann einen Widerspruchsbescheid erlassen, wenn sie die **zuständige Widerspruchsbehörde** ist (§ 73 Abs. 1 S. 2 VwGO).

Die Prüfung der Zuständigkeit der Widerspruchsbehörde wird in der Ausbildungsliteratur an unterschiedlichen Stellen vorgenommen. Teilweise wird sie im Rahmen der Zulässigkeit erörtert, teilweise als besondere Voraussetzung vor der Zulässigkeit im eigentlichen Sinne.[225]

Die Prüfung im Rahmen der Zulässigkeit ist unzutreffend. Denn die Zuständigkeit der Widerspruchsbehörde ist für die Zulässigkeit des Widerspruchs nur **mittelbar** von Bedeutung. Hat der Bürger den Widerspruch bei der Ausgangsbehörde erhoben (§ 70 Abs. 1 S. 1 VwGO), so gibt diese ihn erst nach Durchführung des nach § 72 VwGO erforderlichen Abhilfeverfahrens an die nach ihrer Auffassung zuständige Widerspruchsbehörde weiter. Entscheidet eine unzuständige Behörde über den Widerspruch, so bleibt der Widerspruch gleichwohl zulässig, auch die Klage des Bürgers wird dadurch nicht etwa unzulässig, sondern ist, sofern sie sich gegen den Widerspruchsbescheid richtet, zulässig und begründet, weil ein wesentlicher Verfahrensfehler i.S.d. § 79 Abs. 2 S. 2 VwGO vorliegt.[226] Wird der Widerspruch dagegen bei der nur vermeintlichen Widerspruchsbehörde erhoben (§ 70 Abs. 1 S. 2 VwGO), so handelt es sich nicht um ein Zuständigkeits-, sondern um ein Fristproblem. Denn die Frist des § 70 Abs. 1 VwGO wird nur gewahrt, wenn der Widerspruch rechtzeitig bei der richtigen Behörde eingeht.

Daher sollte die Zuständigkeit der Widerspruchsbehörde stets **vor der eigentlichen Zulässigkeitsprüfung** festgestellt werden.[227] Insoweit ist in der Praxis folgende Formulierung im Eingangssatz der rechtlichen Würdigung beim Widerspruchsbescheid üblich:

„Ihr Widerspruch, zu dessen Entscheidung ich nach §§ … berufen bin, ist zulässig."

Grundschema: Zuständigkeit Widerspruchsbehörde

- **Grundsatz: nächsthöhere Behörde** (§ 73 Abs. 1 S. 2 Nr. 1 VwGO)
- **Ausnahme: Ausgangsbehörde**
  - wenn die nächsthöhere Behörde eine oberste Bundes- oder Landesbehörde ist (§ 73 Abs. 1 S. 2 Nr. 2 VwGO),
  - in Selbstverwaltungsangelegenheiten (§ 73 Abs. 1 S. 2 Nr. 3 VwGO) oder
  - wenn durch Gesetz bestimmt ist, dass die Ausgangsbehörde auch für den Erlass des Widerspruchsbescheids zuständig ist (§ 73 Abs. 1 S. 3 VwGO).

283 Über den Widerspruch entscheidet grundsätzlich die **nächsthöhere Behörde** (§ 73 Abs. 1 S. 2 Nr. 1 VwGO). Dies ist die nach dem Organisationsrecht des Bundes oder des Landes (z.B. LVwG, LOG) jeweils unmittelbar vorgesetzte Behörde.

Grundsätzlich ist also „nächsthöhere Behörde" die Behörde, die die Fachaufsicht ausübt und dabei Rechtmäßigkeit und Zweckmäßigkeit des VA kontrolliert (z.B. die Bezirksregierung bei VAen des Landrats eines Kreises, der Landrat bei Maßnahmen des Bürgermeisters einer Gemeinde in Nichtselbstverwaltungsangelegenheiten).

284 Nach **§ 73 Abs. 1 S. 2 Nr. 2 VwGO** entscheidet die **Ausgangsbehörde** selbst über den Widerspruch, wenn die nächsthöhere Behörde eine oberste Bundes- oder Landesbehörde (i.d.R. Ministerien) ist (also insbesondere bei VAen der Bezirksregierung bzw. des Regierungspräsidiums als Landesmittelbehörde).

Nach § 185 Abs. 2 VwGO können die Länder ohne Mittelinstanz abweichend von § 73 Abs. 1 S. 2 Nr. 2 VwGO bestimmen, dass die oberste Landesbehörde Widerspruchsbehörde ist.

225 Vgl. Pietzner/Ronellenfitsch Rn. 1063.
226 BVerwG BayVBl. 1987, 316.
227 Vgl. auch Geis/Hinterseh JuS 2002, 34, 36 m.w.N.

Entsprechendes gilt, wenn die Ausgangsbehörde selbst eine oberste Bundes- oder Landesbehörde ist und abweichend von § 68 Abs. 1 S. 2 Nr. 1 VwGO ein Vorverfahren stattfindet. Da es hier keine höhere Behörde gibt, kann nur die Ausgangsbehörde selbst über den Widerspruch entscheiden.[228]

Beispiel: Beamter B erhebt Widerspruch gegen eine Versetzungsentscheidung des Innenministeriums. Abweichend von § 68 Abs. 1 S. 2 Nr. 1 VwGO bedarf es nach § 126 Abs. 2 S. 2 BBG (bei Bundesbeamten) bzw. § 54 Abs. 2 S. 2 BeamtStG (bei Landesbeamten) auch gegen ministerielle Entscheidungen eines Vorverfahrens (vorbehaltlich landesrechtlicher Ausnahmen).

In **Selbstverwaltungsangelegenheiten** erlässt nach **§ 73 Abs. 1 S. 2 Nr. 3 VwGO** die Selbstverwaltungsbehörde den Widerspruchsbescheid, soweit nicht durch Gesetz anderes bestimmt wird. **285**

Zu den Selbstverwaltungsangelegenheiten zählen nur die Aufgaben im eigenen Wirkungskreis der Gemeinde (Art. 28 Abs. 2 GG: Angelegenheiten der örtlichen Gemeinschaft, z.B. öffentliche Einrichtungen, Sport-, Kultur- und Wirtschaftsförderungen, Daseinsvorsorge), nicht dagegen die sog. Auftragsangelegenheiten im übertragenen Wirkungskreis des Staates. Hierfür gelten § 73 Abs. 1 S. 2 Nr. 1 u. Nr. 2 sowie § 73 Abs. 1 S. 3 VwGO.

Selbstverwaltungsbehörde ist die Behörde, die die Ausgangsentscheidung getroffen hat, also bei Gemeinden in der Regel der Bürgermeister (Gemeindeverwaltung).

Beachte: Der Rat ist grundsätzlich nur Willensbildungsorgan, aber nicht Behörde der Gemeinde im organisatorischen Sinne. Handelt ausnahmsweise der Rat als Behörde (z.B. bei Straßenumbenennungen, Schulschließungen etc.), ist der Rat auch Widerspruchsbehörde. Erlässt in diesem Fall der Bürgermeister den Widerspruchsbescheid, so ist dieser mangels Zuständigkeit rechtswidrig.[229]

Eine andere als die Selbstverwaltungsbehörde entscheidet, wenn dies durch Gesetz bestimmt ist.[230] In diesen Fällen ist die Überprüfung des VA durch die Widerspruchsbehörde auf die **Rechtmäßigkeitskontrolle** beschränkt.[231] Eine Zweckmäßigkeitsprüfung ist staatlichen Behörden bei Selbstverwaltungsangelegenheiten wegen Art. 28 Abs. 2 GG verwehrt.

Dieser verfassungsrechtliche Schutz steht allerdings nur den Gemeinden und Gemeindeverbänden zu. Andere Selbstverwaltungsträger sind einer umfassenden Recht- und Zweckmäßigkeitskontrolle unterworfen.

Nach **§ 73 Abs. 1 S. 3 VwGO** kann abweichend von § 73 Abs. 1 S. 2 Nr. 1 VwGO durch Gesetz bestimmt werden, dass die Behörde, die den Verwaltungsakt erlassen hat, auch für die Entscheidung über den Widerspruch zuständig ist. Damit haben auch die Länder die Möglichkeit zu bestimmen, dass Ausgangs- und Widerspruchsbehörde identisch sind (vgl. z.B. § 16 a Abs. 4 HessAGVwGO, § 111 JustG NRW). **286**

Sind **Ausgangs- und Widerspruchsbehörde identisch**, ist umstritten, ob der Sachbearbeiter des Ausgangsverfahrens auch im Widerspruchsverfahren tätig werden darf. Überwiegend wird dies bejaht, da das Verwaltungsrecht keinen dem § 41 Nr. 6 ZPO entsprechenden Ausschlussgrund kennt. Etwas anderes gilt nur bei Befangenheit (§ 79 VwVfG i.V.m. §§ 20, 21 VwVfG). **287**

Eine wichtige von § 73 VwGO abweichende Regelung enthält § 54 Abs. 3 S. 1 BeamtStG bzw. § 126 Abs. 3 S. 1 BBG im **Beamtenrecht**. Danach erlässt den Widerspruchsbescheid grundsätzlich die oberste Dienstbehörde, also in der Regel das jeweils zuständige Ministerium. In Fällen, in denen die Maßnahme nicht vom Ministerium selbst getroffen wurde, ist jedoch weitgehend von der **Delegationsmöglich-** **288**

228 Vgl. Pietzner/Ronellenfitsch Rn. 1175.

229 BVerwG NVwZ 1987, 46, 47; OVG NRW VerwRspr 25, 594; Zilkens NWVBl. 2001, 369, 370.

230 Vgl. Art. 118 Nr. 1 BayGO; Art. 104 Nr. 1 BayLKrO, Art. 9 Abs. 2 BremAGVwGO, § 17 Abs. 1 S. 1 BW AGVwGO, § 6 Abs. 1 AGVwGO RhPf, § 8 Abs. 1 SaarlAGVwGO, § 27 Abs. 1 S. 1 SächsJG, § 10 Abs. 1 Nr. 1 ThürAGVwGO.

231 Vgl. ausdrücklich Art. 118 Nr. 1 BayGO, Art. 104 Nr. 1 BayLKrO, § 17 Abs. 1 S. 2 BWAGVwGO, § 6 Abs. 2 AGVwGO RhPf, § 8 Abs. 2 SaarlAGVwGO, § 27 Abs. 1 S. 2 SächsJG, § 10 Abs. 1 Nr. 1 ThürAGVwGO.

keit nach § 54 Abs. 3 S. 2 BeamtStG bzw. § 126 Abs. 3 S. 2 BBG Gebrauch gemacht worden, sodass auch im Beamtenrecht häufig dieselbe Behörde zuständig ist, die es auch nach § 73 Abs. 1 S. 2 VwGO wäre.

289 Nach § 73 Abs. 2 VwGO können an die Stelle einer Widerspruchsbehörde auch **Widerspruchsausschüsse** und -beiräte treten. Diese können abweichend von § 73 Abs. 1 S. 2 Nr. 1 VwGO auch bei der Ausgangsbehörde gebildet werden.

Beispiele: Widerspruchsausschüsse in Hamburg (§ 7 Abs. 2 Hmb AGVwGO), Stadt- und Kreisrechtsausschüsse in Rheinland-Pfalz (§ 6 Abs. 1 RhPf AGVwGO) und im Saarland (§ 8 Abs. 1 Saarl AGVwGO).

C. Abhilfeverfahren durchgeführt

290 Bevor der Widerspruchsbescheid ergehen darf, muss die Ausgangsbehörde nach § 72 VwGO Gelegenheit erhalten, auf den Widerspruch des Betroffenen hin den VA noch einmal zu überprüfen (sog. **Abhilfeverfahren**). Wird diese Möglichkeit von der Widerspruchsbehörde nicht eingeräumt oder von der Ausgangsbehörde nicht wahrgenommen, liegt ein wesentlicher Verfahrensfehler i.S.d. § 79 Abs. 2 S. 2 VwGO vor, der schon aus formellen Gründen den Widerspruchsbescheid rechtswidrig macht und zu seiner Aufhebung führt.[232]

291 Wird der Widerspruch bei der Widerspruchsbehörde erhoben (§ 70 Abs. 1 S. 2 VwGO), so ist diese verpflichtet, der Ausgangsbehörde Gelegenheit zu geben, über die Abhilfe zu entscheiden. Dabei ist **kein förmliches Verfahren** vorgeschrieben; allerdings muss der Widerspruch der Ausgangsbehörde zumindest zugeleitet werden. Eine telefonische Nachfrage bei der Ausgangsbehörde reicht allein nicht aus.[233] Erforderlich ist stets, dass die Ausgangsbehörde den angegriffenen VA unter Würdigung des Widerspruchs nochmals **ernsthaft** und **umfassend** überprüft.[234]

Beachte: Die Ausgangsbehörde darf dem Widerspruch auch dann noch abhelfen, wenn die Widerspruchsbehörde bereits mit der Angelegenheit befasst ist.[235] Die Befugnis zur Abhilfe endet erst mit dem Erlass des Widerspruchsbescheides, da das Verfahren damit abgeschlossen ist.

292 Das Abhilfeverfahren ist kein eigenständiges Verwaltungsverfahren, sondern ein **unselbstständiger Teil des Widerspruchsverfahrens**. Es findet daher nach h.M. nicht statt, wenn **Ausgangsbehörde und Widerspruchsbehörde identisch** sind (also in den Fällen des § 73 Abs. 1 S. 2 Nr. 2 u. Nr. 3 u. S. 3 VwGO). Das Abhilfeverfahren ist auf ein Tätigwerden zweier selbstständiger Entscheidungsinstanzen zugeschnitten. Es verliert seinen Sinn, wenn die Erlassbehörde über den Widerspruch selbst zu entscheiden hat. Bei Identität von Ausgangs- und Widerspruchsbehörde ergeht daher stets ein **Widerspruchsbescheid**, und zwar auch dann, wenn dem Widerspruch ganz oder teilweise abgeholfen wird.[236]

---

232 Geis/Hinterseh JuS 2002, 34; wobei jedoch umstritten ist, ob § 79 Abs. 2 S. 2 VwGO nur bei Ermessensakten oder auch bei gebundenen Entscheidungen eingreift, vgl. Kopp/Schenke VwGO § 72 Rn. 1.

233 Kopp/Schenke VwGO § 72 Rn. 1.

234 Vgl. Kopp/Schenke VwGO § 72 Rn. 1.

235 BVerwGE 82, 336, 338; Kopp/Schenke VwGO § 72 Rn. 2; Geis/Hinterseh JuS 2001, 1076, 1080; Engst Jura 2006, 166, 171.

236 BVerwG NVwZ 1985, 577, 579; Kopp/Schenke VwGO § 72 Rn. 1; Engst Jura 2006, 166, 172.

2. Abschnitt: Der Widerspruchsbescheid

Aufbau eines Widerspruchsbescheids		
Rn.	Thema	Entwurf
18	**Absender** **Aktenzeichen** **Ort, Datum**	**Bezirksregierung** 11111 Musterhausen Mustermannstr. 1 Az: 32-42/21-W Tel.: 0000-0000-00 Musterhausen, den ... Fax: 0000-0000-00
19 ff.	**Zustellungsart**	**Gegen** Zustellungsurkunde **oder** Übergabeeinschreiben **oder** (beim RA) Empfangsbekenntnis
22	**Anschrift des Empfängers** (ggf. Vertreter)	Herrn Martin Mustermann Mustermannstr. 10 11111 Musterhausen
25	**Betreff**	**Ungenehmigte Baumaßnahme auf Ihrem Grundstück**
	Bezug	Ihr Widerspruchsschreiben vom ... (bei RA zusätzlich: Ihr Mandant: N.N.)
	Anlagen	<u>Anlagen:</u>
27	**Überschrift**	**W i d e r s p r u c h s b e s c h e i d**
28	**Anrede**	Sehr geehrter Herr Mustermann,
294 ff.	**Tenor** ▪ **Entscheidung in der Hauptsache**	Ihr Widerspruch vom ... gegen den Bescheid des ... vom ... in wird zurückgewiesen. (nicht „abgewiesen“) Die sofortige Vollziehung der Ziffer 3 der Verfügung der ... wird angeordnet. Oder: Ihr Antrag auf Aussetzung der Vollziehung wird abgelehnt. ***Anm.:*** *Sollte ein bevollmächtigter RA Widerspruch eingelegt haben, so ist der Bescheid an ihn zu adressieren und er ist anzureden, allerdings ist bei allen Darlegungen (insbesondere dem Tenor) darauf zu achten, dass der Widerspruchsführer der Mandant des RA ist!*
308 ff.	▪ **Kostenentscheidung** ▪ bezüglich des Widerspruchsverfahrens ▪ (wenn gefordert: Gebühr festsetzen)	Die Kosten des Widerspruchsverfahrens haben Sie zu tragen. ***Anm.:*** *Bei erfolgreichem Widerspruch ggf. Entscheidung über die Notwendigkeit der Hinzuziehung eines Bevollmächtigten.* Für diese Entscheidung wird eine Gebühr in Höhe von ... festgesetzt

Aufbau eines Widerspruchsbescheids		
Rn.	Thema	Entwurf
336	**Begründung**	Begründung:
337 f.	▪ **Sachverhalt** ▪ unbestrittene Tatsachen ▪ Ausgangsverfahren (Inhalt des Tenors) ▪ Widerspruchsverfahren (Erhebung, Vorbringen, evtl. Beweisaufnahme) ▪ ggf. Auslegung/ Umdeutung des Begehrens	Am ... stellten zwei Bedienstete des Bauamts der Stadt Musterhausen fest, dass ... Mit Verfügung vom ... hat die Stadt Musterhausen ... Ihnen daher aufgegeben, ... Hiergegen haben Sie am ... Widerspruch erhoben, mit welchem Sie geltend machen, dass ... Ihre nicht näher bezeichnete Eingabe fasse ich als Widerspruch auf. Denn ...
339 ff.	▪ **rechtl. Würdigung** ▪ zur Zulässigkeit i.d.R. nur, wenn unzulässig, dann ausführlich und **keine** Begründetheit ▪ Oder kurz zur Zulässigkeit u. ausführlich zur Begründetheit – Formelle Rm (nur bei Anlass) – materielle Rm – Zweckmäßigkeit (bei Ermessensentscheidung) – ggf. Begründung für Nebenentscheidungen	Ich bin gemäß §§ ... für die Entscheidung über Ihren Widerspruch zuständig. Ihr Widerspruch ist zulässig ... ... aber nicht begründet. Ggf.: Ihr Widerspruch vom ... war zwar nicht fristgemäß, weil ... Ihnen wurde aber aufgrund ... Wiedereinsetzung in den vorigen Stand gewährt. Die Stadt Musterhausen war gemäß § ... für den Erlass des angefochtenen VA zuständig ... und hat das Verfahren ... eingehalten. Die Verfügung findet ihre rechtliche Grundlage in § .... . Diese Bestimmung setzt voraus, ... Diese Voraussetzungen sind hier gegeben. Soweit Sie vortragen, ... Auch Ihr Einwand ..., trifft nicht zu, weil ... Angesichts dessen ..., kann auch nicht von der Unzweckmäßigkeit des Bescheids ausgegangen werden. z.B. für die Androhung von Zwangsmitteln; insbesondere bei Anordnung sofortiger Vollziehung nach § 80 Abs. 2 S. 1 Nr. 4 i.V.m. § 80 Abs. 3 VwGO
345	**Begründung der Kostenentscheidung**	Die Kostenentscheidung beruht auf § 73 Abs. 3 S. 2 VwGO i.V.m. § 80 Abs. 1 S. 3 VwVfG.
346 f.	**Rechtsbehelfsbelehrung** notwendiger Inhalt: ▪ Rechtsbehelf ▪ Adressat ▪ Sitz d. Adressaten ▪ Frist fakultativ: Form	Gegen den Bescheid des ... (Ausgangsbehörde/Körperschaft) können Sie innerhalb eines Monats, nachdem Ihnen dieser Bescheid zugestellt worden ist, Klage erheben. Die Klage ist beim Verwaltungsgericht ... (Angabe des Gerichts mit Adresse) einzureichen oder mündlich zu Protokoll der Geschäftsstelle zu erklären.
93	Grußformel Unterschrift	Mit freundlichem Gruß (i.V./i.A.) (Unterschrift)

A. Entwurf eines Widerspruchsbescheides

Die Gestaltung des Widerspruchsbescheides folgt den allgemeinen Grundsätzen zur Abfassung von Bescheiden (s.o. Rn. 18 f.). Kernbestandteile sind neben dem üblichen Bescheidkopf und abschließender Unterschrift **293**

- der **Tenor**,
- die **Begründung** und
- die **Rechtsbehelfsbelehrung**.

I. Der Tenor des Widerspruchsbescheids

Der Tenor des Widerspruchsbescheids richtet sich nach den Grundsätzen der Klarheit und Bestimmtheit. Falsch wäre z.B. die Formulierung „Ihr Widerspruch ist begründet", da nicht deutlich wird, bezüglich welcher Verfügung und welchen Widerspruchs hier entschieden wurde. Der Widerspruchsführer kann ja möglicherweise gegen mehrere unterschiedliche Verfügungen Widerspruch erhoben haben, sodass klar sein muss, welcher Verwaltungsakt bzw. welcher Widerspruch betroffen ist. **294**

Der Tenor des Widerspruchsbescheides enthält

- die **Entscheidung zur Hauptsache**,
- ggf. **Nebenentscheidungen** und
- die **Kostenentscheidung**.

Nebenentscheidungen sind insbesondere Entscheidungen zur Vollziehbarkeit des VA (§ 80 Abs. 2 S. 1 Nr. 4 u. § 80 Abs. 4 VwGO). Dass der Widerspruchsbescheid von Amts wegen eine Kostenentscheidung enthalten muss, folgt aus § 73 Abs. 3 S. 3 VwGO.

1. Erfolgloser Widerspruch

Ist der Widerspruch **unzulässig**, so ist er grundsätzlich zurückzuweisen. Etwas anderes gilt nur dann, wenn Sie laut Bearbeitungsvermerk bei verfristeten Adressatenwidersprüchen eine sachliche Entscheidung treffen sollen (s.u. Rn. 433 ff.). **295**

„Ihr Widerspruch vom ... gegen den Bescheid des ... vom ... wird zurückgewiesen."

„Der Widerspruch des Widerspruchsführers vom ... gegen den Bescheid des ... vom ... wird zurückgewiesen."

Ist der Widerspruch **unbegründet**, so muss ihn die Widerspruchsbehörde in jedem Fall zurückweisen. **296**

Die konkrete Formulierung hängt davon ab, ob man den Widerspruchsbescheid als persönliches oder unpersönliches Schreiben bzw. in Beschlussform erlässt:

▪ **Hauptsacheentscheidung:**	*Ihr Widerspruch vom … gegen den Bescheid des … vom … wird zurückgewiesen.*
▪ **ggf. Nebenentscheidungen:** ▪ § 80 Abs. 2 S. 1 Nr. 4 VwGO ▪ § 80 Abs. 4 VwGO:	▪ *Die sofortige Vollziehung wird angeordnet.* ▪ *Ihr Antrag auf Aussetzung der Vollziehung wird abgelehnt.* – oder: ▪ *Die Vollziehung des Bescheides des ... vom ... wird ausgesetzt.*
▪ **Kostenentscheidung:** wegen § 80 Abs. 1 S. 3 Hs. 1 VwVfG	*Die Kosten des Widerspruchsverfahrens haben Sie zu tragen.*

wenn materiell-rechtlich eine Kostenerstattung ausscheidet, insb. im Fall des § 80 Abs. 1 S. 3, Hs. 2 VwVfG:	▪ *Aufwendungen Verfahrensbeteiligter werden nicht erstattet.* – oder: ▪ *Sie haben die Kosten des Verfahrens mit Ausnahme der dem … entstandenen Aufwendungen zu tragen.*
▪ **Gebührenentscheidung** je nach Bearbeitungsvermerk und Landesrecht (s.u.):	▪ *Dieser Bescheid ergeht gebührenfrei.* – oder: ▪ *Für diese Entscheidung wird eine Gebühr in Höhe von … Euro erhoben.*

2. Erfolgreicher Anfechtungswiderspruch

297 Ist der Anfechtungswiderspruch zulässig und begründet, so ist der angefochtene VA aufzuheben. Aufgrund des Devolutiveffekts (§ 73 VwGO) ist die Widerspruchsbehörde befugt, die Aufhebung selbst zu verfügen.

▪ **Hauptsacheentscheidung**:	*Auf Ihren Widerspruch vom … hebe ich die Verfügung des … vom … auf.*
falls Antrag nach § 80 Abs. 4 VwGO gestellt wurde:	*Ihr Antrag auf Aussetzung der sofortigen Vollziehung ist damit gegenstandslos geworden (oder: ... hat sich damit erledigt).*
▪ **Kostenentscheidung:** § 80 Abs. 1 S. 1 VwVfG	*Die Kosten des Widerspruchsverfahrens trägt der … (Rechtsträger der Ausgangsbehörde).*
ggf. § 80 Abs. 3 S. 2 VwVfG:	*Die Zuziehung eines Bevollmächtigten war (nicht) notwendig.*
▪ **Gebührenentscheidung:**	*je nach Landesrecht (s.u.).*

298 Ist der VA im Zeitpunkt des Erlasses des Widerspruchsbescheides bereits vollzogen und hat der Widerspruchsführer analog § 113 Abs. 1 S. 2 VwGO **Folgenbeseitigung** beantragt, so hat die Widerspruchsbehörde auch hierüber zu entscheiden.[237]

Beispiel: Nachbar N hat Widerspruch gegen die dem B erteilte Baugenehmigung erhoben. Da der Widerspruch keine aufschiebende Wirkung entfaltet (§ 212 a Abs. 1 BauGB), hat B mit den Bauarbeiten bereits begonnen. N begehrt auch Beseitigung der zwischenzeitlich errichteten Grenzmauer. – Mit dem Anfechtungswiderspruch kann ein Anspruch auf Folgenbeseitigung verbunden werden, auch wenn dazu der Erlass eines Verwaltungsaktes (hier Beseitigungsverfügung gegenüber B) erforderlich ist. Dazu bedarf es nicht der Durchführung eines gesonderten Antrags- und Widerspruchsverfahrens.[238]

„Die Baugenehmigung des ... vom ... (Az.: ...) wird aufgehoben. Dem ... wird durch gesonderte Verfügung die Beseitigung der auf dem Grundstück ... (Flur ..., Flurstück ...) errichteten Grenzmauer aufgegeben."

3. Erfolgreicher Verpflichtungswiderspruch

299 Hat ein Verpflichtungswiderspruch **Erfolg**, so ist es aus Gründen der Rechtsklarheit geboten, den Versagungsbescheid ausdrücklich aufzuheben. Im Übrigen kann die Widerspruchsbehörde nach h.M. den beantragten VA **selbst erlassen**, da ihr aufgrund des Devolutiveffekts eine umfassende Entscheidungskompetenz zukommt.[239]

300 Gelegentlich kann es angebracht sein, dass der Widerspruchsbescheid nur einen die Ausgangsbehörde **anweisenden Ausspruch** enthält, weil die Widerspruchsbehörde

237 Pietzner/Ronellenfitsch Rn. 1262.

238 Kopp/Schenke VwGO § 73 Rn. 8; Pietzner/Ronellenfitsch Rn. 1088, 1089.

239 Kopp/Schenke VwGO § 73 Rn. 7; Brühl JuS 1994, 330, 333.

z.B. nicht über die sachlichen Voraussetzungen (z.B. Genehmigungsformulare, Ausweise) für ein umfangreiches Verwaltungsverfahren verfügt.

▪ **Hauptsacheentscheidung:**	▪ *Unter Aufhebung des Bescheids des ... vom ... wird Ihnen auf Ihren Antrag vom ... die ... (Genehmigung, Erlaubnis etc.) erteilt.* – oder: ▪ *Auf Ihren Widerspruch vom ... hebe ich den Bescheid des ... vom ... auf. Ich werde veranlassen, dass der ... Ihnen ... die ... (Erlaubnis, Genehmigung etc.) erteilt.*
▪ **Kostenentscheidung:** § 80 Abs. 1 S. 1 VwVfG ggf. § 80 Abs. 3 S. 2 VwVfG	*Die Kosten des Widerspruchsverfahrens trägt der ... (Rechtsträger der Ausgangsbehörde).* *Die Zuziehung eines Bevollmächtigten war (nicht) notwendig.*
▪ **Gebührenentscheidung:**	je nach Landesrecht (s.u.).

In jedem Fall muss die Widerspruchsbehörde aber eine **endgültige Sachentscheidung** treffen. Daher ist sie nicht berechtigt, nur den Versagungsbescheid aufzuheben und die Sache zur erneuten Entscheidung an die Ausgangsbehörde **zurückzuverweisen**. Der umfassende Kontrollzweck des Vorverfahrens nach § 68 Abs. 1 S. 1 VwGO gebietet es, dass die Widerspruchsbehörde über die Begründetheit, soweit möglich, in vollem Umfang und abschließend entscheidet. Die Widerspruchsbehörde muss daher ggf. auch eigene Sachverhaltsermittlungen und Beweiserhebungen vornehmen (vgl. §§ 79, 24 VwVfG).[240] 301

Beispiel: Die Ausgangsbehörde hat einen Antrag unzutreffend als unzulässig abgewiesen. Hier darf die Widerspruchsbehörde sich nicht darauf beschränken, den ablehnenden Bescheid nur aufzuheben und die Sache an die Ausgangsbehörde zurückzuverweisen, sondern sie muss die Begründetheit in vollem Umfang prüfen.

4. Teilweise erfolgreicher Anfechtungswiderspruch

Hat der Anfechtungswiderspruch nur zum Teil Erfolg, so muss der Umfang der Teilaufhebung genau bestimmt werden. Auch wenn das Widerspruchsverfahren nicht von einem Antrag abhängig ist, sollte der Widerspruch „im Übrigen" zurückgewiesen werden. 302

▪ **Hauptsacheentscheidung:** u.U.	*Auf Ihren Widerspruch vom ... hebe ich die Verfügung des ... vom ... insoweit auf, als ...* *Im Übrigen wird Ihr Widerspruch zurückgewiesen.* *Insoweit wird auch die Androhung des ... (Zwangsmittels) aufgehoben.*
ggf.	▪ *Die Vollziehung der Ziffer ... des Bescheides des ... vom ... wird ausgesetzt.* ▪ *Ihr Antrag auf Aussetzung der sofortigen Vollziehung wird abgelehnt.*
▪ **Kostenentscheidung:**	*Die Kosten des Widerspruchsverfahrens sind zu ... (Quote) von Ihnen und zu ... (Quote) von dem ... (Rechtsträger der Ausgangsbehörde) zu tragen.*
ggf.	*Die Zuziehung eines Bevollmächtigten ... war (nicht) notwendig.*
▪ **Gebührenentscheidung:**	*je nach Landesrecht (s.u.)*

240 Brühl JuS 1994, 330, 334.

5. Teilweise erfolgreicher Verpflichtungswiderspruch

303 Beim teilweise erfolgreichen Verpflichtungswiderspruch gilt Entsprechendes. Neben der teilweisen Aufhebung des Versagungsbescheides tritt die teilweise Erteilung des beantragten VA verbunden mit der Zurückweisung des Widerspruchs „im Übrigen".

▪ **Hauptsacheentscheidung:**	▪ *Auf Ihren Widerspruch vom ... hebe ich den Bescheid des ... vom ... insoweit auf, als ...* Ihrem Antrag auf ... wird insoweit (teilweise) entsprochen als ... *Im Übrigen weise ich Ihren Widerspruch zurück.*
▪ **Kosten- und Gebührenentscheidung:** (s.o.)	

6. Sonstige Fälle

304 Soweit im Beamtenrecht Leistungs-, Feststellungs- und Fortsetzungsfeststellungswidersprüche zulässig sind (§ 54 Abs. 2 BeamtStG, § 126 Abs. 2 BBG), richtet sich der Tenor des erfolgreichen Widerspruchs nach den Umständen des Einzelfalls.

Beispiele:

„Die Umsetzung des Widerspruchsführers gemäß Anordnung des ... vom ... wird aufgehoben ..."

„Die dienstliche Beurteilung des Widerspruchsführers durch den ... vom ... wird wie folgt geändert ..."

„Es wird festgestellt, dass der Widerspruchsführer weiterhin in einem Beamtenverhältnis zum Land ... steht."

„Es wird festgestellt, dass die Abordnung des Widerspruchsführers gemäß Verfügung des ... vom ... rechtswidrig gewesen ist."

II. Nebenentscheidungen

1. Anordnung der sofortigen Vollziehung

305 Hat die Ausgangsbehörde die **sofortige Vollziehung** bisher noch nicht angeordnet, so kann die Widerspruchsbehörde eine Vollziehungsanordnung nach § 80 Abs. 2 S. 1 Nr. 4 VwGO erlassen, wenn das öffentliche Vollzugsinteresse das Suspendierungsinteresse des Widerspruchsführers überwiegt oder wenn die sofortige Vollziehung im überwiegenden Interesse eines Beteiligten steht (beim VA mit Drittwirkung vgl. § 80 a Abs. 1 Nr. 1, Abs. 2 VwGO). Im Rahmen der Begründung des Widerspruchsbescheids muss dann auch das **besondere Vollzugsinteresse** dargelegt werden (§ 80 Abs. 3 VwGO), s.o. Rn. 78.

Die Begründung muss das **besondere** öffentliche Interesse darlegen, das gerade im konkreten Fall über das allgemeine, bei jedem VA bestehende Vollzugsinteresse hinausgeht. Die Begründung muss erkennen lassen, dass sich die Behörde des Ausnahmecharakters des Sofortvollzugs bewusst war. Nicht ausreichend sind daher allgemein gehaltene Floskeln, nichtssagende Wendungen, die Wiedergabe des Gesetzeswortlauts, Wiederholung der den Erlass des VA selbst rechtfertigenden Gründe oder der Hinweis auf die offensichtliche Rechtmäßigkeit des Bescheides (s.o.).[241]

2. Aussetzung der Vollziehung

306 Hat die Ausgangsbehörde die **sofortige Vollziehung** gemäß § 80 Abs. 2 S. 1 Nr. 4 VwGO angeordnet oder ist die **aufschiebende Wirkung kraft Gesetzes** ausgeschlossen (§ 80 Abs. 2 S. 1 Nr. 1–3 a u. S. 2 VwGO), so kann die Widerspruchsbehörde

241 BVerwG RÜ 2002, 139, 141; OVG NRW NWVBl. 2004, 473; Schoch Jura 2001, 671, 679; Gatz ZAP 2002, 705, 713; Proppe JA 2004, 324, 327.

auf Antrag oder von Amts wegen gemäß § 80 Abs. 4 VwGO die **Vollziehung aussetzen** (vgl. auch § 80 a Abs. 1 Nr. 2 VwGO bei Verwaltungsakten mit Doppelwirkung).

Materiell gelten für die Entscheidung dieselben Grundsätze wie für die gerichtliche Entscheidung nach § 80 Abs. 5 VwGO, d.h. die Behörde hat eine **Abwägung** zwischen dem Aussetzungsinteresse des Betroffenen und dem öffentlichen Vollzugsinteresse vorzunehmen. Bei der Anforderung öffentlicher Abgaben und Kosten soll die Aussetzung gemäß § 80 Abs. 4 S. 3 VwGO erfolgen, wenn ernstliche Zweifel an der Rechtmäßigkeit des angegriffenen VA bestehen oder die Vollziehung für den Pflichtigen eine unbillige Härte zur Folge hätte. Im Übrigen ist auch im behördlichen Aussetzungsverfahren entscheidend auf die Erfolgsaussichten des Rechtsbehelfs in der Hauptsache abzustellen. 307

III. Die Kostenentscheidung im Vorverfahren

1. Grundsätze der Kostenentscheidung

§§ 72, 73 Abs. 3 S. 3 VwGO schreiben vor, dass in dem Abhilfe- bzw. Widerspruchsbescheid eine **Entscheidung über die Kosten** zu treffen ist.

Zuständig für die Kostenentscheidung ist demnach entweder die **Widerspruchsbehörde** (im Widerspruchsbescheid) oder die **Ausgangsbehörde** (im Abhilfebescheid), letztere jedoch nur, wenn sie dem Widerspruch in vollem Umfang abhilft. Hilft die Ausgangsbehörde dem Widerspruch nur teilweise ab, so entscheidet nicht sie – auch nicht teilweise –, sondern allein die Widerspruchsbehörde insgesamt über die Kosten des Verfahrens.[242] Das beruht darauf, dass bei einer Teilabhilfe der gesamte VA Gegenstand der Entscheidung der Widerspruchsbehörde wird. 308

Beachte: Über die Kosten des Vorverfahrens wird in der Praxis **zweimal** entschieden: Im Abhilfe- bzw. Widerspruchsbescheid nach § 80 VwVfG, in gerichtlichen Entscheidungen (Urteil, Beschluss) nach § 162 Abs. 1 VwGO. Die Entscheidung im Abhilfe- bzw. Widerspruchsbescheid ist nur dann Grundlage für die Kostenerstattung, wenn das Verfahren mit der behördlichen Entscheidung endet. Wird **Klage** erhoben, so umfasst die gerichtliche Kostenentscheidung nach § 162 Abs. 1 Hs. 2 VwGO auch das Vorverfahren („einschließlich der Kosten des Vorverfahrens"). Grundlage für die Kostenerstattung ist dann nur die gerichtliche Entscheidung.[243] 309

a) Kosten des Widerspruchsverfahrens

Zu den Kosten des Widerspruchsverfahrens im weiteren Sinne gehören 310

- die **notwendigen Aufwendungen der Beteiligten** (Widerspruchsführer und Ausgangsbehörde) im Widerspruchsverfahren und
- die **Verwaltungskosten** (Gebühren und Auslagen) der Widerspruchsbehörde.

Die VwGO enthält keine Regelung darüber, **wer** die Kosten des Verfahrens zu tragen hat und nach welchen Gesichtspunkten die Kosten zu verteilen sind. Dies richtet sich vielmehr nach dem zugrunde liegenden Verfahrensrecht bzw. nach gebühren- und verwaltungskostenrechtlichen Vorschriften. Wesentliche Grundlage ist **§ 80 VwVfG.**[244]

242 BVerwG DÖV 1991, 554, 555.

243 BVerwG DVBl. 2006, 1243, 1244.

244 In Berlin, Niedersachsen und Sachsen findet § 80 VwVfG durch landesrechtliche Verweisung Anwendung. Die übrigen Länder haben entsprechende Regelungen im Landesrecht getroffen (in Bayern Art. 80 BayVwVfG, in Schleswig-Holstein § 120 LVwG, in Rheinland-Pfalz § 19 AGVwGO), die allerdings inhaltlich teilweise von der bundesrechtlichen Regelung abweichen (s.u.).

b) Die Kostengrundentscheidung

311 Ebenso wie im gerichtlichen Verfahren sind auch bei der Kostenentscheidung im Vorverfahren zwei Entscheidungen zu trennen:

- die **Kostengrundentscheidung** (auch Kostenlastentscheidung) über die Kostenpflicht dem Grunde nach und
- die **Kostenfestsetzung** in Bezug auf die konkrete Höhe der zu erstattenden Kosten (§ 80 Abs. 3 S. 1 VwVfG).

Im Widerspruchsbescheid (oder Abhilfebescheid) ist **nur die Kostengrundentscheidung** zu treffen, die Kostenfestsetzung erfolgt in einem selbstständigen Verfahren auf Antrag des Erstattungsberechtigten (sog. Kostenfestsetzungsverfahren).

312 Die **Kostengrundentscheidung** kann Aussagen enthalten über:

- die grundsätzliche Kostentragung, § 80 Abs. 1 S. 1–3 VwVfG,
- die Selbsttragung bei Verschulden, § 80 Abs. 1 S. 4 VwVfG und
- die Notwendigkeit der Zuziehung eines Bevollmächtigten, § 80 Abs. 3 S. 2 VwVfG.

Bei der Entscheidung nach § 80 Abs. 3 S. 2 VwVfG handelt es sich sachlich an sich um eine Frage des **Kostenfestsetzungsverfahrens**, da es um die Erstattungsfähigkeit konkreter Aufwendungen geht.[245] Aufgrund der ausdrücklichen gesetzlichen Regelung in § 80 Abs. 3 S. 2 VwVfG ist hierüber jedoch schon in der Kostengrundentscheidung mitzubefinden.[246]

c) Anwendbarkeit des § 80 VwVfG

313 § 80 VwVfG ist grundsätzlich nur **anwendbar**, wenn das VwVfG als solches anwendbar ist. Bei **Abgabenbescheiden** (z.B. Erschließungs- und Ausbaubeiträge nach §§ 127 ff. BauGB bzw. KAG) bestehen je nach Bundesland ggf. Spezialvorschriften im KAG ggf. i.V.m. der AO.

314 **aa)** § 80 VwVfG beschränkt sich ausdrücklich auf die Erstattung von Kosten des förmlichen Rechtsbehelfs **Widerspruch** und erfasst nicht die Kosten (formloser) Rechtsbehelfe, insbesondere solcher, die sich nicht gegen einen VA richten (Ausnahmen im Beamtenrecht wegen § 54 Abs. 2 S. 1 BeamtStG, § 126 Abs. 2 S. 1 BBG).[247]

Beispiel: Keine Kostenerstattung bei einem „Widerspruch" gegen eine Eintragung im Verkehrszentralregister, da es sich dabei nicht um einen VA handelt (keine Regelung, da die Eintragung allein keine unmittelbaren Rechtsfolgen für den Verkehrsteilnehmer auslöst, sondern nur Vorbereitung ist, z.B. für die Entziehung der Fahrerlaubnis mangels Geeignetheit).[248]

315 **bb)** Nach §§ 72, 73 Abs. 3 S. 3 VwGO ist über die Kosten nur dann zu entscheiden, wenn über den **Widerspruch zur Sache entschieden** wird. Dementsprechend regelt § 80 VwVfG nicht die Kostenerstattung, wenn sich der Widerspruch (nicht der VA) vor Erlass des Widerspruchsbescheides erledigt.

316 Wird der Widerspruch **zurückgenommen**, so wird das Widerspruchsverfahren deklaratorisch eingestellt. Eine Kostengrundentscheidung unterbleibt (anders Art. 80 Abs. 1 S. 2 BayVwVfG). § 161 Abs. 2 VwGO gilt nach h.M. nicht analog, da § 80 VwVfG eine abschließende Regelung enthält. Kosten werden in diesem Fall nicht erstattet.[249]

317 Umstritten sind die Fälle einer **anderweitigen Erledigung** des Widerspruchs. Da der Widerspruch nicht mehr sachlich beschieden wird und es nach h.M. keinen Fortset-

---

245 Pietzner/Ronellenfitsch Rn. 1303.

246 Kopp/Ramsauer VwVfG § 80 Rn. 37; Pietzner/Ronellenfitsch Rn. 1303.

247 BVerwG NVwZ 1983, 345; NVwZ 1990, 59.

248 BVerwG NJW 1988, 87, 88.

249 Kopp/Ramsauer VwVfG § 80 Rn. 18; Pietzner/Ronellenfitsch Rn. 1322.

zungsfeststellungswiderspruch gibt (s.u. Rn. 379 f.), fehlt es an einem „erfolgreichen" Widerspruch i.S.d. § 80 VwVfG, sodass ein Anspruch auf Kostenersatz ausscheidet. Auch § 161 Abs. 2 VwGO ist nicht analog anwendbar, da § 80 VwVfG abschließend ist und eine Entscheidung über die Kosten nur dann vorsieht, wenn über den erhobenen Widerspruch in der Sache entschieden wird.[250] Die Gegenansicht wendet § 161 Abs. 2 VwGO entsprechend an, da die Versagung jeglicher Kostenerstattung bei Erledigung des Widerspruchs in der Praxis zu außerordentlich unbilligen Ergebnissen führen würde.[251] Dagegen spricht jedoch der abschließende Charakter des § 80 VwVfG und die in Landesgesetzen gelegentlich geregelte Möglichkeit, die Kosten aus „Billigkeitsgründen" erstatten zu können.[252]

Problematisch sind hierbei vor allem die Fälle, in denen der angefochtene VA **außerhalb** des Vorverfahrens aufgehoben wird. **318**

Beispiel: Nachbar N hat gegen die dem Bauherrn B erteilte Baugenehmigung Widerspruch erhoben. Die Bauaufsichtsbehörde teilt ihm kurze Zeit später mit, dass sie die Genehmigung gemäß § 48 VwVfG zurückgenommen habe. Daraufhin beantragt N, der Behörde die Kosten des Widerspruchsverfahrens aufzuerlegen.

Eine Kostenentscheidung muss nach § 72 VwGO nur dann ergehen, wenn die Behörde dem Widerspruch abhilft. Erledigt sich das Verfahren dagegen durch Aufhebung außerhalb des Widerspruchsverfahrens nach § 48 VwVfG, so ist nach h.M. für eine Kostenentscheidung kein Raum, da es an einem „erfolgreichen" Widerspruch fehlt. Überwiegend wird eine Kostenpflicht nach § 80 VwVfG bejaht, wenn der VA aus widerspruchsbezogenen Gründen aufgehoben wird und damit eine (konkludente) Abhilfeentscheidung vorliegt.[253]

Unproblematisch ist dies in den Ländern, die eine Kostenerstattung bei Erledigung ausdrücklich vorsehen (s.o.). Dort ist über die Kosten nach billigem Ermessen zu entscheiden, wobei – wie im Rahmen des § 161 Abs. 2 VwGO – der bisherige Sachstand zu berücksichtigen ist.

Beachte: Ein **Kostenerstattungsanspruch** kann sich nicht nur aus § 80 VwVfG ergeben. Zwar sind die Regelungen im Kostenrecht abschließend, schließen aber eine Erstattung unter dem Gesichtspunkt der Amtshaftung gemäß Art. 34 GG, § 839 BGB nicht aus (Amtspflichtverletzung durch Erlass eines rechtswidrigen AusgangsVA).[254] In verwaltungsrechtlichen Sonderverhältnissen kann zudem ein Schadensersatzanspruch analog § 280 BGB bestehen. Die vorgenannten Anspruchsgrundlagen sind insbesondere dann von Bedeutung, wenn ein Kostenerstattungsanspruch nach § 80 VwVfG nicht eingreift (z.B. bei Erledigung oder Drittbeteiligung). **319**

d) Kosten der Widerspruchsbehörde

Die Kostenentscheidung nach § 80 VwVfG bezieht sich grundsätzlich nur auf die Aufwendungen des Widerspruchsführers und der Ausgangsbehörde im Widerspruchsverfahren. Nicht erfasst werden die der **Widerspruchsbehörde entstandenen Aufwendungen**. Diese sind nach den Verwaltungskosten- bzw. Gebührengesetzen abzugelten.[255] **320**

250 BVerwG NJW 1982, 300; NJW 1988, 87; OVG NRW NVwZ-RR 1991, 223, 224; VG Potsdam, Urt. v. 26.10.2020 – VG 2 K 1627/19, BeckRS 2020, 31627; VG Düsseldorf, Urt. v. 21.03.2014 – 13 K 3877/13; Clausing JuS 2000, 59, 62; Kopp/Schenke VwGO § 73 Rn. 17.

251 VGH Mannheim NJW 1982, 1524; Kopp/Ramsauer VwVfG § 80 Rn. 19; VG Göttingen, Urt. v. 23.02.2021 – 3 A 228/20, BeckRS 2021, 2766.

252 Vgl. z.B. Art. 80 Abs. 1 S. 5 BayVwVfG, § 80 Abs. 1 S. 5 LVwVfG BW, § 19 Abs. 1 S. 5 AGVwGO RP, § 80 Abs. 1 S. 5 SVwVfG, § 80 Abs. 1 S. 6 ThürVwVfG.

253 Vgl. BVerwG NVwZ 1997, 272; Kopp/Ramsauer VwVfG § 80 Rn. 19.

254 Stelkens/Bonk/Sachs VwVfG § 80 Rn. 17.

255 Stelkens/Bonk/Sachs VwVfG § 80 Rn. 45.

Auf **Bundesebene** richtet sich neuerdings die Gebührenpflicht nach dem Bundesgebührengesetz (BGebG) vom 07.08.2013 (BGBl. I S. 3154), das das frühere VwKostG abgelöst hat. Für Widerspruchsbescheid besteht eine Gebührenpflicht nur, wenn der Widerspruch zurückgewiesen wird (§ 10 Abs. 1 Nr. 1 BGebG), und zwar bis zu der Höhe, die für die angefochtene Leistung vorgesehen ist (§ 10 Abs. 3 BGebG). Auf **Landesebene** gelten Landesgebühren- bzw. -kostengesetze,[256] in Selbstverwaltungsangelegenheiten die auf das KAG gestützten Satzungen der Selbstverwaltungskörperschaften.

321 **aa)** Ob und inwieweit die **Widerspruchsbehörde** für ihre Tätigkeit im Vorverfahren Gebühren und Auslagen zur Abgeltung ihrer Verwaltungskosten erheben kann, ist in den Ländern sehr unterschiedlich geregelt.

- Prinzipiell für **jeden** Widerspruchsbescheid werden nur in Rheinland-Pfalz, Thüringen und im Saarland Gebühren erhoben.[257] Bei Misserfolg trifft die Kostenlast den Widerspruchsführer, bei Erfolg des Widerspruchs fallen Gebühren und Auslagen dagegen der Ausgangsbehörde zur Last (sog. zweiseitige Verwaltungskostenlast). Bei Teilerfolg wird die Kostenlast gequotelt.[258]
- In den übrigen Ländern ist die Erhebung einer Widerspruchsgebühr nur vorgesehen für **erfolglose Widersprüche** (so in Baden-Württemberg, Bayern, Bremen, Hamburg, Hessen, Niedersachsen, Sachsen, Sachsen-Anhalt),[259]
- teilweise sogar nur für **erfolglose Widersprüche gegen gebührenpflichtige Verwaltungsakte** (so Berlin, Brandenburg, Mecklenburg-Vorpommern, NRW und Schleswig-Holstein).[260]
- Insbesondere sind Spezialgesetze oder Rechtsverordnungen der Länder zu beachten.

  Hierbei werden Widersprüche, die allein deshalb keinen Erfolg haben, weil die Verletzung einer Verfahrens- oder Formvorschrift nach § 45 VwVfG geheilt worden ist, teilweise wie erfolgreiche Widersprüche behandelt, sodass auch dann keine Gebührenpflicht entsteht.[261]
- Bleibt der Widerspruch **teilweise erfolglos**, wird die Kostenlast gequotelt oder die Gebühr ermäßigt.[262]
- Kostenpflichtig sind zum Teil auch die **Rücknahme** des Widerspruchs[263] und sonstige Fälle der **Erledigung,**[264] teilweise auch (erfolglose) **Drittwidersprüche**[265] oder (erfolglose) Kostenwidersprüche.[266]

Beachte: Verwaltungskosten werden nicht erhoben bei sachlicher oder persönlicher Gebührenfreiheit (z.B. im Beamtenrecht).

322 **bb)** Ob über die **Verwaltungskosten** im Widerspruchsbescheid entschieden werden **muss**, ist umstritten. Teilweise wird angenommen, die Verwaltungskosten der Wider-

---

256 Vgl. BayKostG, LGeb BW, GebBeitrG Bln, GebG Bbg, Brem GebBeitrG, Hmb GebG, § 14 Hess AGVwGO i.V.m. HessVwKostG, VwKostG MV, Nds VwKostG, GebG NRW, GebG RP, SaarlGebG, SächsVwKG, VwKostG LSA, VwKostG SH, ThürVwKostG.

257 Vgl. § 15 Abs. 4 u. 5 LGebG RP, § 9 a SaarlGebG, § 4 Abs. 3 ThürVwKostG, Pietzner/Ronellenfitsch Rn. 1309.

258 Vgl. ausdrücklich § 9 a Abs. 2 S. 2 SaarlGebG.

259 § 4 Abs. 2 LGebG BW i.V.m. Ziff. 7.1 GebVO IM, Art. 9 BayKostG, § 8 Abs. 1 BremGebBeitrG; § 12 Abs. 3 HmbGebG, § 14 Abs. 1 S. 1 Hess AGVwGO i.V.m. § 4 Abs. 3 Hess VwKostG, § 12 NVwKostG, § 8 SächsVwKG, § 13 VwKostG LSA.

260 § 16 Abs. 2 BerlGebG, § 18 Abs. 1 Bbg GebG, § 15 Abs. 3 VwKostG MV, § 15 Abs. 3 GebG NRW, § 15 Abs. 3 VwKostG SH.

261 Vgl. z.B. § 15 Abs. 3 S. 4 GebG NRW, § 13 Abs. 1 S. 2 VwKostG LSA.

262 Pietzner/Ronellenfitsch Rn. 1316, 1344.

263 Vgl. z.B. § 4 Abs. 2 LGebG BW i.V.m. Ziff. 7.2 GebVO IM, Art. 9 Abs. 2 BayKostG, § 9 a Abs. 4 SaarlGebG, § 8 Abs. 2 SächsVwKG, § 4 Abs. 6 Thür VwKostG, differenzierend § 15 Abs. 1 Nr. 1 u. Abs. 2 Nr. 1 LGebG RP, vgl. auch § 12 Abs. 4 HmbGebG.

264 Vgl. z.B. Art. 9 Abs. 2 BayKostG, § 15 Abs. 6 LGebG RP, § 9 a Abs. 4 SaarlGebG, § 8 Abs. 2 SächsVwKG, § 4 Abs. 6 Thür VwKostG.

265 Vgl. z.B. Art. 9 Abs. 1 S. 4 BayKostG, § 18 Abs. 2 Bbg GebG, § 4 Abs. 3 S. 2 Hess VwKG, § 15 Abs. 4 GebG NRW, § 8 Abs. 1 S. 2 Sächs VwKG.

266 § 15 Abs. 4 GebG NRW, § 15 Abs. 4 VwKostG SH.

spruchsbehörde gehörten **unmittelbar zu den Kosten des Widerspruchsverfahrens** i.S.d. § 73 Abs. 3 S. 3 VwGO (so ausdrücklich auch Art. 80 Abs. 2 S. 1 BayVwVfG).[267]

Nach h.M. sind Kosten des Widerspruchsverfahrens im eigentlichen Sinne dagegen nur die zur zweckentsprechenden Rechtsverfolgung oder Rechtsverteidigung notwendigen Aufwendungen des **Widerspruchsführers** und der **Ausgangsbehörde**. Die Verwaltungskosten der Widerspruchsbehörde gehören nicht hierzu,[268] deren Festsetzung erfolgt vielmehr nach den Verwaltungskosten- bzw. Gebührengesetzen. Allerdings „soll" die Entscheidung über die Verwaltungskosten in der Regel zusammen mit der Sachentscheidung ergehen (vgl. z.B. § 13 Abs. 1 S. 2 BGebG). Es handelt sich dann um **Kosten im weiteren Sinne**.

In der Praxis wird die Gebührenfestsetzung deshalb in der Regel in den **Tenor des Widerspruchsbescheides** aufgenommen.[269] Dadurch wird die Gebührenentscheidung rechtlich aber nicht zu einem Teil der Widerspruchsentscheidung, sondern stellt eine **eigenständige Entscheidung** dar mit der Folge, dass diesbezüglich ggf. eine eigenständige Rechtsbehelfsbelehrung ergehen muss (wenn z.B. die Kostenentscheidung isoliert mit dem Widerspruch angefochten werden kann).[270] Verfahrenstechnisch kann allerdings auch ein **gesonderter Gebührenbescheid** erlassen werden.[271] In der Klausur muss nach dem Bearbeitungsvermerk in der Regel nur die **Grundentscheidung** über die Gebühr ohne deren konkrete Höhe getroffen werden.

cc) Der **Tenor zur Verwaltungskostenentscheidung** kann daher lauten: 323

- Bei **erfolglosem Widerspruch**:

> *„Die Kosten des Widerspruchsverfahrens haben Sie zu tragen."*

- Wenn der Bearbeitungsvermerk eine solche Entscheidung verlangt und ein **Gebührentatbestand erfüllt** ist:

> *„Für diese Entscheidung wird eine Gebühr in Höhe von ... Euro erhoben."*

- Falls kein Gebührentatbestand erfüllt ist:

> *„Dieser Bescheid ergeht gebührenfrei."*

- Bei **sachlicher oder persönlicher Gebührenfreiheit**:

> *„Verwaltungskosten werden für die Entscheidung nicht erhoben."*

2. Erstattung der Aufwendungen der Beteiligten

a) Kosten des Widerspruchsverfahrens sind nach § 80 VwVfG die zur zweckentsprechenden Rechtsverfolgung oder Rechtsverteidigung notwendigen Aufwendungen des **Widerspruchsführers** und der **Ausgangsbehörde**. § 80 VwVfG regelt nicht (abgesehen von abweichendem Landesrecht, z.B. Art. 80 Abs. 2 S. 2 Bay VwVfG) die Aufwendungen **Dritter**, die am Widerspruchsverfahren beteiligt sind. 324

267 Kopp/Schenke VwGO § 73 Rn. 15.
268 Kopp/Ramsauer VwVfG § 80 Rn. 23.
269 Pietzner/Ronellenfitsch Rn. 1313.
270 Pietzner/Ronellenfitsch Rn. 1347.
271 Kopp/Ramsauer VwVfG § 80 Rn. 23.

Beispiel: Dem Bauherrn B ist eine Baugenehmigung erteilt worden, die der Nachbar N mit Widerspruch angefochten hat. Im Widerspruchsverfahren nimmt B anwaltlich vertreten Stellung, um seine Baugenehmigung zu verteidigen. Der Widerspruch des N wird kostenpflichtig zurückgewiesen. B hat als Dritter keinen Kostenerstattungsanspruch nach § 80 VwVfG.

Nach h.M. ist angesichts des abschließenden Charakters des § 80 VwVfG auch eine analoge Anwendung der für den Beigeladenen im Prozess geltenden Vorschrift des § 162 Abs. 3 VwGO ausgeschlossen.[272]

325 **b)** Nach § 80 VwVfG sind die Kosten grundsätzlich nach dem **Erfolg** des Widerspruchs zu verteilen:

- Ist der Widerspruch **erfolgreich**, hat der Rechtsträger der Behörde, die den angefochtenen VA erlassen hat, demjenigen, der Widerspruch erhoben hat, die zur zweckentsprechenden Rechtsverfolgung oder Rechtsverteidigung notwendigen Aufwendungen zu erstatten (§ 80 Abs. 1 S. 1 VwVfG).

  „Der ... (Rechtsträger der Ausgangsbehörde) trägt die Kosten des Widerspruchsverfahrens."

  oder (nach teilweiser Prüfungspraxis – z.B. in Niedersachsen):

  „Die Ihnen zur zweckentsprechenden Rechtsverfolgung oder Rechtsverteidigung entstandenen notwendigen Aufwendungen werden Ihnen (= Widerspruchsführer) vom ... (Rechtsträger der Ausgangsbehörde) erstattet, soweit Sie dies bei mir beantragen."

  Worauf der Erfolg beruht, ist irrelevant. **„Erfolgreich"** i.S.d. § 80 Abs. 1 S. 1 VwVfG ist ein Widerspruch auch, wenn der Widerspruch zwar unzulässig war, die Widerspruchsbehörde ihm aber gleichwohl stattgegeben hat.[273] Ein Erfolg liegt daher immer dann vor, wenn dem Widerspruch, aus welchen Gründen auch immer, stattgegeben wurde.[274] Entscheidend ist eine rein formale Betrachtung: Ein Erfolg des Widerspruchs ist daher dann gegeben, wenn die Behörde den angegriffenen Bescheid aufhebt, selbst wenn sie gleichzeitig oder später einen Bescheid mit gleichem oder ähnlichem Inhalt erlässt.[275]

326 - Ist der Widerspruch nur **zum Teil erfolgreich**, so sind die Kosten verhältnismäßig zu teilen (vgl. „soweit" in § 80 Abs. 1 S. 1 u. S. 3 VwVfG)

  „Die Kosten des Widerspruchsverfahrens tragen der Widerspruchsführer zu 1/3 und der ... (Rechtsträger der Ausgangsbehörde) zu 2/3."

  Teilweise wird ein „doppelter" Ausspruch gefordert, dass einerseits die Ausgangsbehörde dem Widerspruchsführer, andererseits dieser der Ausgangsbehörde einen jeweils gesondert zu bemessenden Bruchteil der notwendigen Aufwendungen zu erstatten habe.[276]

- Bleibt der Widerspruch **erfolglos**, so ist zu unterscheiden:

327 - Hat der Widerspruch nur deshalb keinen Erfolg, weil ein Verstoß gegen eine **Verfahrens- oder Formvorschrift** im Widerspruchsverfahren nach § 45 VwVfG **geheilt** wurde, so wird der Widerspruch nach § 80 Abs. 1 S. 2 VwVfG bezüglich der Kosten als erfolgreich behandelt, d.h. der Widerspruchsführer hat Anspruch auf Erstattung seiner notwendigen Aufwendungen (s.o.). In der Sache aber wird der Widerspruch zurückgewiesen.

272 BVerwG NVwZ 1985, 335, 336; a.A. Kopp/Ramsauer VwVfG § 80 Rn. 17.

273 BVerwG NVwZ 1983, 544.

274 BVerwG DVBl. 1996, 1315, 1316; OVG NRW NWVBl. 1991, 389, 390; Brodersen JuS 1997, 662, 663.

275 BVerwG NVwZ 1992, 669.

276 Uhlenbrock/Arndt NdsVBl. 2000, 59.

Umstritten ist, ob § 80 Abs. 1 S. 2 VwVfG analog gilt, wenn der Fehler zwar nicht nach § 45 VwVfG geheilt, aber nach § 46 VwVfG unbeachtlich ist,[277] was aufgrund der gleichen Interessenlage bejaht werden sollte.

- Ist der Widerspruch **aus anderen Gründen** unzulässig oder unbegründet, so hat nach § 80 Abs. 1 S. 3 VwVfG der Widerspruchsführer der Ausgangsbehörde die zur zweckentsprechenden Rechtsverfolgung oder Rechtsverteidigung notwendigen Aufwendungen zu erstatten.[278] **328**

„Der Widerspruchsführer trägt die Kosten des Widerspruchsverfahrens."

oder (nach teilweiser Prüfungspraxis – z.B. in Niedersachsen):

„Die der ... (Rechtsträger der Ausgangsbehörde) zur zweckentsprechenden Rechtsverfolgung entstandenen notwendigen Aufwendungen haben Sie zu erstatten, wenn diese es bei mir beantragt."

c) § 80 Abs. 1 S. 3 VwVfG gilt nur für das **dreigliedrige Verfahren**, ist also **nicht** anwendbar, wenn **Widerspruchs- und Ausgangsbehörde identisch** sind, insbesondere bei Entscheidungen der Mittelinstanz. Denn die Aufwendungen im Widerspruchsverfahren lassen sich bei Identität der Behörden nicht von dem allgemeinen Verwaltungsaufwand trennen, der nicht nach § 80 VwVfG (sondern nur nach Verwaltungskostenrecht) ersetzt wird. Im zweigliedrigen Verfahrensverhältnis gewährt § 80 Abs. 1 S. 3 VwVfG daher keinen Erstattungsanspruch, Kosten der Behörde können nur nach dem Verwaltungskosten- bzw. Gebührenrecht ersetzt verlangt werden. Die **Kostenentscheidung** lautet in diesem Fall nur: **329**

„Die Kosten des Widerspruchsverfahrens haben Sie zu tragen." (ohne Hinweis auf „Erstattung" der Aufwendungen der Ausgangsbehörde)

Ein Erstattungsanspruch scheidet außerdem nach § 80 Abs. 1 S. 3 Hs. 2 VwVfG generell aus bei erfolglosen Widersprüchen im Rahmen eines bestehenden oder früheren öffentlich-rechtlichen Dienst- oder Amtsverhältnisses, also insbesondere im **Beamtenrecht**. **330**

d) Nach § 80 Abs. 1 S. 4 VwVfG hat der Erstattungsberechtigte die Aufwendungen selbst zu tragen, die durch sein **Verschulden** oder das Verschulden seines Vertreters (z.B. seines Anwalts) entstanden sind.[279] **331**

Beispiel: Wegen unterbliebener Mitwirkung des Widerspruchsführers (§§ 79, 26 Abs. 2 S. 1 VwVfG) musste im Widerspruchsverfahren Beweis erhoben werden. Der Widerspruchsführer muss gemäß § 80 Abs. 1 S. 4 VwVfG die Kosten der Beweisaufnahme (z.B. eines Sachverständigengutachtens) auch bei Erfolg des Widerspruchs tragen.

Das Verschulden muss sich stets auf konkrete, selbstständige Aufwendungen beziehen, die im Widerspruchsverfahren entstanden sind. § 80 Abs. 1 S. 4 VwVfG erfasst daher nicht den Fall, dass das Widerspruchsverfahren **insgesamt** auf das Verschulden des Widerspruchsführers zurückzuführen ist.[280]

Beispiel: Die Behörde hat eine dem S durch VA gewährte Subvention widerrufen, weil S einen ihm obliegenden Nachweis über die Verwendung des Geldes nicht rechtzeitig vorgelegt hatte. S legt Widerspruch ein unter Beifügung des geforderten Nachweises. Der Widerspruch hat Erfolg. § 80 Abs. 1 S. 4 VwVfG greift hier nicht ein, da sich das Verschulden des B nur auf das Ausgangsverfahren bezog (er hätte durch rechtzeitige Vorlage des Nachweises den Ausgangsbescheid als solchen bereits verhindern können), nicht aber auf konkrete Aufwendungen im Widerspruchsverfahren.

---

277 Dafür Kopp/Ramsauer VwVfG § 80 Rn. 30 a; a.A. Pietzner/Ronellenfitsch Rn. 1318.

278 In § 120 LVwG SH fehlt eine dem § 80 Abs. 1 S. 3 VwVfG entsprechende Regelung.

279 In § 120 LVwG SH fehlt eine dem § 80 Abs. 1 S. 4 VwVfG entsprechende Regelung.

280 BVerwG NVwZ 1988, 249.

Ob ein Fall des § 80 Abs. 1 S. 4 VwVfG vorliegt, ist nach herrschender Praxis bereits in der **Kostengrundentscheidung** im Widerspruchsbescheid festzustellen.[281] Die Entscheidung ist für den späteren Kostenfestsetzungsbescheid verbindlich.

Beispiel: Ist die Kostengrundentscheidung uneingeschränkt zugunsten des Widerspruchsführers ergangen und bestandskräftig geworden, so kann ihm im Kostenfestsetzungsverfahren kein Verschulden mehr entgegen gehalten werden.[282]

3. Die Notwendigkeit der Zuziehung eines Bevollmächtigten

332 **a)** Anders als im **Verwaltungsprozess**, in dem nach § 162 Abs. 2 S. 1 VwGO die Gebühren und Auslagen eines Rechtsanwaltes bei Erfolg **stets** erstattungsfähig sind, gilt dies für das Vorverfahren nur, wenn die Zuziehung des Bevollmächtigten **notwendig** war (§ 80 Abs. 2 VwVfG).

Da über die Kosten des Vorverfahrens im gerichtlichen Urteil erneut mitzubefinden ist (§ 162 Abs. 1 Hs. 2 VwGO: „einschließlich der Kosten des Vorverfahrens"), ist dort auch über die Notwendigkeit der Hinzuziehung erneut zu entscheiden (§ 162 Abs. 2 S. 2 VwGO).[283] Die gerichtliche Kostenentscheidung ersetzt dann die Kostenentscheidung des Widerspruchsbescheides.[284]

333 **b)** Über die Notwendigkeit der Zuziehung ist gemäß § 80 Abs. 3 S. 2 VwVfG von Amts wegen – ohne dass es dazu eines entsprechenden Antrags bedarf – bereits in der **Kostengrundentscheidung** zu befinden.[285]

Anders im Rahmen der gerichtlichen Entscheidung nach § 162 Abs. 2 S. 2 VwGO: Da es sich auch dort nicht unmittelbar um einen Teil der (von Amts wegen zu treffenden) Kostengrundentscheidung nach § 161 Abs. 1 VwGO handelt, sondern um einen (vorweggenommenen) Teil der Kostenfestsetzung, setzt die Entscheidung im gerichtlichen Verfahren einen Antrag des Kostengläubigers voraus.[286]

Eine Entscheidung über die Notwendigkeit der Hinzuziehung eines Bevollmächtigten durch den Widerspruchsführer ist allerdings nicht erforderlich, wenn der Widerspruchsführer bei Erfolglosigkeit des Widerspruchs nach § 80 Abs. 1 S. 3 VwVfG ohnehin die Kosten zu tragen hat, da er dann selbstverständlich auch seine eigenen (Anwalts-)Kosten tragen muss.

War der Widerspruch dagegen zum Teil erfolgreich, muss die Entscheidung nach § 80 Abs. 3 S. 2 VwVfG in jedem Fall getroffen werden, wenn ein Bevollmächtigter am Verfahren beteiligt war.

334 **c)** Die **Notwendigkeit der Hinzuziehung** ist zu bejahen, wenn sich ein **vernünftiger Bürger** mit gleichem Bildungs- und Erfahrungsstand bei der gegebenen Sach- und Rechtslage eines Rechtsanwalts bedient hätte. Notwendig ist die Zuziehung dann, wenn es der Partei nach ihren persönlichen Verhältnissen **nicht zuzumuten** war, das Vorverfahren selbst zu führen.[287]

Ist die Zuziehung eines Bevollmächtigten notwendig, so kann nach h.M. auch der sich im Vorverfahren **selbst vertretende Rechtsanwalt** Erstattung seiner Kosten verlangen (Rechtsgedanke des § 91 Abs. 2 S. 3 ZPO).[288]

Umstritten ist, ob bei Zugrundelegung dieses Maßstabs die Notwendigkeit der Zuziehung den **Regelfall** oder nur die Ausnahme bildet. Während die Rspr. früher davon ausging, dass die Hinzuziehung eines Bevollmächtigten regelmäßig notwendig sei, steht das BVerwG in neuerer Zeit auf dem Standpunkt, dass die Hinzuziehung nicht die Regel, sondern die **Ausnahme** bildet. Es sei zu berücksichtigen, dass der Ge-

281 Pietzner/Ronellenfitsch Rn. 1320; a.A. Kopp/Ramsauer VwVfG § 80 Rn. 33.

282 Vgl. Pietzner/Ronellenfitsch Rn. 1332.

283 OVG NRW, Beschl. v. 24.09.2020 – 13 E 678/20, BeckRS 2020, 24543.

284 BVerwG DVBl. 2006, 1243, 1244.

285 BVerwGE 79, 226, 229.

286 Vgl. HessVGH DVBl. 1996, 113, 114; Emde JuS 1997, 258, 260 Fn. 8.

287 BVerwG NVwZ-RR 2004, 5, 5 f.; NVwZ 1988, 721, 723; NVwZ 1987, 883, 884; OVG NRW, Beschl. v. 24.09.2020 – 13 E 678/20, BeckRS 2020, 24543; OVG Greifswald NVwZ 2002, 1129, 1130; Kopp/Ramsauer VwVfG § 80 Rn. 39.

288 OVG Greifswald NVwZ 2002, 1129, 1130; OVG NRW NWVBl. 1990, 283.

setzgeber davon ausgegangen ist, dass im Vorverfahren eine Bevollmächtigung Dritter nicht üblich und in der Regel auch nicht notwendig sei. Denn in diesem Stadium bedürfe es noch nicht der Herstellung völliger Waffengleichheit, da die Verwaltung an das Gesetz gebunden und ohnehin noch der gerichtlichen Kontrolle unterworfen sei. Der Gesetzgeber habe in § 80 Abs. 2 VwVfG gerade eine Ausnahme von der grundsätzlichen Erstattungsfähigkeit von Anwaltskosten im gerichtlichen Verfahren nach § 162 Abs. 2 S. 1 VwGO schaffen wollen.[289] Die Gegenansicht bejaht demgegenüber die Notwendigkeit der Zuziehung eines Bevollmächtigten im Vorverfahren nicht nur in schwierigen und umfangreichen Verfahren, sondern **in aller Regel**, da der Bürger nur in Ausnahmefällen in der Lage sei, selbst seine Rechte gegenüber der Verwaltung ausreichend zu wahren.[290]

In der verwaltungsgerichtlichen Rspr. hat sich zum Teil die Differenzierung danach durchgesetzt, ob nur tatsächliche Einwendungen gegen den Ausgangsbescheid erhoben werden mussten (kann der Widerspruchsführer selbst) oder ob rechtliche Ausführungen für den Erfolg des Widerspruchsverfahrens erforderlich waren (bedarf regelmäßig eines Bevollmächtigten).[291] **In der Examensklausur sollten Sie die Hinzuziehung des Bevollmächtigten in aller Regel für notwendig erklären.**

IV. Kostenfestsetzung nach § 80 Abs. 3 VwVfG

Ist die Kostenentscheidung im Widerspruchsbescheid unanfechtbar, kann nach § 80 Abs. 3 S. 1 VwVfG die **Kostenfestsetzung beantragt** werden.[292] Sie ist nicht mehr Teil des Widerspruchsbescheides, sondern ein eigenständiger VA. **Aus diesem Grund ist der Entwurf einer Kostenfestsetzung regelmäßig keine Klausuraufgabe.** Je nach Bundesland soll in der Begleitverfügung die Kostenfestsetzung zur Erstellung „angeordnet" werden. Der Inhalt der Kostenfestsetzungsentscheidung hat sich dabei an der **Kostengrundentscheidung** auszurichten. 335

V. Begründung des Widerspruchsbescheids

Gemäß § 73 Abs. 3 S. 1 VwGO ist der Widerspruchsbescheid **stets zu begründen**. Die Begründung gliedert sich im Wesentlichen in Sachverhaltsdarstellung und rechtliche Würdigung. Es erfolgt jedoch anders als beim Urteil keine Trennung nach Tatbestand und Entscheidungsgründen, sondern eine einheitliche tatsächliche und rechtliche Begründung. Die Sachverhaltsdarstellung und die rechtliche Würdigung werden nur durch einen Absatz voneinander getrennt. 336

1. Sachverhalt

Der **Sachverhalt** soll in der Regel kurz und knapp dargestellt werden. Insbesondere wenn die Widerspruchsbehörde mit der Ausgangsbehörde identisch ist, kann sich der Widerspruchsbescheid auf das zum Verständnis Nötigste beschränken. Dagegen ist der **Sachverhalt ausführlich** darzustellen, 337

- wenn der Widerspruchsführer am Ausgangsverfahren nicht beteiligt war,

  z.B. der Nachbar, der gegen eine ohne seine Anhörung erteilte Genehmigung Widerspruch erhoben hat,

- oder wenn sich die Sachlage im Widerspruchsverfahren geändert hat.

---

289 BVerwG NVwZ-RR 2004, 5; NVwZ 1987, 883, 884; NVwZ 1992, 669, 670; OVG NRW NVwZ-RR 1992, 450, 451; VGH Mannheim NVwZ-RR 1992, 388; OVG Berlin NVwZ-RR 1990, 517.

290 OVG Koblenz NVwZ 1988, 842 f.; OVG Bremen NVwZ 1989, 75; VGH Kassel MDR 1992, 106, 107; Kopp/Ramsauer VwVfG § 80 Rn. 39.

291 OLG Celle, Beschl. v. 05.11.2020 – 13 Verg 7/20, BeckRS 2020, 31736.

292 Odenthal NVwZ 1990, 643; a.A. Kopp/Ramsauer VwVfG § 80 Rn. 49: auch vor Unanfechtbarkeit.

Die Sachverhaltsdarstellung beginnt in der Regel mit dem unstreitigen Sachverhalt. Daran schließt sich der Ablauf des Ausgangsverfahrens (ggf. mit Anträgen, Einwendungen etc.) bis zum Erlass des Ausgangsbescheids an, der mit Tenor und wesentlicher Begründung wiedergegeben wird. Es folgen die Angaben über die Erhebung des Widerspruchs (insbesondere der Daten, die erforderlich sind, um feststellen zu können, ob die Widerspruchsfrist des § 70 VwGO gewahrt ist) und die wesentlichen Aspekte der Widerspruchsbegründung. Anschließend werden ggf. Besonderheiten des Widerspruchsverfahrens nachgezeichnet (z.B. Nachschieben von Gründen durch die Ausgangsbehörde, Nachholen der Anhörung, Beweisaufnahme).

338 Achten Sie hierbei unbedingt auf die richtige **Zeitenfolge**:

- Die Sachverhaltsdarstellung erfolgt in der Regel im **Imperfekt**, soweit bereits abgeschlossene Ereignisse wiedergegeben werden.

  „Der Widerspruchsführer reiste im Jahre 2005 als Arbeitnehmer in die Bundesrepublik Deutschland ein und erhielt seitdem fortlaufend eine Aufenthaltserlaubnis, zuletzt am 15.12.2017, befristet bis zum 31.12.2019. Am 20.12.2018 wurden im Pkw des Widerspruchsführers 14,6 kg Haschischpulver gefunden."

- Das **Plusquamperfekt** darf nur für solche Ereignisse benutzt werden, die zeitlich vor einem Referenzpunkt in der Vergangenheit liegen.

  „Bereits im Jahre 2009 war der Widerspruchsführer wegen fahrlässiger Straßenverkehrsgefährdung zu einer sechsmonatigen Freiheitsstrafe verurteilt worden."

- Das **Perfekt** betrifft demgegenüber Handlungen, die in der Vergangenheit abgeschlossen wurden, aber noch Auswirkungen auf die Gegenwart haben.

  „Gegen den Ihm am 16.01.2019 per Übergabe-Einschreiben zugestellten Bescheid hat der Adressat (anwaltlich vertreten) am 04.02.2019 Widerspruch erhoben."

2. Rechtliche Würdigung

339 Zur Verdeutlichung der Trennung zwischen Sachverhalt und rechtlicher Würdigung empfiehlt sich als **Überleitung** z.B. die Formulierung: „Ihr Widerspruch ist zulässig, aber nicht begründet." Vor der Zulässigkeit des Widerspruchs ist es üblich, die die **Zuständigkeit der Widerspruchsbehörde** begründenden Vorschriften zu nennen, z.B.:

„Ihr Widerspruch, zu dessen Entscheidung ich gemäß §§ ... berufen bin, ist zulässig, aber unbegründet."

„Ich bin gemäß §§ ... für die Entscheidung über den Widerspruch zuständig. Der Widerspruch ist zulässig ..."

340 Die **rechtliche Würdigung** ist nach Zulässigkeit und Begründetheit des Widerspruchs zu trennen, ggf. ist vorab das Begehren des Widerspruchsführers auszulegen.

„Ihr als „Einspruch" bezeichnetes Schreiben vom ... werte ich als Widerspruch gegen den Bescheid des ... vom ... Sie haben Ihren Rechtsbehelf zwar nicht als solchen bezeichnet, wenden sich jedoch gegen die Rechtmäßigkeit des Bescheides, indem Sie vortragen, dass ... Angesichts dessen ist davon auszugehen, dass ..."

a) Auf die **Zulässigkeit** ist nur hinsichtlich der problematischen Punkte einzugehen (z.B. Widerspruchsbefugnis bei Dritten, Fristprobleme). 341

- Ist die Zulässigkeit **unproblematisch**, so genügt in der Praxis der Satz: *„Ihr Widerspruch ist zulässig."* In der Examensklausur ist es dagegen üblich, kurz die wesentlichen Zulässigkeitspunkte auszuführen:

„Ihr Widerspruch ist als Anfechtungswiderspruch zulässig, insbesondere form- und fristgerecht erhoben."

- Ist der Widerspruch **unzulässig**, so muss dies im Einzelnen überzeugend dargelegt werden. Ist eine Frist versäumt worden, ist darüber zu entscheiden, ob die Verfristung nicht durch eine Entscheidung in der Sache geheilt werden kann. Ist dies möglich (grundsätzlich nicht bei Drittwidersprüchen!) und sieht die Behörde gleichwohl von einer Sachentscheidung ab, so hat sie darzulegen, warum sie der Rechtssicherheit vor der materiellen Gerechtigkeit Vorzug gegeben hat. Ist der Widerspruch in der Sache offensichtlich begründet und handelt es sich lediglich um einen Einzelfall, so ist es in der Regel angebracht, sich nicht auf die Verfristung zu berufen

„Ihr Widerspruch ist unzulässig, da er erst am … und damit nicht innerhalb eines Monats nach Bekanntgabe des angefochtenen Bescheids am … erhoben wurde. Ich habe allerdings geprüft, ob eine Sachentscheidung gleichwohl geboten ist. Bei dieser Prüfung bin ich zu dem Ergebnis gelangt, dass im vorliegenden Fall der Rechtssicherheit Vorrang gebührt vor einer sachlichen Prüfung Ihres Vorbringens. Bei einem verspäteten Widerspruch stehen sich Rechtssicherheit auf der einen Seite und der Gesichtspunkt der materiellen Gerechtigkeit auf der anderen Seite gegenüber. Gesichtspunkte der materiellen Gerechtigkeit haben regelmäßig dann Vorrang, wenn der Verwaltungsakt besonders schwer in die Rechte des Betroffenen eingreift oder wenn offenkundig ist, dass der Bescheid rechtswidrig ist. Beides kann hier nicht bejaht werden. …

Die Rechtssicherheit erfordert, dass die Widerspruchsfrist, über die Sie belehrt worden sind, grundsätzlich eingehalten wird, damit eine ordnungsgemäße Abwicklung der Angelegenheit gewährleistet ist. Da danach der Rechtssicherheit bei der gebotenen Abwägung der Vorzug zu geben ist, sehe ich keine Veranlassung, erneut in die materielle Prüfung des angefochtenen Bescheids einzutreten."

b) Ist der Widerspruch zulässig und **begründet**, so kann sich die Begründung auf die wesentlichen Gründe beschränken. Ist der Widerspruch zulässig, aber **unbegründet**, so ist die Rechtmäßigkeit der Verfügung im Einzelnen darzulegen. Die Darstellung folgt hierbei dem üblichen Schema zur Rechtmäßigkeit eines VA, wobei jedoch vom Urteilsstil auszugehen ist. Bezugnahmen auf die Begründung des Ausgangsbescheids sind zulässig, sollten allerdings möglichst unterbleiben, damit nicht der Eindruck erweckt wird, es habe keine eigenständige Prüfung stattgefunden. 342

Beispiel: *„Die Verfügung findet ihre rechtliche Grundlage in § … Diese Bestimmung setzt voraus, dass … Diese Voraussetzungen sind hier gegeben, da … Soweit Sie vortragen, dass …, kann dem nicht gefolgt werden … Auch Ihr Einwand, …, trifft nicht zu, weil …"*

Vor allem muss sich der Widerspruchsbescheid mit allen **wesentlichen Einwänden** des Widerspruchsführers auseinandersetzen, damit nicht der Eindruck entsteht, die Behörde habe bestimmte Argumente des Widerspruchsführers unbeachtet gelassen. Aber auch hier muss man eine Beschränkung auf das für die Entscheidung Erhebliche vornehmen; Gesichtspunkte, die völlig neben der Sache liegen, brauchen nicht angesprochen zu werden. 343

Besonderes Augenmerk ist auf die Begründung der **Ermessenserwägungen** zu legen. Nach §§ 79, 39 Abs. 1 S. 2 VwVfG sind auch im Widerspruchsbescheid die Gesichtspunkte auszuführen, von denen die Behörde bei der Ausübung ihres Ermessens 344 ausgegangen ist. Häufiger Fehler in Widerspruchsklausuren ist es, dass die Kandidaten meinen, die angegriffene Entscheidung, wie im Klageverfahren, nur auf Ermessensfehler hin überprüfen zu dürfen (vgl. § 114 VwGO). Die Widerspruchsbehörde ist jedoch keine schlichte Kontrollinstanz, sondern kann auch bei Rechtmäßigkeit den Bescheid wegen Unzweckmäßigkeit aufheben (wenn die Befugnisnorm Ermessen eröffnet). Die Begründung muss daher bei Ermessensakten vor allem eine **eigene** Ermessensentscheidung der Widerspruchsbehörde erkennen lassen, wobei eine **umfassende** Güter- und Interessenabwägung vorzunehmen ist.

Die Grenze zwischen **Ermessens-** und **Zweckmäßigkeitserwägungen** ist fließend. Werden alle für und gegen den angefochtenen VA sprechenden Gesichtspunkte bereits im Rahmen des Ermessens berücksichtigt, bleibt in der Regel für eigenständige Zweckmäßigkeitsüberlegungen kein Raum. Bedeutung hat die Zweckmäßigkeit daher nur, wenn außerrechtliche Gesichtspunkte herangezogen werden (z.B. soziale, ökonomische oder verwaltungspolitische Aspekte).

345 **c)** Die **Begründung der Nebenentscheidungen** ist in der Regel kurz zu halten. Hinsichtlich der Kostenentscheidung einschließlich der Gebührenentscheidung reicht die Angabe der entscheidungserheblichen Vorschriften. Sollte die Zuziehung eines Bevollmächtigten nicht für notwendig erachtet werden, sollte dies allerdings kurz begründet werden.

„Die Kostenentscheidung beruht auf § 73 Abs. 3 S. 3 VwGO i.V.m. § 80 Abs. 1 S. 1 VwVfG. Die Hinzuziehung eines Bevollmächtigten war nicht notwendig (§ 80 Abs. 3 S. 2 VwVfG). Der Widerspruchsführer hat sich im Wesentlichen auf tatsächliche Einwendungen gegen den angefochtenen Bescheid beschränkt. Dazu hätte es keiner anwaltlichen Vertretung bedurft. ... Die Gebührenentscheidung folgt aus § ..."

VI. Rechtsbehelfsbelehrung

346 **1.** Der Widerspruchsbescheid ist gemäß § 73 Abs. 3 S. 1 VwGO zwingend mit einer **Rechtsbehelfsbelehrung** zu versehen. Dies gilt **in allen Fällen**, auch wenn der Widerspruch in vollem Umfang Erfolg hat und unabhängig davon, ob ein Dritter beschwert ist.[293] Die Anforderungen an den Inhalt der Rechtsbehelfsbelehrung ergeben sich aus § 58 Abs. 1 VwGO. Danach muss die Belehrung im Widerspruchsbescheid folgende Angaben enthalten:

- Bezeichnung des Rechtsbehelfs (hier Klage),
- Adressat (hier: Verwaltungsgericht),
- Sitz des Adressaten (Ortsangabe),
- Frist (§ 74 VwGO: 1 Monat nach Zustellung des Widerspruchsbescheides).

Beachte: Gegenstand der Klage ist grundsätzlich der ursprüngliche VA (in der Gestalt des Widerspruchsbescheides, § 79 Abs. 1 Nr. 1 VwGO). Die Rechtsbehelfsbelehrung muss sich daher auf den Ausgangsbescheid beziehen. Ist die Rechtsbehelfsbelehrung auf den Widerspruchsbescheid bezogen („gegen diesen Bescheid"), wird sie für unrichtig i.S.d. § 58 Abs. 2 VwGO gehalten.[294] Anders aber, wenn Ausgangs- und Widerspruchsbehörde identisch sind.[295]

293 Kopp/Schenke VwGO § 73 Rn. 20.

294 BayVGH NVwZ 1987, 901, 902; a.A. OVG Schleswig NVwZ 1992, 385.

295 SächsOVG RÜ2 2017, 261.

Muster einer Rechtsbehelfsbelehrung
bei einem Widerspruchsbescheid im Fall des § 79 Abs. 1 Nr. 1 VwGO (Mindestinhalt)

Gegen den (die) ... (Bescheid, Verfügung, o.Ä.) des ... (Bezeichnung der Behörde, die den Ausgangsbescheid erlassen hat) vom ... kann innerhalb eines Monats nach Zustellung dieses Widerspruchsbescheides Klage bei dem Verwaltungsgericht in ... erhoben werden.

Der Hinweis darauf, dass die zu erhebende Klage „in deutscher Sprache abgefasst" sein muss, macht die Belehrung nicht unrichtig i.S.d. § 58 Abs. 2 VwGO, ebenso wenig eine fehlende oder unrichtige Übersetzung der Rechtsbehelfsbelehrung.[296]

2. Enthält der Widerspruchsbescheid eine **Verböserung** (s.u. Rn. 461 ff.), so kommt Rechtsschutz wahlweise nach § 79 Abs. 1 Nr. 1 VwGO oder durch isolierte Anfechtung des Widerspruchsbescheides (§ 79 Abs. 1 Nr. 2, Abs. 2 VwGO) in Betracht. In diesem Fall muss zusätzlich auch über diese Möglichkeit belehrt werden.[297]

3. Häufig finden sich noch **weitergehende Hinweise**, z.B. auf die Form („schriftlich, **347**
elektronisch mit qualifizierter Signatur oder zu Protokoll des Urkundsbeamten der Geschäftsstelle") oder auf die gesetzlichen Anforderungen des § 82 Abs. 1 VwGO.

„Die Klage muss den Kläger, den Beklagten und den Gegenstand des Klagebegehrens bezeichnen. Sie soll einen bestimmten Antrag enthalten. Die zur Begründung dienenden Tatsachen und Beweismittel sollen angegeben, die angefochtene Verfügung und der Widerspruchsbescheid sollen in Urschrift oder in Abschrift beigefügt werden."

Da dem Bearbeiter bei solchen Zusätzen leicht **Fehler** unterlaufen können, die die Rechtsbehelfsbelehrung unrichtig i.S.d. § 58 Abs. 2 VwGO machen (z.B. wenn die Soll-Vorschriften des § 82 Abs. 1 S. 2 u. 3 VwGO als Muss-Voraussetzungen dargestellt werden), **sollte hiervon möglichst abgesehen werden**.

In der Klausur reicht nach dem Bearbeitungsvermerk in der Regel die Angabe der Art des Rechtsbehelfs und der zugrunde liegenden Vorschriften: *„Rechtsbehelfsbelehrung: Klage vor dem Verwaltungsgericht (§§ 74, 81 f. VwGO)".*

VII. Form des Widerspruchsbescheids – Bescheid- oder Beschlussform

Die VwGO regelt die formale Gestaltung des Widerspruchsbescheids nicht. Dabei fin- **348**
den sich im Wesentlichen die **Bescheidform**[298] (in der Regel als persönliches Schreiben) und die **Beschlussform.**[299]

Zwingend in Beschlussform ergeht der Widerspruchsbescheid, wenn er von einem Widerspruchs- oder Rechtsausschuss erlassen wird (§ 73 Abs. 2 VwGO).

- Beim Bescheid in der Form eines **persönlichen Schreibens** ist eine persönliche Anrede („Sehr geehrter Herr ...") sowie eine Grußformel („Mit freundlichem Gruß") üblich. Auch der Tenor ist in der Regel persönlich gehalten („Auf Ihren Widerspruch vom ... hebe ich den Bescheid des ... vom ... auf."). In einigen Ländern wird dagegen die Form des **unpersönlichen Schreibens** bevorzugt („Der Widerspruch des ... vom ... gegen den Bescheid des ... vom ... wird zurückgewiesen.").
- Ergeht der Widerspruchsbescheid in **Beschlussform**, so wird die Fassung des Rubrums in der Praxis sehr unterschiedlich gehandhabt. Im Allgemeinen sollte man hier die Form ähnlich der im gerichtlichen Verfahren wählen, sodass nach dem

296 BVerwG RÜ 2018, 806.
297 Kopp/Schenke VwGO § 58 Rn. 10.
298 Vgl. Muster bei Pietzner/Ronellenfitsch Rn. 1381.
299 Vgl. Muster bei Pietzner/Ronellenfitsch Rn. 1383.

Tenor die Gründe folgen, die sich in I. (Sachbericht) und II. (rechtliche Würdigung) unterteilen.[300]

Widerspruchsbescheid (Beschlussform)		
Absender, Ort, Datum Aktenzeichen	Die Bezirksregierung Az.: 35–47/21	PLZ Ort, den ...
Anschrift des Empfängers (ggf. Vertreter) Zustellungsart	Zustellungsurkunde Herrn ...	
Rubrum des ...,	In dem Widerspruchverfahren	
		Widerspruchsführers
	gegen	
	das Land ..., vertreten durch ...	
Betreff	wegen ...	
entscheidende Behörde	erlässt die Bezirksregierung ... folgenden	
Überschrift	**Widerspruchsbescheid**	
– Entscheidung in der Hauptsache	1. Der Widerspruch des ... vom ... gegen den Bescheid des ... vom ... wird zurückgewiesen.	
– Kostenentscheidung	2. Der Widerspruchsführer trägt die Kosten des Widerspruchsverfahrens.	
– ggf. Gebührenfestsetzung	3. Für diesen Bescheid wird eine Gebühr in Höhe von 100 Euro erhoben.	
	Gründe	
▪ Sachbericht	I.	
▪ rechtliche Würdigung – Zuständigkeit – Zulässigkeit des Widerspruchs – Begründetheit des Widerspruchs	II.	
Rechtsbehelfsbelehrung	......	

VIII. Begleitende Maßnahmen

1. Begleitverfügung

349 Neben dem Widerspruchsbescheid werden in der Klausur (je nach Bundesland) zuweilen bestimmte Begleitmaßnahmen verlangt. Ob und welche Maßnahmen zu ergreifen sind, ergibt sich aus dem jeweiligen Bearbeitungsvermerk. Am häufigsten ist hier die sog. **Begleitverfügung**. Die verwaltungsbehördliche Begleitverfügung hat anders als die staatsanwaltschaftliche Verfügung (dort sog. B-Gutachten) keine materielle Bedeutung, sondern dient lediglich als Arbeitsanweisung, die den Verfahrensgang in den Akten festhält. Die Form der Begleitverfügung ist teilweise in Verwaltungsvorschriften festgelegt, im Übrigen richtet sich der Aufbau nach Logik und Zweckmäßigkeit.

Auch der Inhalt von Begleitverfügungen variiert erheblich. Teilweise wird der Widerspruchsbescheid zum Inhalt der Verfügung gemacht und insgesamt als „Entwurf" gekennzeichnet,[301] teilweise wird die Verfügung im Anschluss an den Entwurf des Widerspruchsbescheides lediglich mit den erforderlichen Arbeitsanweisungen versehen.

300 Vgl. Brühl JuS 1994, 330, 331.

301 Pietzner/Ronellenfitsch Rn. 1385.

<u>Vfg.</u>

1. Widerspruchsbescheid per Zustellungsurkunde an ... (Widerspruchsführer)

2. Gegen Empfangsbekenntnis Schreiben an ... (Ausgangsbehörde)

3. Eintrag der Gebühr zur Sollstellung (bei Gebührenfestsetzung)

4. z.d.A.

5. Wv: 5 Wochen

i.A. gez. ...

2. Schreiben an die Ausgangsbehörde

Wird der Widerspruch von der nächsthöheren Behörde beschieden, kann nach dem Bearbeitungsvermerk ein **Schreiben an die Ausgangsbehörde** erforderlich sein. In der Praxis ist dies üblich, um die Ausgangsbehörde vom Ausgang des Widerspruchsverfahrens zu informieren. Außerdem müssen die Verwaltungsvorgänge (Akten) wieder an die Ausgangsbehörde zurückgesandt werden. Da die Ausgangsbehörde (bzw. deren Rechtsträger) im Fall der Klageerhebung in der Regel **Klagegegner** ist (§ 78 Abs. 1 VwGO, es sei denn der Widerspruchsbescheid wird isoliert angefochten, §§ 78 Abs. 2, 79 Abs. 2 S. 3 VwGO), muss ihr das Datum der Zustellung des Widerspruchsbescheides mitgeteilt werden, damit sie die Klagefrist überwachen kann. Ergänzend sollte auf etwaige Rechtsfehler der Ausgangsbehörde hingewiesen werden, auch wenn diese für die Widerspruchsentscheidung unerheblich waren (z.B. bei Heilung nach § 45 VwVfG oder bei Unbeachtlichkeit nach § 46 VwVfG). **350**

U.m.A.

Landrat des Kreises ...

...

Ihr Bescheid vom ... (Az.: ...)

hier: Widerspruch des Herrn ... vom ...

Anlagen: ...

In der Anlage übersende ich den mir überlassenen Vorgang sowie meinen Widerspruchsbescheid vom ... in Kopie mit der Bitte um Kenntnisnahme.

Der Widerspruchsbescheid ist dem Widerspruchsführer am ... per Übergabe-Einschreiben zugestellt worden. Sollte Klage erhoben werden, bitte ich um Mitteilung.

Ich darf darauf hinweisen, dass der angefochtene Bescheid nicht den Erfordernissen des § ... entsprochen hat. Danach ist erforderlich, dass ... Ihre Begründung entspricht diesen Anforderungen nicht. Ich bitte künftig um Beachtung.

i.A. gez. ...

3. Vermerke

Vermerke werden in der Praxis für alle aus den Akten nicht ersichtlichen Ergebnisse gefertigt, die für die Bearbeitung bedeutsam sind. In der Klausur sind sie nur zu erstellen, wenn dies im Bearbeitungsvermerk oder in den jeweiligen Verwaltungsvorschriften gefordert wird. Zumeist ist dies der Fall, wenn der Widerspruch unzulässig ist und ein „Hilfsgutachten" zur Begründetheit verlangt wird. Auch können solche rechtlichen Erörterungen aufgenommen werden, die nicht im Widerspruchsbescheid **351**

wiedergegeben werden (z.B. Ausführungen zur Berechnung der Widerspruchsfrist, wenn diese eingehalten ist und kein Gutachten voranzustellen ist).

Vermerke sollen **so knapp wie möglich** gefasst werden und keine Ausführungen enthalten, die in einem anschließenden Schreiben oder Bescheid aufgenommen werden. Der Vermerk darf insbesondere nicht dazu dienen, den Widerspruchsbescheid zu rechtfertigen.

B. Entscheidungen der Ausgangsbehörde im Widerspruchsverfahren

352 Bevor der Widerspruchsbescheid ergehen darf, muss die Ausgangsbehörde nach § 72 VwGO Gelegenheit erhalten, auf den Widerspruch des Betroffenen hin den VA noch einmal zu überprüfen (sog. **Abhilfeverfahren**).

I. Abhilfebescheid

353 Kommt die Ausgangsbehörde im Abhilfeverfahren zu dem Ergebnis, dass dem Widerspruch in vollem Umfang stattzugeben ist, wird ein **Abhilfebescheid** an den Widerspruchsführer nach dem folgenden Muster zu entwerfen sein. Der Abhilfebescheid ist mit einer **Kostengrundentscheidung** zu versehen, die sich – wie beim Widerspruchsbescheid – nach § 80 VwVfG richtet. Da der Widerspruch im Fall der Abhilfe in jedem Fall „erfolgreich" ist, hat der Widerspruchsführer gegen den Rechtsträger der Ausgangsbehörde einen Anspruch auf Erstattung der zur zweckentsprechenden Rechtsverfolgung oder Rechtsverteidigung notwendigen Aufwendungen (§ 80 Abs. 1 S. 1 VwVfG).

Eine **Begründung** des Abhilfebescheids ist nicht erforderlich. Nur dann, wenn durch den Abhilfebescheid ein Dritter erstmalig beschwert wird oder der Widerspruchsführer mit Verwaltungs- oder Verfahrenskosten belastet wird, etwa weil die Hinzuziehung eines Bevollmächtigten nicht notwendig war.

Gleiches gilt für eine **Rechtsbehelfsbelehrung**. Sie ist in § 73 Abs. 3 S. 1 VwGO nur für den Widerspruchsbescheid vorgeschrieben. Aus den gleichen Gründen wie oben kann es jedoch sinnvoll sein, den Abhilfebescheid auch mit einer Rechtsbehelfsbelehrung zu versehen. Dabei ist allerdings § 68 Abs. 1 S. 2 Nr. 2 VwGO zu beachten (Klage, nicht erneuter Widerspruch).

Da der Abhilfebescheid keine rechtlichen Ausführungen enthält, sind die rechtlichen Probleme in der Regel in einem umfangreichen **Vermerk** (s.o. Rn. 351) zu erörtern.

354 Unabhängig vom Abhilfeverfahren hat die Ausgangsbehörde die Möglichkeit, den angefochtenen VA **außerhalb des Vorverfahrens** nach §§ 48, 49 VwVfG aufzuheben (s.o. Rn. 144 ff. und unten Rn. 483). Danach kann ein Verwaltungsakt, „auch nachdem er unanfechtbar geworden ist" ganz oder teilweise mit Wirkung für die Zukunft oder ggf. auch für die Vergangenheit aufgehoben werden. Dies gilt erst recht, wenn der Verwaltungsakt noch nicht unanfechtbar ist, soweit er mit Widerspruch (oder Klage) angefochten worden ist.

Unklarheiten, ob es sich bei dem Bescheid der Ausgangsbehörde um einen Abhilfebescheid oder um einen Rücknahmebescheid nach § 48 VwVfG handelt, sind durch Auslegung zu klären. Grundsätzlich hat die Behörde ein Wahlrecht, welche Entscheidung sie trifft.[302]

302 BVerwG NVwZ 1997, 272.

Aufbau eines Abhilfebescheides

Rn.	Thema	Entwurf
18	**Absender** **Aktenzeichen** **Ort, Datum**	**Stadt Musterhausen** Der Oberbürgermeister – Bauaufsichtsamt – Az: 35-47/21 11111 Musterhausen Mustermannstr. 99 Tel.: 0000-0000-00 Fax: 0000-0000-00
19 ff.	**Bekanntgabe**	
22	**Anschrift des Empfängers** (ggf. Vertreter)	Herrn Martin Mustermann Mustermannstr. 10 11111 Musterhausen
25	**Betreff**	Ungenehmigte Baumaßnahme auf Ihrem Grundstück
	Bezug	Ihr Widerspruchsschreiben vom ... (bei RA zusätzlich: Ihr Mandant: N.N.)
	Anlagen	Anlagen:
27	**Überschrift** (nicht zwingend)	**A b h i l f e b e s c h e i d**
	Anrede	Sehr geehrter Herr Mustermann,
294 ff.	**Tenor**	
	▪ **Entscheidung in der Hauptsache**	auf Ihren Widerspruch vom ... hebe ich meine Abbruchverfügung vom ... (Az: 35-47/21) auf.
308 ff.	▪ **Kostenentscheidung**	Die Kosten des Widerspruchsverfahrens trägt die Stadt Musterhausen (Rechtsträger der Ausgangsbehörde).
93	**Grußformel**	Mit freundlichem Gruß
	Unterschrift	(i.V./i.A.) Unterschrift

II. Vorlagebericht bei Nichtabhilfe

355 Sollte die Ausgangsbehörde dem Widerspruch nicht stattgeben wollen, ist ein sog. **Vorlagebericht an die Widerspruchsbehörde** zu entwerfen. Die Entscheidung der Ausgangsbehörde, dem Widerspruch nicht abzuhelfen, ist **mangels Außenwirkung kein VA**, sodass dagegen kein gesonderter Rechtsbehelf statthaft ist. Die Entscheidung hat den Devolutiveffekt zur Folge und begründet die Entscheidungskompetenz der Widerspruchsbehörde nach § 73 Abs. 1 VwGO.

Das gilt auch, wenn der Widerspruch gemäß § 70 Abs. 1 S. 2 VwGO fristwahrend bei der Widerspruchsbehörde erhoben wird. Die Widerspruchsbehörde ist zu einer Sachentscheidung erst befugt, wenn zuvor die Ausgangsbehörde ausdrücklich oder konkludent die Abhilfe verweigert hat (z.B. durch Übersendung der Akten).[303]

Als **innerbehördliches Schreiben** weist der Vorlagebericht folgende Besonderheiten auf:

- Er ist an die **Behörde** und nicht an einen konkreten Sachbearbeiter zu richten.
- Persönliche Anrede und Grußformel entfallen.
- Das Gleiche gilt für den Zustellungsvermerk.

Inhaltlich ist im Vorlagebericht der **Sachverhalt** wiederzugeben sowie zur **Zulässigkeit** und **Begründetheit** des Widerspruchs Stellung zu nehmen. Anders als bei einem an den Bürger gerichteten Bescheid sind juristische Zweifelsfragen ggf. ausführlicher darzulegen.[304]

Wesentliche Unterschiede zum Widerspruchsbescheid sind nur im Eingang des Vorlageberichts zu beachten. Dabei wird vor allem der **Entscheidungsvorschlag** in der Praxis unterschiedlich gehandhabt. Zwingend erforderlich ist er nicht, da die nähere Begründung ohnehin noch folgt. Er ist vor allem in umfangreichen Sachen angebracht, um der Widerspruchsbehörde von vornherein deutlich zu machen, ob die Probleme in der Zulässigkeit oder in der Begründetheit liegen.

Verfehlt wäre es demgegenüber, das Vorlageschreiben mit einem „Antrag" einzuleiten oder abzuschließen, da die Ausgangsbehörde im Widerspruchsverfahren kein Antragsteller ist.[305]

Die Darstellung des Sachverhalts sowie der Zulässigkeit und Begründetheit des Widerspruchs folgt im Wesentlichen den Grundsätzen des Widerspruchsbescheids. Um Wiederholungen zu vermeiden, kann auf den Ausgangsbescheid verwiesen werden.[306] Die **äußere Gestaltung** im Einzelnen ist teilweise in Verwaltungsvorschriften näher konkretisiert.

Eine förmliche **Nichtabhilfeentscheidung** gegenüber dem Widerspruchsführer ist nicht vorgesehen. Allerdings kann es zweckmäßig sein, ihn formlos über die Weiterleitung des Widerspruchs an die Widerspruchsbehörde zu unterrichten.[307]

303 Schoch NVwZ 1983, 249, 255; Pietzner/Ronellenfitsch Rn. 1072.
304 Zum Vorlagebericht Pietzner/Ronellenfitsch Rn. 1245 f.; Oberrath/Hahn JA 1995, 886, 887.
305 Pietzner/Ronellenfitsch Rn. 1246.
306 Pietzner/Ronellenfitsch Rn. 1246.
307 Vgl. Oberrath/Hahn JA 1995, 886, 888.

Aufbau eines Vorlageberichtes bei Nichtabhilfe

Rn.	Thema	Entwurf
18	**Absender** **Aktenzeichen** **Ort, Datum**	**Stadt Musterhausen** Der Oberbürgermeister – Schulamt – Az: 32-42/21 11111 Musterhausen Mustermannstr. 99 Tel.: 0000-0000-00 Fax: 0000-0000-00
22	**Anschrift des Empfängers** (ist immer eine Behörde oder Körperschaft)	An die Bezirksregierung Überstraße 1 22222 Überhausen
25	**Betreff** (Sachgebiet und Vorgang) **Anlagen** (üblich)	Ordnungsmaßnahme gegen den Schüler Anton Frech hier: Vorlage zur Entscheidung im Widerspruchsverfahren des ... Anlagen: – 1 Band Verwaltungsvorgänge – Widerspruchsschreiben vom ... (u.a.)
355	**Entscheidungsvorschlag (= Votum)**	Ich helfe dem o.g. Widerspruch nicht ab und bitte (nicht „beantrage"), diesen als unbegründet (unzulässig) zurückzuweisen.
336	**Begründung**	Begründung:
337 f.	▪ **Sachverhalt** ▪ (unbestritten) Tatsachen ▪ Vorbringen der Verfahrensbeteiligten im Ausgangsverfahren ▪ angegriffene Verfügung mit Datum, Tenor und wesentl. Gründen ▪ ggf. ordnungsgemäße Zustellung ▪ Widerspruchserhebung mit wesentl. Vorbringen	Meine Auffassung zur Sache begründe ich wie folgt: Am 20.01. ... wurde der Schüler Anton Frech auf dem Schulhof der X-Schule mit einem Klappmesser angetroffen. Am 22.01. ... verfügte ich gegen Herrn ... aufgrund der dargelegten Umstände ... die Pflicht ... Die Verfügung erfolgte gemäß § ... dessen Voraussetzungen gegeben sind. Denn ... Die Verfügung wurde Herrn ... am ... durch ... zugestellt. Gegen diesen Bescheid hat Herr ... am ... Widerspruch erhoben, mit dem er geltend macht, ...
355	▪ Auffassung der vorlegenden Behörde zum Widerspruch	Diesen Widerspruch halte ich für zulässig, aber unbegründet.
354	▪ **Auslegung** bzw. Umdeutung des Antragsbegehrens	Das nicht näher bezeichnete Schreiben wird von hier im Sinne eines Widerspruchs behandelt. Denn, ...
339	▪ **Zuständigkeit** der Widerspruchsbehörde	Für den Erlass eines Widerspruchsbescheids ist die Musterbezirksregierung als nächsthöhere Verwaltungsbehörde gemäß ... zuständig
355	▪ **Zulässigkeit** des Widerspruchs	...
355	▪ **Begründetheit** des Widerspruchs	... ggf. Ermittlungsergebnisse der Vorlagebehörde
93	Unterschrift	(i.V./i.A.) ...

C. Das Gutachten im Widerspruchsverfahren

356 Um das zutreffende Ergebnis nach der Aufgabenstellung zu ermitteln, ist es auch im 2. Staatsexamen unerlässlich, das Ergebnis anhand gutachterlicher (Vor-)Überlegungen zu ermitteln. Dies gilt nicht nur, wenn ein **Gutachten** nach dem Bearbeitungsvermerk ausdrücklich verlangt wird. Auch bei den reinen Bescheidklausuren kommt der gutachterlichen Lösungsskizze eine entscheidende Bedeutung zu. Nur wer den zu beurteilenden Fall gutachtlich erfasst hat, ist in der Lage, den Entscheidungsentwurf schrittweise zu entwickeln und eine überzeugende Begründung zu liefern.

I. Zulässigkeit des Widerspruchs

Grundschema: Zulässigkeit des Widerspruchs
a) Verwaltungsrechtliche Streitigkeit
b) Statthaftigkeit des Widerspruchs
c) Widerspruchsbefugnis
d) Form und Frist
e) Sonstige Zulässigkeitsvoraussetzungen

Über die **Reihenfolge** der Zulässigkeitsvoraussetzungen besteht in der Ausbildungsliteratur keine Einigkeit. Der Streit um die „richtige" Reihenfolge ist jedoch müßig. Aus Gründen der Vereinfachung sollte der Aufbau der prozessualen Prüfung angepasst werden.

1. Vorliegen einer verwaltungsrechtlichen Streitigkeit

357 Da die Durchführung des Widerspruchsverfahrens Sachurteilsvoraussetzung für den anschließenden Verwaltungsprozess ist, muss es sich bei dem Verfahrensgegenstand entweder kraft Spezialregelung (z.B. § 54 Abs. 1 BeamtStG, § 126 Abs. 1 BBG) oder aufgrund der Generalklausel des § 40 Abs. 1 S. 1 VwGO um eine **verwaltungsrechtliche Streitigkeit** handeln.[308] Wenn man – wie manche Autoren – den Begriff „Verwaltungsrechtsweg" verwendet, muss man die vorgenannten Vorschriften mit dem Zusatz „analog" verwenden. Da noch kein gerichtliches Verfahren vorliegt, wird der Begriff hier nicht empfohlen.

Das Vorliegen einer verwaltungsrechtlichen Streitigkeit ist in der Klausur regelmäßig unproblematisch, da der Widerspruchsführer entweder gegen einen Verwaltungsakt vorgeht oder einen Verwaltungsakt begehrt. Widersprüche gegen sonstige Verwaltungsmaßnahmen (z.B. Realakte oder Ausnahmen ohne Außenwirkung) gibt es nur im Beamtenrecht, wo der verwaltungsrechtliche Charakter bereits aus § 126 Abs. 1 BBG bzw. § 54 Abs. 1 BeamtStG folgt.

Beispiel: Bei Maßnahmen der Polizei liegt eine verwaltungsrechtliche Streitigkeit nur bei präventivem Handeln nach Polizeirecht vor. Handelt die Polizei dagegen repressiv auf der Grundlage der StPO als „Justizbehörde" richtet sich das Verfahren nach §§ 23 ff. EGGVG, das ein „Vorverfahren" nur bei ausdrücklicher gesetzlicher Regelung kennt (§ 24 Abs. 2 EGGVG).

2. Statthaftigkeit des Widerspruchs

358 Statthaft, d.h. der richtige Rechtsbehelf, ist der Widerspruch, wenn er **Sachurteilsvoraussetzung** für ein späteres Klageverfahren ist. Dies ist gemäß § 68 VwGO bei Anfechtungs- und Verpflichtungsklagen der Fall, in beamtenrechtlichen Streitigkeiten gemäß § 126 Abs. 2 S. 1 BBG, § 54 Abs. 2 S. 1 BeamtStG, auch bei allen sonstigen Klagen (insbesondere bei der Leistungs- und Feststellungsklage), falls das Landesrecht keine abweichende Regelung getroffen hat (§ 54 Abs. 2 S. 3 BeamtStG).

308 BVerwG NVwZ 2008, 694; Kopp/Schenke VwGO § 40 Rn. 2 a u. Vorbem. § 68 Rn. 12; Geis/Hinterseh JuS 2002, 34, 37; Winkler JA 2005, 516, 518.

Grundschema: Statthaftigkeit des Widerspruchs

- **Widerspruch** als richtiger Rechtsbehelf
  - vor der Erhebung von **Anfechtungs- und Verpflichtungsklagen** (§ 68 Abs. 1 S. 1 u. Abs. 2 VwGO)
  - im **Beamtenrecht** grundsätzlich auch vor Leistungs-, Feststellungs- und Fortsetzungsfeststellungsklagen (§ 54 Abs. 2 S. 1 BeamtStG, § 126 Abs. 2 S. 1 BBG)
- **Ausnahmen**
  - **Ausschluss kraft Spezialgesetz** (§ 68 Abs. 1 S. 2 Hs. 1 VwGO)
  - **Entscheidungen einer obersten Bundes- oder Landesbehörde** (§ 68 Abs. 1 S. 2 Nr. 1 VwGO)
  - **erstmalige Beschwer** durch einen Abhilfe- oder Widerspruchsbescheid (§ 68 Abs. 1 S. 2 Nr. 2 VwGO)
  - **Erledigung** des VA oder des VA-Begehrens

a) Anfechtungswiderspruch

Der **Anfechtungswiderspruch** (§ 68 Abs. 1 S. 1 VwGO) richtet sich gegen einen (belastenden) VA. 359

Beispiele: Widerspruch gegen eine Ordnungsverfügung, gegen einen Leistungsbescheid, gegen die Entziehung der Fahrerlaubnis, gegen die Rücknahme einer Gewerbeerlaubnis, gegen beamtenrechtliche Abordnungen und Versetzungen, gegen Verkehrszeichen nach § 41 StVO als Allgemeinverfügungen gemäß § 35 S. 2 Alt. 3 VwVfG.[309]

Damit der Widerspruch zulässig ist, muss der VA bereits vorliegen. Ein **vorbeugender Widerspruch** gegen einen noch zu erlassenden VA ist daher **unzulässig.**[310]

Beispiel: Will Beamter B die Beförderung des Konkurrenten K verhindern, so kann er dies nicht im Wege des Widerspruchs, sondern nur im Wege der vorbeugenden Unterlassungsklage bzw. durch einstweilige Anordnung (§ 123 VwGO).[311]

Gegenstand des Widerspruchs können auch **Nebenbestimmungen** sein. 360

Prozessual geht es hierbei um die Frage, ob der Kläger den ihn belastenden Teil des VA isoliert mit der Anfechtungsklage angreifen kann oder ob er Verpflichtungsklage auf einen uneingeschränkten VA erheben muss. Während teilweise stets die Verpflichtungsklage angenommen wird, geht die ganz h.M. zunehmend davon aus, dass grundsätzlich jede Nebenbestimmung isoliert angefochten werden kann, wenn sie vom Haupt-VA logisch teilbar ist.[312] Die logische Teilbarkeit liegt vor, wenn der sog. Haupt-VA auch ohne die Nebenbestimmung sinnvollerweise juristischen Bestand haben kann. Die materiell-rechtliche Abteilbarkeit ist ein Problem der Begründetheit und hängt von der Rechtmäßigkeit der Nebenbestimmung ab. Die logische Teilbarkeit wird lediglich bei Inhaltsbestimmungen und sog. modifizierenden Auflagen verneint.[313] Andere wollen nach der Art des Haupt-VA oder nach der Art der Nebenbestimmung unterscheiden.

In der **verwaltungsbehördlichen Klausur** spielt die Unterscheidung nur eine geringe Rolle. Für die Statthaftigkeit eines Widerspruchs ist es wegen § 68 Abs. 1 u. § 68 Abs. 2 VwGO unerheblich, ob es sich um einen Anfechtungs- oder Verpflichtungswiderspruch handelt. Auch die Zulässigkeit des Widerspruchs im Übrigen ist von der Einordnung unabhängig. Bedeutung kann die Frage allenfalls im Hinblick auf den Gegenstand des Widerspruchsverfahrens erlangen.

---

309 Vgl. BVerwG NJW 2004, 698; NJW 1997, 1021, 1022; VGH Kassel NJW 1999, 2057.

310 OVG NRW DVBl. 1996, 115.

311 BVerfG NVwZ 2008, 70, 71; NVwZ 2007, 1178, 1179; NVwZ 2003, 200, 201; BVerwG NVwZ 2012, 884, 885; NJW 2004, 870, 871; Battis NJW 2005, 800, 804.

312 Vgl. OVG Magdeburg NVwZ-RR 2009, 239 zur Frage der isolierten Anfechtbarkeit einer Bedingung; BVerwG NVwZ 1990, 855 zur inhaltlichen Bestimmtheit einer Auflage.

313 BVerwG NVwZ 2001, 429; Maurer/Waldhoff § 12 Rn. 27; Sproll NJW 2002, 3221, 3222; Ehlers Jura 2004, 30, 32; Hufen/Bickenbach JuS 2004, 867, 871 m.w.N.

361 Unerheblich ist, ob der Widerspruchsführer Adressat des angefochtenen VA ist. Auch **Drittwidersprüche** sind grundsätzlich statthaft (können aber mangels Widerspruchsbefugnis unzulässig sein, s.u. Rn. 388 ff.).

Beispiele: Widerspruch des Nachbarn gegen die dem Bauherrn erteilte Baugenehmigung, Widerspruch des Dritten gegen die Begünstigung eines Konkurrenten.

362 Wie im Rahmen des § 35 VwVfG ist auch für den Widerspruch ein sog. **formeller VA** ausreichend, d.h. bei der Frage, ob ein VA vorliegt, wird allein auf die nach außen hin erkennbare Form abgestellt.

Beachte: Trifft die Behörde eine Maßnahme in der Form des VA, die sie in dieser Handlungsform nicht hätte treffen dürfen (z.B. einen Forderungsbescheid über einen Zahlungsanspruch aus einem öffentlich-rechtlichen Vertrag ohne Unterwerfung unter die sofortige Zwangsvollstreckung), so führt dies allein schon zur Rechtswidrigkeit der Maßnahme.

Die Aufforderung, ein polizeiliches Führungszeugnis zu beantragen und vorzulegen, stellt eine behördliche Ermittlungsmaßnahme zur Nachweisvorlage ohne Regelungscharakter dar. Sollte diese Aufforderung in Bescheidform mit Rechtsbehelfsbelehrung ergehen, handelt es sich um einen formellen VA (sog. Schein-VA), gegen den – um den Rechtsschein zu beseitigen – Widerspruch und Anfechtungsklage zulässig sind.[314]

363 Auch ein **nichtiger VA** kann mit dem Widerspruch angefochten werden.[315] Zwar entfaltet ein nichtiger VA keinerlei Rechtswirkungen, seine Aufhebung hat daher keine rechtsgestaltende Wirkung. Da aber auch von einem nichtigen VA der Rechtsschein der Verbindlichkeit ausgeht, hat der Betroffene bis zum Ablauf der Rechtsbehelfsfristen die allgemeinen Rechtsbehelfe, wie sie gegenüber rechtswidrigen, nicht nichtigen VAen bestehen.[316]

Beim nichtigen VA besteht daher sowohl die Möglichkeit von Widerspruch und Anfechtungsklage als auch der Nichtigkeitsfeststellungsklage nach § 43 Abs. 1 Alt. 2 VwGO.

364 Statthaft ist der Widerspruch auch gegen **feststellende VAe**, in denen die gesetzliche Rechtsfolge lediglich konkretisiert wird (sog. gesetzeskonkretisierende VAe). Entscheidendes Kriterium ist, ob sich die von der Behörde getroffene Feststellung auf ein **klärungsbedürftiges Rechtsverhältnis** bezieht, da dann auch aus der Sicht des Bürgers ein Regelungsbedürfnis besteht.[317] Die bloße Mitteilung einer Rechtsansicht ist dagegen kein (feststellender) VA.[318]

365 Kein VA mangels hoheitlicher Regelung, sondern verwaltungsrechtliche Willenserklärung ist die öffentlich-rechtliche **Aufrechnungserklärung**.[319] Zwar tritt bei einer Aufrechnung die Rechtsfolge des Erlöschens von Forderungen ein, diese wird aber nicht durch die Behörde „einseitig verbindlich gesetzt", sondern tritt kraft Gesetzes (§ 389 BGB) ein und wird durch die Erklärung nur „ausgelöst." Ein gegen die Aufrechnung gerichteter Widerspruch wäre nicht statthaft und damit unzulässig.

Gleiches gilt für die Ausübung eines **Zurückbehaltungsrechtes**, z.B. an einem PKW durch die Polizei wegen der Abschleppkosten.[320] Auch hier wird keine regelnde Entscheidung über den Herausgabeanspruch des Bürgers getroffen, sondern die Herausgabe nur tatsächlich verweigert.

314 VGH BW und VG Schleswig RÜ2 2017, 19.

315 Kopp/Ramsauer VwVfG § 44 Rn. 69.

316 Kopp/Schenke VwGO § 68 Rn. 2; Ehlers Jura 2004, 30, 32.

317 BVerwGE 34, 353, 355; OVG NRW NWVBl. 2004, 74; Kahl Jura 2001, 505, 510.

318 BSG JA 2004, 441, 442; OVG NRW NWVBl. 1996, 356, 357.

319 BVerwG RÜ 2009, 189; NJW 1983, 767; OVG Magdeburg NVwZ-RR 2002, 907; BayVGH NJW 1997, 3392; VGH Mannheim VBlBW 1991, 386, 387; VG Oldenburg NVwZ-RR 2006, 135; Maurer/Waldhoff § 9 Rn. 10.

320 Vgl. OVG NRW DÖV 1983, 1023.

Unzulässig ist der Widerspruch gegen **Realakte**, da diese mangels Regelung keinen VA darstellen. 366

Unstatthaft ist der Widerspruch daher z.B. gegen ehrbeeinträchtigende Äußerungen, Produktwarnungen, Hinweise oder Mitteilung einer Rechtsansicht.

Etwas anderes gilt, wenn in der Vornahme eines Realakts ein **konkludenter VA** enthalten ist.

So hat die Rspr. zuweilen angenommen, dass in der Anwendung von Zwangsmitteln im abgekürzten Vollstreckungsverfahren die Pflicht zur Duldung des angewendeten Zwangs konkretisiert werde. Diese konkludente Regelung stelle einen selbstständig anfechtbaren VA dar.[321]

Beispiele: Auflösung einer Versammlung durch Wegtragen der Demonstrationsteilnehmer, Anwendung unmittelbaren Zwangs durch Einsatz von Wasserwerfern, Betreten einer Wohnung zum Zwecke der Durchsuchung, Versiegelung einer baulichen Anlage, Abschleppen eines PKW im Wege des Sofortvollzugs (vgl. auch § 18 Abs. 2 VwVG, der beim Sofortvollzug das Vorliegen eines VA fingiert).

Der Rspr. wird entgegen gehalten, dass die Annahme eines konkludenten DuldungsVA lebensfremd und konstruiert sei, da die VwGO auch gegen schlichtes Verwaltungshandeln ausreichenden Rechtsschutz eröffne.[322]

Unzulässig ist der Widerspruch auch gegen die bloße **Wiederholung** eines bereits bestandskräftigen VA, zulässig dagegen bei einem sog. **Zweitbescheid**, der eine erneute Sachentscheidung enthält. Für die Annahme einer wiederholenden Verfügung spricht vor allem der bloße Verweis auf den Inhalt der früheren Regelung, während von einem Zweitbescheid auszugehen ist, wenn der Bescheid eine neue Sachentscheidung enthält oder wenn er sich mit neuen rechtlichen oder tatsächlichen Gesichtspunkten auseinandersetzt.[323] Die schriftliche oder elektronische Bestätigung eines mündlichen Verwaltungsaktes nach § 37 Abs. 2 S. 2 VwVfG ist kein neuer Verwaltungsakt (kein Zweitbescheid). Beachte aber, dass die Bestätigung bei Hinzufügung einer ordnungsgemäßen Rechtsbehelfsbelehrung die Jahresfrist nach §§ 70 Abs. 2, 58 Abs. 2 VwGO auf einen Monat nach §§ 70 Abs. 1, 58 Abs. 1 VwGO verkürzt. 367

Besondere Beachtung verdient der Fall, bei dem zunächst eine **mündliche Verfügung** durch eine Behörde getroffen wird, der später eine schriftliche gleichlautende Verfügung folgt. Hier kann nur gegen die mündliche Verfügung ein Widerspruch statthaft erhoben werden, das nachfolgende Schreiben stellt lediglich eine Wiederholung des Verwaltungsakts dar.

Beispiel: Eine Ordnungsbehörde erlässt mündlich einen Verwaltungsakt und wiederholt diesen schriftlich einige Tage später.

Möglicherweise wird aber in dem nachfolgenden Schreiben eine weitere, über die mündliche Verfügung hinausgehende Regelung getroffen. Gegen die neue in dem Schreiben enthaltene Regelung ist der Widerspruch statthaft.

Beispiel: In dem vorgenannten Beispiel wird ergänzend in dem Schreiben ein Zwangsmittel angedroht.

Unstatthaft ist der Widerspruch auch bei **verwaltungsinternen Maßnahmen**, die **mangels Außenwirkung** keinen VA darstellen (z.B. dienstliche und fachaufsichtliche Weisungen, Gemeinderatsbeschlüsse mit Ausnahme von Straßenbe- und -umbenennungsakten). 368

---

321 BVerwGE 26, 161, 164; OVG NRW NVwZ-RR 1994, 549, 550; Rasch DVBl. 1992, 207, 210; Götz JuS 1985, 869, 870.

322 Vgl. VGH Mannheim NVwZ 2001, 574; BayVGHE 34, 63, 66; Pietzner VerwArch 1994, 261, 271; Kahl Jura 2001, 505, 509.

323 Vgl. BVerwGE 13, 99, 101; 17, 256, 258; OVG Koblenz DVBl. 1964, 773; Seiler JuS 2001, 263, 267.

Beachte: Anders im Beamtenrecht, da dort nach § 126 Abs. 2 S. 1 BBG bzw. § 54 Abs. 2 S. 1 BeamtStG grundsätzlich Widerspruch auch gegen verwaltungsinterne Maßnahmen (wie z.B. gegen eine Umsetzung) zu erheben ist (vorbehaltlich landesrechtlicher Ausnahmen nach § 54 Abs. 2 S. 3 BeamtStG).

369 Unzulässig ist der Widerspruch schließlich auch bei bloßen **Verfahrenshandlungen** (§ 44 a VwGO).

Beispiel: Die Ablehnung der Gewährung einer Akteneinsicht im Zusammenhang mit einem anhängigen Verwaltungsverfahren (z.B. in den Auswahlvorgang einer beamtenrechtlichen Beförderungsentscheidung). Eine isolierte Angreifbarkeit (Allgemeine Leistungsklage) besteht nicht.[324] Die Anforderung eines Gutachtens über die Eignung zum Führen von Kraftfahrzeugen nach § 46 Abs. 3 FeV ist als vorbereitende Maßnahme mangels Regelung kein anfechtbarer VA.[325]

b) Verpflichtungswiderspruch

370 Mit dem **Verpflichtungswiderspruch** (§ 68 Abs. 2 VwGO) wird der Erlass eines (begünstigenden) VA erstrebt.

Beispiele: Widerspruch gegen die Ablehnung einer Genehmigung (Baugenehmigung etc.) oder sonstigen Erlaubnis (Fahrerlaubnis, Gaststättenerlaubnis) oder auf Zulassung zur Benutzung einer öffentlichen Einrichtung.

371 Häufig erfolgen Verwaltungshandlungen in zwei Teilakten, nämlich dem Erlass eines begünstigenden VA und dem sich daran anschließenden Realakt (Vollzugsakt). Insbesondere bei Geldzahlung, Erteilung einer Auskunft, Vernichtung oder Löschung von Daten ist zu prüfen, ob vor Vornahme des Realakts nicht eine **regelnde Entscheidung** durch die Behörde erfolgt. Eine solche Regelung wird insbesondere dann angenommen, wenn die Vornahme des Realakts im Ermessen der Behörde steht. Des Weiteren wird eine Regelung angenommen, wenn im Gesetz unbestimmte Rechtsbegriffe enthalten sind, die die Behörde zunächst subsumieren muss. Ein weiterer Grund für eine dem Realakt vorgeschaltete Regelung kann darin liegen, dass die Vornahme des Realakts in Rechte Dritter eingreift (z.B. das Recht auf informationelle Selbstbestimmung bei Weitergabe von Daten).

Beispiel: So geht z.B. § 9 Abs. 4 S. 1 IFG davon aus, dass die Entscheidung darüber, ob eine Auskunft nach dem Informationsfreiheitsgesetz erteilt wird, eine Regelung darstellt. Bei Subventionen erfolgt regelmäßig vor der Auszahlung des Geldes eine Regelung durch einen Bewilligungsbescheid.

372 Verpflichtungswidersprüche sind auch als **Drittwidersprüche** denkbar.

Beispiele: Verpflichtungswiderspruch der Ehefrau des Ausländers gegen die Ablehnung des Aufenthaltstitels für ihren Ehemann; Widerspruch des Nachbarn gegen die Ablehnung der Behörde, gegen den Bauherrn bauordnungsrechtlich einzuschreiten.

373 Da § 68 Abs. 2 VwGO ausdrücklich an die Ablehnung eines VA anknüpft, ist anerkannt, dass es einen **Untätigkeitswiderspruch** nicht gibt. Entscheidet die Ausgangsbehörde über einen Antrag des Betroffenen nicht, so ist dieser gehalten, unmittelbar nach § 75 VwGO zu klagen (sog. Untätigkeitsklage).

Von dieser Frage zu unterscheiden ist die Problematik, ob bei Untätigkeit der **Widerspruchsbehörde** auf Erlass eines Widerspruchsbescheids geklagt werden kann.[326] Das Rechtsschutzbedürfnis für eine solche Verpflichtungsklage wird von der h.M. nur bei Ermessensakten bejaht. Denn nur hier bringt die unterlassene Widerspruchsentscheidung dem Betroffenen im Widerspruchsverfahren ein Mehr an Rechtsschutz (Zweckmäßigkeitskontrolle). Bei gebundenen VAen reicht die Möglichkeit, nach § 75 VwGO unmittelbar in der Hauptsache zu klagen.[327]

324 BVerwG RÜ2 2017, 47.

325 Vgl. BVerwG NJW 2002, 78, 79; OVG NRW NWVBl. 2001, 478, 480.

326 Vgl. VG Arnsberg NWVBl. 1999, 111 f.

327 v. Schlehdorn NVwZ 1995, 250, 251; a.A. Kopp/Schenke VwGO Vorbem. § 68 Rn. 13, § 75 Rn. 5: auch bei gebundenem VA Anspruch auf Widerspruchsbescheid.

c) Leistungs- und Feststellungswidersprüche

Leistungs-, Feststellungs- und Fortsetzungsfeststellungswidersprüche gibt es nur im Beamtenrecht (§ 54 Abs. 2 S. 1 BeamtStG, § 126 Abs. 2 S. 1 BBG). Sie können unmittelbar gegen die Amtshandlung erhoben werden, einer vorherigen Entscheidung der Behörde bedarf es nicht.[328] 374

Beispiel: Die Umsetzung eines Beamten kann ohne vorherigen Antrag auf Änderung oder Beseitigung der Maßnahme unmittelbar mit dem Widerspruch „angefochten" werden.

Besonderheiten des Widerspruchsverfahrens im Beamtenrecht

- Ein Vorverfahren ist – abweichend von § 68 VwGO – nicht nur bei Anfechtungs- und Verpflichtungsklagen, sondern gemäß § 54 Abs. 2 S. 1 BeamtStG bzw. § 126 Abs. 2 S. 1 BBG grundsätzlich bei **jeder Klage** erforderlich, also insbesondere auch bei Leistungs- und Feststellungsklagen (auch Fortsetzungsfeststellungsklagen), vorbehaltlich landesrechtlicher Ausnahmen gemäß § 54 Abs. 2 S. 3 BeamtStG.
- Ein Vorverfahren ist – abweichend von § 68 Abs. 1 S. 2 Nr. 1 VwGO – auch durchzuführen, wenn die Maßnahme von der **obersten Dienstbehörde** (Ministerium) getroffen wurde (§ 54 Abs. 2 S. 2 BeamtStG, § 126 Abs. 2 S. 2 BBG).
- Den **Widerspruchsbescheid** erlässt grundsätzlich die oberste Dienstbehörde (d.h. das Ministerium), die die Befugnis aber delegieren kann (§ 54 Abs. 3 BeamtStG, § 126 Abs. 3 BBG).

d) Unstatthaftigkeit des Widerspruchs

aa) Gesetzlicher Ausschluss des Vorverfahrens

Nach § 68 Abs. 1 S. 2 Hs. 1 VwGO ist der Widerspruch ausgeschlossen, wenn ein **Gesetz** dies bestimmt. 375

Beispiele: §§ 74 Abs. 1, 70 VwVfG (Planfeststellungsbeschlüsse und förmliche VAe), § 74 Abs. 6 S. 3 VwVfG, § 17 b FStrG (Plangenehmigungen), § 11 AsylG (Entscheidungen im Asylverfahren), § 25 Abs. 4 S. 2 JuSchG (Indizierungsentscheidungen), § 54 Abs. 2 S. 3 BeamtStG i.V.m. Landesgesetz bei beamtenrechtlichen Maßnahmen.

Landesrechtlich ist das Widerspruchsverfahren vor allem in Bayern, Niedersachsen und NRW in vielen Rechtsgebieten abgeschafft worden. Umfangreiche landesrechtliche Ausnahmekataloge gibt es in Bremen, Hessen und Mecklenburg-Vorpommern. Die übrigen Länder haben sich zumeist auf bereichsspezifische Ausnahmen beschränkt.[329] In Bayern und Mecklenburg-Vorpommern besteht in bestimmten Bereichen die Möglichkeit eines fakultativen Vorverfahrens. Regelung in: 376

- **Baden-Württemberg** in § 15 Abs. 1 S. 1 AGVwGO BW
- **Bayern** in Art. 15 Abs. 2 Bay AGVwGO
- **Berlin** in § 4 Abs. 2 AGVwGO Bln
- **Bremen** in Art. 8 Abs. 1 AGVwGO Brem
- **Hamburg** in § 6 Abs. 2 Hmb AGVwGO
- **Hessen** in § 16 a AGVwGO Hess
- **Mecklenburg-Vorpommern** in § 13 a AG GStrG MV

328 BVerwG NVwZ 2002, 97, 98.

329 Vgl. Kamp NWVBl. 2008, 41 ff.; Beaucaump/Ringermuth DVBl. 2008, 426 ff.; Kothe AnwBl. 2009, 96 ff.

- **Niedersachsen** in § 80 Abs. 1 u. 4 NJG
- **Nordrhein-Westfalen** in § 110 Abs. 1 JustG NRW
- **Rheinland-Pfalz** in § 18 a AVwGO RP
- **Saarland** in § 20 a SaarlAGVwGO
- **Sachsen** in § 27 a SächsJG
- **Sachsen-Anhalt** in § 8 a Abs. 1 S. 1 AGVwGO LSA
- **Thüringen** in § 9 Thür AGVwGO

In den vorgenannten Ländern bestehen für das Beamtenrecht oft **Sonderregeln in den Landesbeamtengesetzen**.

In **Brandenburg** und **Schleswig-Holstein** sind keine Ausnahmen vorgesehen.

bb) Verwaltungsakte oberster Bundes- oder Landesbehörden

377 Der Widerspruch ist nach § 68 Abs. 1 S. 2 Nr. 1 VwGO auch dann unstatthaft, wenn der VA von einer **obersten Bundes- oder Landesbehörde** erlassen worden ist, also insbesondere bei ministeriellen Entscheidungen. Aber auch hier ist ein Vorverfahren erforderlich, wenn ein Gesetz die Nachprüfung ausdrücklich vorschreibt.

Bei oberstbehördlichen Entscheidungen ist ein Vorverfahren z.B. erforderlich im **Beamtenrecht** gemäß § 126 Abs. 2 S. 2 BBG, § 54 Abs. 2 S. 2 BeamtStG (vorbehaltlich landesrechtlicher Ausnahmen, § 54 Abs. 2 S. 3 BeamtStG) und im **Informationsfreiheitsrecht** nach § 6 Abs. 2 UIG, § 9 Abs. 4 S. 2 IFG, teilweise auch kraft Landesrechts (z.B. nach Art. 8 Abs. 2 AGVwGO Brem, § 80 Abs. 2 S. 2 NJG).

cc) Beschwer durch Abhilfe- oder Widerspruchsbescheid

378 Ist bereits ein Widerspruchsverfahren durchgeführt worden und enthält der darauf ergehende Abhilfebescheid oder Widerspruchsbescheid **erstmals** eine **Beschwer**, so ist ein erneuter Widerspruch nach § 68 Abs. 1 S. 2 Nr. 2 VwGO ausgeschlossen (also kein „doppeltes" Widerspruchsverfahren).

Beispiel: Die Baubehörde hat dem Bauherrn B die beantragte Baugenehmigung verweigert. Auf den Widerspruch des B erlässt die Widerspruchsbehörde die Genehmigung, die den Nachbarn N belastet. N muss unmittelbar Anfechtungsklage gegen die Baugenehmigung erheben.

> **Beachte:** § 68 Abs. 1 S. 2 Nr. 2 VwGO gilt nicht nur bei der erstmaligen Beschwer eines Dritten, sondern aufgrund des generellen Wortlauts auch für die Fälle einer erstmaligen (oder zusätzlichen) Beschwer des Widerspruchsführers oder anderer Verfahrensbeteiligter.

Beispiel: A hat gegen einen Abgabenbescheid über 2.500 Euro Widerspruch erhoben, auf den der zu zahlende Betrag von der Widerspruchsbehörde auf 2.700 Euro heraufgesetzt wurde. Hinsichtlich der zusätzlichen Belastung durch den Widerspruchsbescheid entfällt ein erneutes Vorverfahren gemäß § 68 Abs. 1 S. 2 Nr. 2 VwGO. Als erstmalige Beschwer ist unter Berücksichtigung des § 79 Abs. 2 VwGO auch jede zusätzliche selbstständige Beschwer anzusehen.[330]

dd) Fortsetzungsfeststellungswiderspruch

379 **Erledigt** sich der angefochtene VA vor oder während des Widerspruchsverfahrens, so wird der Anfechtungswiderspruch **unstatthaft**, da ein erledigter VA nicht mehr aufgehoben werden kann. Nach a.A. fehlt das **Sachbescheidungsinteresse** (sog. Widerspruchsinteresse als besondere Form des Rechtsschutzbedürfnisses), da der Betroffene durch die Aufhebung keinen Vorteil mehr hätte. Entsprechendes gilt für Verpflichtungswidersprüche.

330 Kopp/Schenke VwGO § 68 Rn. 20; Czybulka/Biermann JuS 2000, 353, 356.

Fälle der Erledigung sind insbesondere die Aufhebung des VA außerhalb des Widerspruchsverfahrens (nach §§ 48, 49 VwVfG) oder durch Zeitablauf (bei befristetem VA); Wegfall des Regelungsobjektes (z.B. des zu beseitigenden Baukörpers); Tod bei höchstpersönlichen VAen (z.B. Entziehung oder Erteilung der Fahrerlaubnis, Androhung von Zwang); in der Regel jedoch nicht der Vollzug des VA, da der GrundVA Rechtsgrund für den Vollzug und die Kostenentscheidung bleibt.[331]

Umstritten ist, ob das Widerspruchsverfahren mit dem Ziel eingeleitet oder fortgesetzt werden kann, analog § 113 Abs. 1 S. 4 VwGO feststellen zu lassen, dass der VA bzw. die Ablehnung rechtswidrig gewesen ist (sog. **Fortsetzungsfeststellungswiderspruch**). Diese Frage knüpft an den Streit an, ob bei der Fortsetzungsfeststellungsklage ein Vorverfahren durchzuführen ist. **380**

Nach h.M. ist die Durchführung eines Vorverfahrens für die Fortsetzungsfeststellungsklage nicht erforderlich, wenn Erledigung vor Bestandskraft, also innerhalb der Widerspruchsfrist oder während des Widerspruchsverfahrens eintritt. Die Klage analog § 113 Abs. 1 S. 4 VwGO sei keine Anfechtungsklage, sondern eine ohne Vorverfahren zulässige besondere Feststellungsklage. Ein Fortsetzungsfeststellungswiderspruch ist danach grundsätzlich unstatthaft, da er nicht Sachurteilsvoraussetzung für die spätere Klage ist.[332]

Die Gegenansicht hält einen Fortsetzungsfeststellungswiderspruch nicht nur für sinnvoll, sondern stets für erforderlich. Das Verfahren ziele dann auf eine behördliche Feststellung der Rechtswidrigkeit durch VA ab und trage so zur Entlastung der Gerichte und zur Selbstkontrolle der Verwaltung bei. Wie sich aus § 44 Abs. 5 VwVfG ergebe, sei die Behörde auch befugt, entsprechende Feststellungen zu treffen.[333]

Für die h.M. spricht, dass der erledigte VA keiner Aufhebung oder Änderung mehr zugänglich ist. Eine Feststellung der Rechtswidrigkeit durch die Behörde macht wenig Sinn, zumal sie für den Bürger weniger Vorteile bringt als die gerichtliche Feststellung (keine Rechtskraftwirkung wie im Rahmen des § 121 VwGO). Ein Widerspruch gegen einen erledigten VA ist damit grundsätzlich unzulässig.

Im Beamtenrecht gibt es – vorbehaltlich landesrechtlicher Ausnahmen – nach § 54 Abs. 2 S. 1 BeamtStG bzw. § 126 Abs. 2 S. 1 BBG unstreitig auch einen Fortsetzungsfeststellungswiderspruch unabhängig vom Zeitpunkt der Erledigung.[334]

Nach **Erledigung** darf daher **kein Widerspruchsbescheid in der Sache** mehr ergehen. **381**

Wird der Widerspruch gleichwohl als unbegründet zurückgewiesen, so ist der Widerspruchsbescheid rechtswidrig, denn durch die Zurückweisung des Widerspruchs wird der Eindruck erweckt, der (erledigte) VA sei bestandskräftig geworden. Der Betroffene kann dann Anfechtungsklage isoliert gegen den Widerspruchsbescheid erheben (§ 79 Abs. 2 S. 1 VwGO).[335]

Aus Gründen der Rechtssicherheit ist es jedoch empfehlenswert, das Widerspruchsverfahren durch ein Schreiben ohne Rechtsbehelfsbelehrung ausdrücklich **einzustellen.** Dabei ist jedoch umstritten, ob ein derartiges Einstellungsschreiben ergehen muss oder nicht.[336]

Der **Tenor** lautet dann:

> *„Das Widerspruchsverfahren wird eingestellt."*
>
> *Teilweise wird auch wie folgt tenoriert:*
>
> *„Der Widerspruch des ... vom ... hat sich erledigt."*

Zuständig für die Verfahrenseinstellung ist während des Abhilfeverfahrens die Ausgangsbehörde. Nach § 72 VwGO ist nur eine Verwerfungsbefugnis der Ausgangsbe- **382**

---

331 BVerwG RÜ 2009, 47, 48.

332 Geis/Hinterseh JuS 2001, 1074, 1077; vgl. auch BVerwGE 26, 161, 165 ff.; OVG Koblenz NJW 1982, 1301, 1302; i.E. auch BVerwG NVwZ 2001, 1288; DVBl. 1989, 873, 874; VGH Mannheim DVBl. 1991, 60, 62: nach Erledigung ist das Widerspruchsverfahren einzustellen.

333 Pietzner/Ronellenfitsch Rn. 1102; Kopp/Schenke VwGO § 68 Rn. 34; Ehlers Jura 2001, 415, 420.

334 Vgl. BVerwG DVBl. 1981, 502 f.

335 BVerwG DVBl. 1989, 873, 874; NVwZ 2001, 1288; VGH BW DVBl. 1991, 60, 62.

336 Bejahend Pietzner/Ronellenfitsch Rn. 1277; Kopp/Schenke VwGO § 73 Rn. 9 m.w.N.

hörde in der Sache ausgeschlossen, die deklaratorische Einstellungsentscheidung wird hiervon nicht berührt.[337] Nach Vorlage des Widerspruchs an die Widerspruchsbehörde ist neben der Widerspruchsbehörde auch die Ausgangsbehörde für eine Einstellung zuständig.[338]

Für eine fortbestehende Zuständigkeit der Ausgangsbehörde spricht, dass diese auch nach Eintritt des Devolutiveffekts dem Widerspruch abhelfen könnte. Entsprechendes dürfte für die deklaratorische Einstellungsentscheidung gelten.

Begehrt der Widerspruchsführer trotz Erledigung eine sachliche Entscheidung, obwohl die Hauptsache erledigt ist, ist der Widerspruch als **unzulässig** zurückzuweisen.[339] Ein derartig evident unzulässiges Begehren wird man dem Widerspruchsführer in der Regel jedoch nicht unterstellen können.

Eine Erledigung des Widerspruchsverfahrens kann durch Zurücknahme des Widerspruchs oder auf andere Weise eintreten. Der Widerspruchsführer kann – anders als der Kläger (§ 92 Abs. 1 S. 2 VwGO) – allein durch seine Erklärung das Widerspruchsverfahren jederzeit beenden. Ob tatsächlich Erledigung des VA eingetreten ist, kann allenfalls bei einer möglicherweise zu treffenden Kostenentscheidung berücksichtigt werden.[340]

ee) Entbehrlichkeit des Widerspruchs

383 Von der Unstatthaftigkeit streng zu unterscheiden sind die von der Rspr. entwickelten Fälle der Entbehrlichkeit des Widerspruchs. Die Rspr. geht davon aus, dass ein Vorverfahren entbehrlich ist, wenn sein **Zweck** (Überprüfung der Recht- und Zweckmäßigkeit des VA, § 68 Abs. 1 VwGO) schon **auf andere Weise erreicht** worden ist oder gar **nicht mehr erreicht werden kann**.

Das hat die Rspr. z.B. angenommen, wenn

- der angefochtene VA von der Behörde durch einen anderen VA ersetzt oder abgeändert wird und der neue VA im Wesentlichen dieselben Sach- und Rechtsfragen zum Gegenstand hat;[341]
- ein weiterer VA ergeht, der in unmittelbarem Zusammenhang mit einem vorangegangenen (angefochtenen) VA steht, insbesondere bei VAen für unterschiedliche Zeitabschnitte;[342]
- die Widerspruchsbehörde bereits vor Erhebung des Widerspruchs ihre ablehnende Haltung äußert, z.B. als Aufsichtsbehörde die Rechtmäßigkeit des VA bestätigt;[343]
- sich der mit der Widerspruchsbehörde identische Beklagte auf die Klage **sachlich einlässt**, selbst wenn dies nur hilfsweise geschieht.[344]

Anders als die Unstatthaftigkeit des Vorverfahrens, die den Widerspruch unzulässig macht, ist in den Fällen der Entbehrlichkeit der Widerspruch zwar zulässig, aber aus Gründen der Prozessökonomie nicht erforderlich. Die Fälle der Entbehrlichkeit des Vorverfahrens sind daher für die **Zulässigkeit des Widerspruchs irrelevant**. Sie sind nur bei der Prüfung der **Zulässigkeit einer Klage** zu erörtern, und zwar immer dann, wenn der an sich statthafte und notwendige Widerspruch nicht erhoben wurde.

3. Widerspruchsbefugnis

384 Auch das Widerspruchsverfahren dient dem individuellen Rechtsschutz mit der Folge, dass Popularwidersprüche ausgeschlossen sind. Für die Widerspruchsbefugnis

337 Kopp/Schenke VwGO § 72 Rn. 6; Pietzner/Ronellenfitsch Rn. 1282.

338 Vgl. Pietzner/Ronellenfitsch Rn. 1282.

339 Pietzner/Ronellenfitsch Rn. 1280.

340 Pietzner/Ronellenfitsch Rn. 1277.

341 BVerwGE 32, 243, 247; BVerwG DVBl. 1990, 1350, 1351; Kopp/Schenke VwGO § 68 Rn. 23 m.w.N.

342 Vgl. BVerwGE 38, 299, 301; 69, 198, 199; Kopp/Schenke VwGO § 68 Rn. 24.

343 BVerwG BayVBl. 1982, 346; Proppe JA 2002, 701, 709; a.A. Kopp/Schenke VwGO § 68 Rn. 32.

344 BVerwG NVwZ 2009, 924, 925; NVwZ 2002, 1505, 1506; OVG NRW NWVBl. 2001, 435, 436; Richter NWVBl. 2001, 491, 492; a.A. OVG NRW RÜ 2013, 600; VGH Mannheim DVBl. 2009, 502; offengelassen von BVerwG NVwZ 2011, 501, 504.

gelten deshalb dieselben Grundsätze, wie sie nach § 42 Abs. 2 VwGO im Rahmen der Klagebefugnis zu prüfen sind.[345]

Bei der Widerspruchsbefugnis analog § 42 Abs. 2 VwGO ergibt sich jedoch aufgrund des Prüfungsumfangs der Widerspruchsbehörde eine **Erweiterung**. Da hier anders als im gerichtlichen Verfahren nicht nur die Rechtmäßigkeit, sondern auch die Zweckmäßigkeit des VA zu überprüfen ist (§ 68 Abs. 1 VwGO), hat dies auch Auswirkungen auf die Widerspruchsbefugnis. Der Widerspruchsführer ist daher widerspruchsbefugt, wenn er geltend machen kann,

- in seinen **subjekiven Rechten** verletzt oder
- wegen Zweckwidrigkeit in seinen **Interessen beeinträchtigt** zu sein.[346]

a) Soweit der Widerspruchsführer geltend macht, in seinen **Rechten** verletzt zu sein, **385**
sind hieran keine strengen Anforderungen zu stellen. Zwar reicht eine bloße Verbalbehauptung nicht aus. Erforderlich und ausreichend ist es aber, dass nach dem Sachvortrag des Widerspruchsführers eine Verletzung seiner subjektiven Rechte möglich ist **(Möglichkeitstheorie)**. Verlangt wird die substantiierte Behauptung einer, wenn auch noch so entfernten, Möglichkeit einer Rechtsverletzung.[347]

Negativ formuliert heißt das, dass die Widerspruchsbefugnis nur dann fehlt, wenn **offensichtlich und eindeutig nach keiner Betrachtungsweise** die vom Widerspruchsführer behaupteten Rechte bestehen oder ihm zustehen können.[348]

b) Das Recht muss – ohne Ausnahme – benannt werden. Der **Adressat eines belas- 386**
tenden VA kann stets geltend machen, in seinen Grundrechten, zumindest in Art. 2 Abs. 1 GG verletzt zu sein. Der Eingriff ist nur dann von den Grundrechtsschranken gedeckt, wenn er rechtmäßig ist; bei Rechtswidrigkeit liegt stets eine Rechtsverletzung vor.[349]

In der Klausur sollte die Bezeichnung „Adressatentheorie" tunlichst vermieden werden, da § 42 Abs. 2 VwGO nicht auf eine Theorie, sondern auf das subjektive Recht abstellt.[350] Im Übrigen soll im Assessorexamen keine „theoretische", sondern eine praktische Entscheidung getroffen werden.

c) Erstrebt der Widerspruchsführer einen an ihn gerichteten VA **(Verpflichtungswi- 387**
derspruch), so muss er geltend machen, einen Anspruch auf den begehrten VA zu haben[351] (s.o. Rn. 177). Es ist daher darauf abzustellen, ob die in Betracht kommende Rechtsgrundlage für den Widerspruchsführer ein subjektives Recht beinhaltet, mithin **Anspruchsqualität** hat. Ob der Anspruch tatsächlich besteht, ist dagegen eine Begründetheitsfrage; im Rahmen der Zulässigkeit reicht allein die Möglichkeit eines solchen Anspruches.

Beispiele: Gesetzliche Regelungen, die eine individuelle Begünstigung vorsehen, begründen stets ein subjektives Recht, z.B. Ansprüche auf Erteilung einer Baugenehmigung oder einer immissionsschutzrechtlichen Genehmigung (§§ 4, 6 BImSchG), auf gewerberechtliche Erlaubnisse nach §§ 30 ff. GewO, Aufenthaltstitel (§§ 7 ff. AufenthG), Umweltinformationen (§ 3 UIG) und sonstige Informationsrechte (§ 1 IFG) etc.

345 Schlette Jura 2004, 90 f. m.w.N.

346 Vgl. Kopp/Schenke VwGO § 69 Rn. 6; Pietzner/Ronellenfitsch Rn. 1156; Erichsen Jura 1992, 645, 649; Brühl JuS 1994, 155, 157 m.w.N.; a.A. Hain DVBl. 1999, 1544 ff.

347 BVerwG DVBl. 2000, 1614, 1615; NVwZ 1995, 1200 (st.Rspr.); Kopp/Schenke VwGO § 42 Rn. 66; Schlette Jura 2004, 90, 92 m.w.N.

348 Vgl. BVerwG NVwZ 2009, 1426, 1427; NVwZ 2004, 1229, 1230; DVBl. 2000, 1614, 1615; Kopp/Schenke VwGO § 42 Rn. 65 zur Klagebefugnis.

349 Vgl. BVerwG NJW 1988, 2752, 2753; Hufen § 14 Rn. 77; Kopp/Schenke VwGO § 42 Rn. 69; Schlette Jura 2004, 90, 92; Klenke NWVBl. 2005, 125, 127; Kube DVBl. 2005, 721, 726.

350 Ehlers Jura 2004, 30, 34.

351 BVerwG DVBl. 2003, 403, 404; Lemke JA 1999, 887, 889; Schlette Jura 2004, 90, 95 m.w.N.

388 **d)** Problematisch ist die Widerspruchsbefugnis (ebenso wie die Klagebefugnis) in der Regel nur in **Drittbeteiligungsfällen**. Nach der herrschenden **Schutznormtheorie** beinhaltet eine Rechtsnorm dann ein subjektives öffentliches Recht, wenn sie nach dem (objektivierten) Willen des Gesetzgebers nicht nur den Interessen der Allgemeinheit, sondern nach ihrer Zweckbestimmung **zumindest auch den Individualinteressen** des Bürgers zu dienen bestimmt ist.[352]

Beispiele:

- Erhebt der Nachbar Widerspruch gegen die dem Bauherrn erteilte **Baugenehmigung**, so muss er geltend machen, dass die Genehmigung gegen nachbarschützende Vorschriften verstößt, z.B. gegen die Festsetzungen des Bebauungsplans über die Art der baulichen Nutzung (sog. Gebietsgewährleistungsanspruch),[353] das Rücksichtnahmegebot in § 15 Abs. 1 S. 2 BauNVO oder als Bestandteil des Merkmals „einfügen" in § 34 Abs. 1 BauGB[354] oder gegen Vorschriften über die Abstandsflächen.[355]
- Bei der **immissionsschutzrechtlichen Genehmigung** (§ 4 BImSchG) ist drittschützend nur die Regelung in § 5 Abs. 1 Nr. 1 BImSchG, nicht dagegen § 5 Abs. 1 Nr. 2 bis Nr. 4 BImSchG.[356] Der Nachbar hat daher nur ein Abwehrrecht gegen schädliche Umwelteinwirkungen i.S.d. § 5 Abs. 1 Nr. 1 BImSchG, kann aber z.B. nicht geltend machen, der Vorsorgegrundsatz (§ 5 Abs. 1 Nr. 2 BImSchG) sei verletzt.
- Die (gewerberechtliche) **Zulassung eines Konkurrenten** kann in der Regel nicht von Dritten angefochten werden. Die Vorschriften über die Zulassung zu einem Gewerbe haben nicht den Zweck, andere Gewerbetreibende vor Konkurrenz zu schützen.[357] Auch in Grundrechte des Dritten wird in der Regel durch die Zulassung des Konkurrenten nicht eingegriffen. Art. 12 GG schützt zwar die Wettbewerbsfreiheit, schützt aber nicht vor Wettbewerb.[358]
- Dagegen kann die **Begünstigung eines bereits zugelassenen Konkurrenten** (z.B. Subventionierung) ausnahmsweise durch Dritte angefochten werden, wenn sie geltend machen können, dass sie in ihrer Wettbewerbsfreiheit (Art. 12 GG) in unerträglichem Maße eingeschränkt oder unzumutbar geschädigt werden (sog. Auszehrungs- bzw. Verdrängungswettbewerb).[359]
- Die Vorschriften der **Sonn- und Feiertagsgesetze** verfolgen allein das öffentliche Interesse an der Sonntagsheiligung und der Arbeitsruhe und geben dem Einzelnen keine Abwehransprüche gegen gesetzwidrige Verhaltensweisen.[360]
- Auch **Baumschutzsatzungen** haben keine drittschützende Funktion, sondern dienen nur dem öffentlichen Interesse (Schutz der Pflanzenwelt, Pflege des Orts- und Landschaftsbildes), nicht aber den Individualinteressen von Personen, deren Wohnung in der Nähe eines schutzwürdigen Baumes liegt.[361]
- Dagegen können sich Anlieger gegen die **Umbenennung einer Straße** mit der Begründung zur Wehr setzen, dass ihre individuellen Interessen nicht oder nicht ausreichend berücksichtigt worden seien. Zwar ist umstritten, ob es ein subjektives Recht auf fehlerfreie Ermessensausübung diesen Inhalts gibt.[362] Für die Widerspruchsbefugnis reicht indes die Möglichkeit einer Rechtsverletzung aus. Dies kann jedenfalls nicht von vornherein und nach jeder Betrachtungsweise ausgeschlossen werden. In der Regel scheitern solche Widersprüche aber an der Begründetheit, weil der Widerspruchsführer nicht verletzt ist.

---

352 Vgl. BVerfG NJW 1990, 2249; BVerwG NVwZ 1995, 1200 (st.Rspr.); Kopp/Schenke VwGO § 42 Rn. 83.

353 Vgl. BVerwGE 94, 151 ff.; 101, 364 ff.; BVerwG RÜ 2008, 322, 323; Kahl/Ohlendorf JA 2010, 872, 875.

354 Vgl. z.B. OVG NRW NVwZ 2007, 1210; OVG Lüneburg NordÖR 2005, 220; vgl. auch den Überblick über die Rspr. bei Ortloff NVwZ 2005, 1381, 1385 f.

355 OVG Berlin DVBl. 1993, 120, 122; Muckel JuS 2000, 132, 134; Kopp/Schenke VwGO § 42 Rn. 102; ausführlich zu Nachbarabwehrrechten im Baurecht AS-Skript Öffentliches Baurecht (2020), Rn. 211 ff.

356 BVerwG DVBl. 1997, 70, 71; BayVGH DVBl. 2011, 773, 774; kritisch Kahl/Ohlendorf JA 2010, 872, 876.

357 Vgl. BSG MedR 2000, 245; BVerwG NJW 1990, 1376, 1378; OVG NRW NJW 1980, 2323.

358 BVerwG NVwZ 1984, 306, 307; OVG NRW NJW 1980, 2323; Kopp/Schenke VwGO § 42 Rn. 146 m.w.N.

359 BVerwG DVBl. 1996, 152, 153; OVG Lüneburg NVwZ-RR 2001, 584; OVG NRW NWVBl. 2005, 68, 70; Ramsauer JuS 2012, 769, 776; kritisch Ehlers JZ 2003, 318, 320; Tettinger NJW 1998, 3473, 3474; Pünder/Dittmar Jura 2005, 760, 762 f.: Es reiche eine „spürbare" Beeinträchtigung.

360 VGH Mannheim NVwZ 1991, 180; OVG Lüneburg NJW 1990, 1685; OVG NRW NJW 1987, 2603.

361 OVG Lüneburg NJW 1996, 3225; VGH Mannheim NJW 1991, 3050; VG Arnsberg NVwZ-RR 2011, 360, 361.

362 Bejahend OVG NRW RÜ 2008, 125, 127; a.A. OVG NRW NJW 1987, 2695; OVG Berlin NVwZ 1994, 922; VG Berlin RÜ 2008, 125, 127.

- Im **Ausländerrecht** kann sich der Ehegatte eines Ausländers gegen ausländerrechtliche Maßnahmen (Ausweisung, Ablehnung eines Aufenthaltstitels) auf den Schutz von Ehe und Familie (Art. 6 GG) berufen und ist deshalb insoweit widerspruchsbefugt.
- Eine **Gemeinde** kann geltend machen, durch Genehmigungen oder Planfeststellungen anderer Verwaltungsträger in ihrer Planungshoheit als Teil der Selbstverwaltungsgarantie (Art. 28 Abs. 2 GG) verletzt zu sein.[363] Ebenso kann die Gemeinde eine Missachtung ihrer Mitwirkungsbefugnis nach § 36 BauGB rügen.[364] Die Widerspruchsbefugnis der Gemeinde aus Art. 28 Abs. 2 GG ist dagegen zu verneinen, wenn die Gemeinde sich nur auf öffentliche, sie nicht in ihrer Planungshoheit schützende Belange beruft, wie z.B. allgemeine Belange des Umweltschutzes,[365] bei der Zulassung privater Wirtschaftskonkurrenz[366] oder wenn sie in ihrem Selbstverwaltungsrecht gar nicht berührt wird.[367]
- Bloße **Verfahrensverstöße** können die Widerspruchsbefugnis grundsätzlich nicht begründen. Erforderlich ist stets, dass sich der gerügte Verfahrensfehler auf eine materiell-rechtliche Position des Widerspruchsführers ausgewirkt haben kann.[368] Deshalb gibt es nach h.M. grundsätzlich auch keinen Drittschutz gegen ein falsches Genehmigungsverfahren.
- **Beispiel:** Für eine Windkraftanlage wird eine Baugenehmigung statt einer immissionsschutzrechtlichen Genehmigung erteilt (vgl. Nr. 1.6 des Anhangs zur 4. BImSchV).[369] Umstritten war, ob dies auch dann gilt, wenn statt eines förmlichen Verfahrens (z.B. nach § 10 BImSchG) ein vereinfachtes Verfahren (z.B. nach § 19 BImSchG) durchgeführt wird.[370] Diese Streitfrage ist nunmehr durch das Umweltrechtsbehelfsgesetz (UmwRG) geklärt. § 4 UmwRG sieht ein Anfechtungsrecht nur vor bei unterbliebener Umweltverträglichkeitsprüfung oder unterbliebener Vorprüfung der UVP-Pflichtigkeit im Einzelfall. Andere Verfahrensfehler können die Widerspruchs- bzw. Klagebefugnis daher allein nicht begründen.[371]

e) Aus **Zweckmäßigkeitsgesichtspunkten** lässt sich die Widerspruchsbefugnis nur herleiten, wenn die zugrunde liegende Ermessensnorm zumindest auch den Interessen des Widerspruchsführers zu dienen bestimmt ist **(Schutznormtheorie)**. Verfolgt die Ermessensnorm dagegen ausschließlich die Interessen der Allgemeinheit, so kann die Widerspruchsbefugnis nicht auf eine Zweckwidrigkeit gestützt werden. Insoweit gelten also ähnliche Grundsätze wie bei der Feststellung eines subjektiven Rechts.[372] Das Ermessen ist also nur von Bedeutung für den Umfang (die Rechtsfolge), nicht aber für den Schutzzweck der Norm als Voraussetzung für das subjektive Recht. 389

Beispiel: Die Vorschriften über die Kommunalaufsicht verfolgen **ausschließlich das öffentliche Interesse** an der Gesetzmäßigkeit des Gemeindehandelns. Der Bürger hat daher gegen die Aufsichtsbehörde nicht einmal einen Anspruch auf eine ermessensfehlerfreie Entscheidung. Ein Widerspruch gegen die Ablehnung aufsichtsbehördlichen Einschreitens wäre daher mangels Widerspruchsbefugnis unzulässig. Entsprechendes gilt auch für die Organe der Gemeinde. So hat z.B. auch eine Ratsfraktion keinen Anspruch auf aufsichtsbehördliches Einschreiten,[373] ebenso wenig der beanstandende Bürgermeister, wenn die Aufsichtsbehörde seine Auffassung nicht teilt.[374]

4. Die Form des Widerspruchs

Der Widerspruch muss gemäß § 70 Abs. 1 S. 1 VwGO **schriftlich, in elektronischer Form nach § 3 a Abs. 2 VwVfG** oder **zur Niederschrift** bei der Behörde erklärt werden. Ein bestimmter Antrag oder eine Begründung ist nicht notwendig, ebenso we-

363 BVerwG NVwZ 2006, 1055 u. 1290; DVBl. 2005, 903, 904; NVwZ 2001, 1160; BayVGH NVwZ-RR 2005, 56.

364 BVerwG NVwZ 2000, 1058; BayVGH NVwZ-RR 2000, 345; NVwZ-RR 2005, 56.

365 BVerwG DVBl. 2005, 903, 907; v. Schwanenflug NVwZ 2007, 1351, 1352.

366 VerfGH RhPf DVBl. 2000, 992, 996.

367 OVG Hamburg NVwZ 2005, 347: kein Abwehrrecht der Gemeinde gegen die Genehmigung eines Offshore-Windparks in einer Entfernung von über 30 km vor der Küste.

368 BVerwG NVwZ 2003, 207, 209.

369 OVG NRW NVwZ-RR 2004, 408; NVwZ 2003, 361; Ortloff NVwZ 2005, 1381, 1384.

370 Für Drittschutz OVG Koblenz NVwZ 2005, 1208, 1210; Scheidler NVwZ 2005, 863 ff.; dagegen OVG NRW NVwZ-RR 2004, 408; OVG Lüneburg NVwZ-RR 2005, 401, 402; Lecheler NVwZ 2005, 1156 ff.

371 OVG NRW, Beschl. v. 05.10.2007 – 8 B 1340/07; Appel/Singer JuS 2007, 913 ff.

372 Vgl. BVerwGE 39, 235, 237; Brühl JuS 1994, 155, 157 m.w.N.

373 OVG NRW, Beschl. v. 19.07.2006 – 15 B 1214/06.

374 VG Saarlouis NVwZ 1988, 864, 865 m.w.N.

nig die ausdrückliche Bezeichnung als „Widerspruch". Es muss lediglich erkennbar sein, dass der Betroffene sich mit dem Ausgangsbescheid nicht zufrieden geben will (s.o. Rn. 270 f.).

390 **a)** Wird der Widerspruch schriftlich erhoben, so muss er grundsätzlich mit einer **eigenhändigen Unterschrift** versehen sein. § 70 VwGO ist aber nicht derart zwingend, dass ein Widerspruchsschreiben ohne Unterschrift stets und ausnahmslos unwirksam wäre. Sinn und Zweck der Schriftform ist es, dass die Urheberschaft festgestellt werden kann und ausgeschlossen ist, dass ein bloßer Entwurf vorliegt. Dementsprechend ist die eigenhändige Unterschrift **entbehrlich**, wenn sich dies aus dem Widerspruchsschreiben oder aus den sonstigen erkennbaren Begleitumständen zweifelsfrei ermitteln lässt. Das ist z.B. zu bejahen, wenn das Widerspruchsschreiben, auch wenn es nicht unterschrieben ist, ein **Vertrautsein mit den entscheidungserheblichen Fakten** erkennen lässt.[375]

391 **b)** Die Schriftform ist auch gewahrt bei Erhebung des Widerspruchs mittels **Telefax**.[376] Erforderlich ist in diesem Fall jedoch grundsätzlich, dass das Original unterschrieben ist und dass die Unterschrift auf der bei der Behörde eingehenden Fax-Kopie wiedergegeben wird,[377] allein die Beifügung eines Faksimile-Stempels reicht nicht.[378] Besonderheiten gelten beim **Computerfax**: Ein Computerfax (also die elektronische Übertragung einer Textdatei mit oder ohne eingescannter Unterschrift) erfüllt die „Schriftform" und ist kein „elektronisches Dokument" i.S.d. § 3 a VwVfG oder des § 55 a VwGO.[379] Hier hält es die Rspr. für ausreichend, dass erkennbar ist, dass das Schreiben auch ohne eigenhändige Unterschrift gültig sein soll und nicht nur einen bloßen Entwurf darstellt (z.B. durch die übliche Formel: „Dieses Schreiben wurde maschinell erstellt und ist ohne eigenhändige Unterschrift gültig.").[380] Entscheidend ist die Erkennbarkeit der Identität des Absenders und der Widerspruchserhebungswille.

392 **c)** Nach § 70 Abs. 1 VwGO i.V.m. § 3 a Abs. 2 VwVfG ist auch die Einlegung des Widerspruchs per **E-Mail mit qualifizierter elektronischer Signatur** zulässig. Nicht ausreichend ist dagegen eine einfache E-Mail[381] oder die **telefonische Einlegung**,[382] da hier die Missbrauchs- und Täuschungsgefahr durch Unbefugte zu groß ist. Ausreichend ist aber, wenn eine „einfache" E-Mail als Anhang ein elektronisches Dokument im PDF-Format **mit qualifizierter Signatur** enthält und darauf hingewiesen wird.[383]

5. Widerspruchsfrist

Die nachfolgenden Überlegungen gelten im Grundsatz sowohl für die Widerspruchsfrist (§ 70 VwGO) also auch für die Klagefrist (§ 74 VwGO). Auf die Besonderheiten bei der Klagefrist wird im AS-Skript Die verwaltungsgerichtliche Assessorklausur eingegangen.

393 Ergeben sich in der Klausur Fristprobleme, so sind typischerweise folgende Prüfungsschritte zu beachten:

375 Vgl. BVerwG NJW 2003, 1544; NJW 1995, 2121, 2122; OVG NRW NVwZ 2008, 344; Brühl JuS 1994, 153, 155; Pietzner/Ronellenfitsch Rn. 1125; ebenso für den Zivilprozess BGH NJW 2005, 2086, 2088.

376 BVerwG DVBl 1987, 634; Geis/Hinterseh JuS 2001, 1176, 1177 m.w.N.

377 Vgl. BVerfG NJW 2007, 3117; BGH NJW 2006, 3784, 3785; Born NJW 2007, 2088, 2093.

378 OVG NRW DÖV 1991, 562; VG Wiesbaden NJW 1994, 537.

379 SächsOVG RÜ2 2019, 261.

380 VG Neustadt NJW 2007, 619; Geis/Hinterseh JuS 2001, 1176, 1177; allgemein BVerwG NJW 2006, 1989, 1990; GmS OBGB NJW 2000, 2340; abweichend BGH NJW 2005, 2086, 2087.

381 VG Berlin NJW 2008, 1335; VGH Kassel NVwZ-RR 2006, 377, 378; Geis/Hinterseh JuS 2001, 1176, 1177; Kintz NVwZ 2004, 1429, 1433.

382 Vgl. Thür OVG NVwZ-RR 2002, 408; Clausing JuS 2003, 170, 172; Pietzner/Ronellenfitsch Rn. 1124.

383 BVerwG RÜ2 2017, 143.

- **Ist für den Rechtsbehelf eine Frist einzuhalten?**

  § 70 VwGO für den Anfechtungs- und Verpflichtungswiderspruch, § 74 VwGO für die Anfechtungs- und Verpflichtungsklage sowie für die beamtenrechtliche Leistungs- und Feststellungsklage nach Durchführung des Widerspruchsverfahrens gemäß § 54 Abs. 2 S. 1 BeamtStG bzw. § 126 Abs. 2 S. 1 BBG.

- **Welche Frist gilt?**

  Diese Frage hängt davon ab, ob eine ordnungsgemäße Rechtsbehelfsbelehrung vorliegt (dann § 70 VwGO bzw. § 74 VwGO: 1 Monat). Fehlt die Rechtsbehelfsbelehrung oder ist sie unrichtig erteilt, gilt die Jahresfrist nach § 58 Abs. 2 VwGO.

- **Ist die Frist in Lauf gesetzt worden?**

  Das setzt eine wirksame Bekanntgabe des AusgangsVA (§ 70 Abs. 1 VwGO) voraus (s.o. Rn. 19 ff.). Fehlt diese oder ist sie unwirksam (und nicht geheilt, vgl. z.B. § 8 VwZG), wird keine Frist in Lauf gesetzt (auch nicht die des § 58 Abs. 2 VwGO), es kommt allenfalls Verlust des Widerspruchsrechts oder Verwirkung des Rechtsbehelfs in Betracht (s.u. Rn. 430 ff.).

- **Wenn der Rechtsbehelf verfristet ist, kommt eine Heilung in Betracht?**

  Eine solche kann durch Wiedereinsetzung in den vorigen Stand (§ 60 VwGO, § 70 Abs. 2 VwGO) erfolgen. Nach h.Rspr. kann die Widerspruchsbehörde die Verfristung auch durch sachliche Entscheidung „heilen" (s.u. Rn. 433 ff.)

Beachte: Gehen Sie in der Klausur nicht voreilig von einer Verfristung des Rechtsbehelfs aus! Häufig fehlt es bereits an einer wirksamen Bekanntgabe bzw. Zustellung (Folge: kein Fristlauf) oder die Rechtsbehelfsbelehrung ist unrichtig (Folge: Jahresfrist), sodass häufig gar kein Fall der Verfristung vorliegt. Die Wiedereinsetzung ist erst dann zu erörtern, wenn die Verfristung definitiv feststeht.

Gemäß § 70 Abs. 1 VwGO ist der Widerspruch **innerhalb eines Monats** (nicht 4 Wochen!) **nach Bekanntgabe** des VA zu erheben. Die Frist des § 70 Abs. 1 VwGO gilt nur bei **Vorliegen eines Verwaltungsakts** (vgl. Wortlaut), also nur für Anfechtungs- und Verpflichtungswidersprüche. Daran ändert im Beamtenrecht auch die Regelung in § 54 Abs. 2 S. 1 BeamtStG, § 126 Abs. 2 S. 1 BBG nichts. Beamtenrechtliche Leistungs- und Feststellungswidersprüche sind daher nicht fristgebunden.[384] **394**

Fehlt im Ausgangsbescheid die **Rechtsbehelfsbelehrung** oder ist diese unrichtig erteilt, so kann der Widerspruch nach §§ 70 Abs. 2, 58 Abs. 2 VwGO innerhalb **eines Jahres** nach der Bekanntgabe des VA erhoben werden. **395**

a) Fristberechnung

aa) Der Widerspruch ist **innerhalb eines Monats nach der Bekanntgabe** oder Zustellung des VA zu erheben (§ 70 Abs. 1 VwGO). Die Monatsfrist berechnet sich nach h.M. gemäß § 57 Abs. 2 VwGO i.V.m. § 222 Abs. 1 ZPO und § 188 Abs. 2 und Abs. 3 BGB. Das „Ereignis" i.S.d. § 188 Abs. 2 BGB ist die Bekanntgabe des Bescheides. Die Frist endet daher mit dem Ablauf des Tages des folgenden Monats, welcher durch seine Zahl dem Tag entspricht, an dem die Bekanntgabe erfolgte. **396**

Allerdings ist umstritten, ob die **Berechnung der Widerspruchsfrist** nach § 57 Abs. 2 VwGO i.V.m. § 222 Abs. 1 ZPO i.V.m. § 188 BGB erfolgt (so die h.M.; verwaltungsprozessuale Lösung)[385] oder – da § 70 Abs. 2 VwGO zwar auf § 58, nicht aber auf § 57 VwGO verweist – nach § 79 VwVfG i.V.m. § 31 Abs. 1 VwVfG i.V.m. § 188 BGB (verwaltungsverfahrensrechtliche Lösung).[386] Sachliche Unterschiede ergeben sich hieraus nicht, da in jedem Fall § 188 BGB einschlägig ist. Daher sollte auf die Frage in der Klausur nicht näher eingegangen werden. Für die Berechnung der Klagefrist im Anschluss an einen Widerspruchsbescheid ist die Frage nicht umstritten, da § 57 VwGO für § 74 VwGO gilt.

---

384 BVerwGE 49, 351, 357; Pietzner/Ronellenfitsch Rn. 1130.

385 So die h.M.; vgl. Pietzner/Ronellenfitsch Rn. 1127; Kopp/Schenke VwGO § 70 Rn. 8 m.w.N.

386 Geis/Hinterseh JuS 2001, 1176, 1178.

Beispiele: Erfolgt die Bekanntgabe am 05.09., so endet die Monatsfrist mit Ablauf des 05.10. Geht der Widerspruch erst am 06.10. um 0.00 h ein, ist er verfristet.[387] Bei Bekanntgabe am 31.01. endet die Monatsfrist gemäß § 188 Abs. 3 BGB am 28.02. Bei einer Bekanntgabe am 28.02. endet sie dagegen gemäß § 188 Abs. 2 BGB bereits am 28.03. und nicht erst am 31.03.[388]

397 **bb)** Fällt das **Ende der Frist** auf einen Sonnabend, Sonntag oder gesetzlichen Feiertag, so endet die Frist erst mit dem Ablauf des nächsten Werktages (§ 57 Abs. 2 i.V.m. § 222 Abs. 2 ZPO bzw. §§ 79, 31 Abs. 3 VwVfG).

Beispiel: Bei Bekanntgabe am 25.11. endet die am 25.12. ablaufende Monatsfrist erst am nächsten Werktag, also in der Regel am 27.12. (es sei denn, dies ist seinerseits ein Sonnabend oder Sonntag). Gesetzliche Feiertage sind z.B. Neujahr, Karfreitag, Ostermontag, der 1. Mai, Christi Himmelfahrt, Pfingstmontag, der 3. Oktober und der 1. und 2. Weihnachtstag, nicht dagegen der 24.12., der 31.12. oder Rosenmontag, auch wenn Behörden an diesen Tagen üblicherweise nicht arbeiten.[389] Läuft die Monatsfrist am Heiligabend oder an Silvester ab, ist der Widerspruch nur fristgerecht, wenn er bis zum Ablauf dieses Tages bei der Behörde eingeht (es sei denn, der 24. bzw. 31.12. ist seinerseits ein Sonnabend oder Sonntag).

398 **cc)** Entscheidender Zeitpunkt für die Fristberechnung ist daher der **Tag der Bekanntgabe bzw. Zustellung**.

(1) Wird ein VA **durch (einfachen) Brief** übersandt, bestimmt § 41 Abs. 2 S. 1 VwVfG, dass der VA am dritten Tag nach der Aufgabe zur Post als bekannt gegeben gilt, außer wenn er nicht oder zu einem späteren Zeitpunkt zugegangen ist; im Zweifel hat die Behörde den Zugang des VA und den Zeitpunkt des Zugangs nachzuweisen.[390] (§ 41 Abs. 2 S. 3 VwVfG).

Ein schlichtes Bestreiten des Zuganges durch den Adressaten löst – wenn ein Postaufgabevermerk in der behördlichen Akte enthalten ist – noch keine Beweislast der Behörde aus. Wird daher der Zugang qualifiziert bestritten (z.B. war der Adressat im Zeitpunkt der Bekanntgabe schon aus der Wohnung ausgezogen), trifft die Behörde eine gesteigerte Beweislast.[391]

Die Drei-Tage-Fiktion gilt nach allgemeiner Auffassung auch dann, wenn der Bescheid **tatsächlich früher** zugegangen ist.[392] Andererseits verlängert sich die Fiktionswirkung nach h.M. auch dann nicht, wenn der dritte Tag ein Sonnabend, Sonntag oder Feiertag ist.[393] Nach der Gegenansicht soll dagegen gemäß §§ 79, 31 Abs. 3 VwVfG erst der folgende Werktag als Zustellungstag gelten.[394] Dagegen spricht jedoch, dass der Gesetzgeber die Spezialregelung in §§ 79, 31 Abs. 3 VwVfG bzw. § 57 Abs. 2 VwGO, § 222 Abs. 2 ZPO nur getroffen hat, wenn das **Fristende** auf einen Sonnabend, Sonntag oder Feiertag fällt. Geht es wie im vorliegenden Fall um den Fristbeginn, so bleibt es grundsätzlich bei der Fiktionswirkung des § 41 Abs. 2 VwVfG (entsprechendes gilt beim Übergabe-Einschreiben nach § 4 Abs. 2 S. 2 VwZG). Auch kann nicht auf das **Ende** der Drei-Tage-Fiktion abgestellt werden, da es sich hierbei nicht um eine Frist handelt. Frist ist eine Zeitspanne, innerhalb der Leistungen erbracht oder Handlungen vorgenommen werden sollen oder können. Bei der Drei-Tage-Fiktion handelt es sich daher nicht um eine Frist, sondern lediglich um einen Termin, an dem eine Rechtswirkung eintritt.[395]

387 Vgl. BGH NJW 2007, 2045, 2046.

388 BGH NJW 1984, 1358; a.A. OLG Celle OLGZ 79, 360.

389 VGH Mannheim NJW 1987, 1353; OVG Hamburg NJW 1993, 1941; Kopp/Schenke VwGO § 57 Rn. 10 a.

390 Zur Beweispflicht OVG NRW, Beschl. v. 26.11.2014 – 6 A 1784/12.

391 VGH BW RÜ2 2019, 21.

392 OVG RP, Urt. v. 30.10.2014 – 10 A 11170/13; Schmitz JuS 2015, 895, 896; Kopp/Ramsauer VwVfG § 41 Rn. 40; Kintz JuS 1997, 1115, 111.

393 OVG NRW NWVBl. 2001, 429, 430; Kopp/Ramsauer VwVfG § 41 Rn. 40.

394 BFH NJW 2004, 94 (zu § 122 Abs. 2 Nr. 1 AO).

395 Anderer Ansicht BFH NJW 2004, 94, wonach § 108 Abs. 3 AO (wie § 31 Abs. 3 VwVfG) nicht nur für eigentliche Fristen, sondern auch Zeiträume (uneigentliche Fristen) gelte.

Die 3-Tage-Fiktion gilt jedoch dann **nicht**, wenn der VA nicht oder zu einem **späteren Zeitpunkt** zugegangen ist (§ 41 Abs. 2 S. 3 VwVfG). Zugang erfolgt – dem Rechtsgedanken des § 130 BGB entsprechend – wenn der Bescheid so in den Herrschaftsbereich des Adressaten gelangt ist, dass unter gewöhnlichen Umständen mit der Kenntnisnahme zu rechnen ist. 399

In ein Postfach eingelegte Briefsendungen sind in dem Zeitpunkt zugegangen, in welchem das Postfach normalerweise geleert zu werden pflegt; ob das Postfach tatsächlich geleert oder der entnommene Brief überhaupt zur Kenntnis genommen wird, ist unerheblich.[396]

Rechtsanwälte sind verpflichtet, dafür Sorge zu tragen, dass sämtliche ihre Mandanten betreffenden Schriftstücke abgeholt werden, sobald dies möglich ist. Deshalb bejaht die Rspr. bei einem Rechtsanwalt Zugang auch bei Einlegung in das Postfach am Samstag.[397]

Im Fall der **Übersendung eines elektronischen Dokuments** (Datei) gilt dieses nach § 41 Abs. 2 S. 2 VwVfG als am dritten Tag nach Absendung als bekanntgegeben. Für einen früheren Zugang oder einen späteren Zugang gilt das oben bereits Gesagte für die Versendung als einfacher Brief entsprechend.

Beachte: § 41 Abs. 2 S. 2 VwVfG erfasst nicht nur die Übermittlung elektronischer Dokumente i.S.d. § 3 a VwVfG, sondern alle Bescheide, die „elektronisch übermittelt werden. Dazu gehört auch die Übermittlung per **Telefax** (das kein „elektronisches Dokument" ist[398]), sodass ein VA, der (formlos) per Telefax übermittelt wird, nach § 41 Abs. 2 S. 2 VwVfG erst am dritten Tag nach der Absendung als zugegangen gilt.[399]

(2) Ist ein VA zulässigerweise **mündlich bekanntgegeben** worden (insbesondere bei Polizei- und Ordnungsverfügungen), ist dieser in dem Zeitpunkt bekanntgegeben, in dem der Adressat den VA zur Kenntnis nehmen konnte. Ein konkludenter VA (z.B. durch Handzeichen o.Ä.) ist in dem Zeitpunkt bekanntgegeben, in dem der Gehalt des VA dem Adressaten visuell erkennbar ist. Zu beachten ist aber die Jahresfrist mangels Rechtsbehelfsbelehrung. 400

(3) Besondere Vorschriften gelten für die **Bekanntgabe von Allgemeinverfügungen** i.S.d. § 35 S. 2 VwVfG nach § 41 Abs. 3 S. 2 und Abs. 4 S. 4 VwVfG. Diese gelten mangels Geeignetheit aber nicht für die **Bekanntgabe von Verkehrszeichen** i.S.d. § 35 S. 2 Alt. 3 VwVfG. Verkehrszeichen werden nach §§ 39, 45 Abs. 4 StVO durch Aufstellen öffentlich bekanntgegeben.[400] 401

Aufgrund der Tatsache, dass keine Rechtsbehelfsbelehrung nach § 58 Abs. 1 VwGO ergeht, ist die Widerspruchsfrist (oder die Klagefrist bei entfallendem Vorverfahren in NRW, NDS etc.) nach § 58 Abs. 2 VwGO ein Jahr lang. Die Frist wird nach der Rspr. des BVerwG für jeden Verkehrsteilnehmer individuell ausgelöst, wenn dieser zum ersten Mal auf das Verkehrszeichen trifft.[401]

(4) Ist der VA kraft Gesetzes (z.B. § 13 Abs. 7 VwVG) oder aufgrund Entscheidung der Behörde **förmlich zugestellt** worden, sind die verschiedenen Zustellungsarten nach VwZG bzw. LZG zu unterscheiden. 402

- Das **Übergabeeinschreiben** nach § 4 Abs. 1 Fall 1 VwZG gilt nach § 4 Abs. 2 S. 2 VwZG am dritten Tage nach Aufgabe zur Post als zugestellt. Für die Drei-Tages-Fiktion gelten die oben dargestellten Regeln zu § 41 Abs. 2 VwVfG entsprechend.

---

396 BFH JP 1998, 551, 552.

397 BFH NJW 2000, 1742; JP 1998, 551, 552; OVG NRW NWVBl. 2001, 429, 431; a.A. Ehlers Jura 2004, 30, 36.

398 SächsOVG RÜ2 2019, 261.

399 Stelkens/Bonk/Sachs VwVfG § 41 Rn. 82; Schmitz/Preu NVwZ 2016, 1273; anders OVG Lüneburg NJW 2002, 1969 zur früheren Rechtslage, vgl. auch die Ausnahme in § 41 Abs. 2 S. 3 Hs. 2 VwVfG M-V.

400 BVerwG NJW 2016, 2353.

401 BVerwG NJW 2011, 246.

- Beim **Einschreiben mit Rückschein** gilt als Zustelltag das auf dem Rückschein notierte Datum (§ 4 Abs. 2 S. 1 VwZG).

  Sollte die Behörde ein **Einwurfeinschreiben** verwendet haben, obwohl eine gesetzliche Vorschrift eine „Zustellung" verlangt, liegt eine zunächst fehlerhafte Zustellung vor, da die zwingenden Vorschriften des § 4 VwZG nicht eingehalten worden sind. In solchen Fällen kann es aber zu einer Heilung nach § 8 VwZG kommen (s.u. Rn. 404).

- Ist der VA mittels **Empfangsbekenntnis** nach § 5 Abs. 1 VwZG zugestellt worden, ist der Zustelltag der Tag, der auf dem Empfangsbekenntnis vom Empfänger notiert worden ist. An Behörden, Rechtsanwälte, Notare, Steuerberater etc. ist die Zustellung auch „auf andere Weise" zulässig (§ 5 Abs. 4 VwZG), z.B. durch einfachen Brief gegen Empfangsbekenntnis oder auf elektronischem Wege. Hiervon wird auch die früher umstrittene Zustellung per **Telefax** erfasst.[402] Dies gilt allerdings nur bei Zustellungen an die in § 5 Abs. 4 VwZG aufgeführten Personengruppen. An Privatpersonen kann per Telefax nur unter den Voraussetzungen des § 5 Abs. 5 VwZG förmlich zugestellt werden.

  Ein Empfangsbekenntnis beweist aber nur den Zugang derjenigen Schriftstücke, die hinreichend bestimmt in dem Bekenntnis bezeichnet werden (z.B. „Schreiben vom ..."). Ein Zugang nicht näher bezeichneter „Anlagen" wird dadurch nicht nachgewiesen.[403]

403 - Eine weitere Zustellungsart ist die **Zustellung durch die Post mit Zustellungsurkunde** nach § 3 VwZG. Mit „Post" sind auch private Zustelldienste gemeint (§ 2 Abs. 2 VwZG).

  Nach § 3 Abs. 2 VwZG gelten für die Ausführung der Zustellung die §§ 177–182 ZPO entsprechend, insbesondere die Vorschriften über die Ersatzzustellung nach §§ 178, 180, 181 ZPO.

  Nach § 178 ZPO kann eine **Ersatzzustellung** an Personen erfolgen, die sich in der Wohnung, dem Geschäftsraum oder anderen Einrichtungen aufhalten.

  Nach § 180 S. 1 ZPO kann das Schriftstück in einem zu der Wohnung oder dem Geschäftsraum gehörenden **Briefkasten** oder in eine ähnliche Vorrichtung eingelegt werden, wenn eine Zustellung nach § 178 Abs. 1 Nr. 1 oder Nr. 2 ZPO nicht ausführbar ist. Nach § 180 S. 2 ZPO gilt das Schriftstück mit der Einlegung als zugestellt. Der Zusteller hat auf dem Umschlag des zuzustellenden Schriftstücks das Datum der Zustellung zu vermerken.

  Sollte auch eine Zustellung nach § 180 ZPO nicht möglich sein, kann nach § 181 ZPO eine Ersatzzustellung durch **Niederlegung** des Schriftstücks bei einer von der Post dafür bestimmten Stelle erfolgen. Über die Niederlegung ist eine schriftliche Mitteilung auf dem vorgesehenen Formular unter der Anschrift der Person, der zugestellt werden soll, in der bei gewöhnlichen Briefen üblichen Weise abzugeben oder an der Tür etc. anzuheften. Bereits hierdurch ist die Zustellung bewirkt (§ 181 Abs. 1 S. 4 ZPO), also nicht erst, wenn der Adressat das Schriftstück von der Niederlegungsstelle abholt.

  Eine ordnungsgemäß ausgefüllte Zustellungsurkunde erbringt i.d.R. den vollen Beweis dafür, dass die Voraussetzungen der Ersatzzustellung nach §§ 180, 181 ZPO vorlagen. Durch eine erfolgreiche Beweisführung kann diese Regel entkräftet werden (wenn z.B. bewiesen wurde, dass eine Wohnung und die postalische Empfangseinrichtung aufgegeben wurde und der Adressat sich am Zustelltag ganztägig auf dem Grundstück befand).[404]

404 Wird gegen **zwingende Zustellungsvorschriften** verstoßen, kann nach § 8 VwZG (bzw. LZG) eine Heilung erfolgen. Ein solcher Fall liegt z.B. vor, wenn die Behörde ein zuzustellendes Schriftstück entgegen § 4 Abs. 1 VwZG lediglich mit Einwurfeinschreiben zur Versendung gebracht hätte. Nach § 8 VwZG gilt der Zustellungsfehler als geheilt, wenn dem Empfangsberechtigten das Dokument **tatsächlich zugegangen** ist.

402 BT-Drs. 15/5216, S. 13; Rosenbach NWVBl. 2006, 121, 124; Kremer NJW 2006, 332, 333.

403 VGH BW RÜ2 2019, 21.

404 SächsOVG RÜ2 2019, 67.

Diese Regelung setzt voraus, dass das Originaldokument, welches zugestellt werden sollte, auch tatsächlich in den Machtbereich des Empfängers gelangt ist. Aus diesem Grund würde im Fall eines Einwurfeinschreibens die Heilung mit dem Einwurf in den Hausbriefkasten erfolgt sein, soweit sie von der Behörde nachgewiesen werden kann. Der Nachweis kann sich z.B. aus dem Inhalt der später erhobenen Klage ergeben.[405] Voraussetzung für die Heilung nach § 8 VwZG ist aber in allen Fällen, dass die (Widerspruchs-)Behörde den Willen hatte, eine Zustellung (und nicht nur eine Bekanntgabe) bewirken zu wollen, was sich aus der Wahl einer bestimmten Form der Übermittlung ergibt.[406] Voraussetzung für eine Heilung ist, dass tatsächlich eine Zustellung erfolgt ist, die jedoch an einem Mangel leidet. Eine fehlende Zustellung (z.B. an einen nicht bevollmächtigten Rechtsanwalt) ist dagegen keine Zustellung i.S.d. § 8 VwZG und damit nicht heilbar.[407]

Eine Heilung einer fehlerhaften Zustellung kann auch dadurch erfolgen, dass eine Behörde einem bevollmächtigten Rechtsanwalt durch Übersendung von Kopien des Verwaltungsvorganges (einschließlich des fehlerhaft zugestellten Verwaltungsaktes) Akteneinsicht gewährt.[408]

(5) Ist ein **Bevollmächtigter** bestellt, so kann die Bekanntgabe (auch) ihm gegenüber vorgenommen werden (§ 41 Abs. 1 S. 2 VwVfG). Die Behörde hat bei der **formlosen Bekanntgabe** ein **Wahlrecht**, an wen sie bekannt gibt. Auch die Bekanntgabe an den Adressaten genügt für die Wirksamkeit des VA und für das Ingangsetzen von Rechtsbehelfsfristen (§ 70, 74 Abs. 1 S. 2 VwGO).[409] **405**

Nach der Gegenansicht ist § 14 Abs. 3 S. 1 VwVfG vorrangig. § 41 Abs. 1 S. 2 VwVfG stelle nur klar, dass dem Bekanntgabeerfordernis auch durch Bekanntgabe an den Bevollmächtigten genügt werde. Gemäß § 14 Abs. 3 S. 1 VwVfG „soll" sich die Behörde an den Bevollmächtigten wenden und daher Bekanntgaben an ihn vornehmen. Hiervon dürfe sie nur im atypischen Einzelfall abweichen.[410] Aber auch nach dieser Auffassung berührt ein Verstoß gegen § 14 Abs. 3 S. 1 VwVfG nicht die Wirksamkeit der Bekanntgabe und den Lauf der Rechtsbehelfsfristen.[411]

Etwas anderes gilt nur bei der **förmlichen Zustellung** nach dem VwZG. Zwar besteht auch dort grundsätzlich die Möglichkeit, sowohl an den Adressaten als auch an den Bevollmächtigten (z.B. den Rechtsanwalt) zuzustellen (§ 7 Abs. 1 S. 1 VwZG: „können"). Hat der Bevollmächtigte eine **schriftliche Vollmacht** vorgelegt, so ist die Zustellung zwingend an ihn zu richten (§ 7 Abs. 1 S. 2 VwZG). Die Zustellung an den Adressaten kann in diesem Fall die Rechtsbehelfsfristen nicht in Lauf setzen.[412] **406**

Die Übersendung einer E-Mail an den Rechtsanwalt mit der Betreffzeile: „Vorab z.K. – Nutzungsuntersagung" und eines Anhangs, der den VA mit einer Kopfzeile „per Zustellungsurkunde" enthält, stellt keine wirksame Zustellung dar. Wie oben bereits dargelegt (Rn. 404) liegt auch kein Heilungstatbestand nach § 8 VwZG vor.[413]

b) Einhaltung der Widerspruchsfrist

Die Widerspruchsfrist, die nicht verlängert werden kann, wird durch Einlegung bei der Ausgangs- wie bei der Widerspruchsbehörde gewahrt (§ 70 Abs. 1 VwGO). Erhoben ist der Widerspruch erst, wenn er der Behörde **zugegangen** ist, d.h. in ihren Herrschaftsbereich gelangt ist. **407**

405 BayVGH, Urt. v. 04.06.2013 – 12 B 13. 183; Engelhardt/App/Schlatmann VwZG, § 8 Rn. 2.

406 SächsOVG, Beschl. v. 14.09.2010 – 5 A 595/08.

407 VG Düsseldorf, Gerichtsbescheid vom 07.12.2011 – 7 K 8247/09.

408 OVG LSA RÜ2 2018, 235.

409 BVerwG NVwZ 1998, 1292, 1293; Kintz JuS 2005, 806, 807.

410 HessVGH MDR 1993, 703, 704; Drescher NVwZ 1988, 680, 681.

411 HessVGH MDR 1993, 703, 704.

412 Vgl. Kintz JuS 1997, 1115, 1118 m.w.N.

413 OVG NRW RÜ2 2017, 91.

aa) Ausreichend ist der Einwurf in den Briefkasten vor 24.00 h am letzten Tag der Frist. Geht das Schreiben aufgrund postalischer Verzögerungen oder wegen Fehlens eines Nachtbriefkastens erst nach Fristablauf ein, ändert dies nichts an der Fristversäumnis, kann aber zur Wiedereinsetzung in den vorigen Stand führen (§§ 70 Abs. 2, 60 VwGO); dazu unten Rn. 411 ff.

408 **bb)** Bei der Übermittlung per **Telefax** ging die Rspr. früher davon aus, dass der Rechtsbehelf nur dann fristgerecht erfolgt, wenn das Schriftstück vor Fristablauf vom Empfangsgerät ausgedruckt worden ist.[414] Da Faxgeräte heute aber üblicherweise über einen internen Speicher verfügen, lässt es die Rspr. nunmehr genügen, dass die gesendeten Signale vor Ablauf der Frist vom Telefaxgerät des Empfängers vollständig empfangen (gespeichert) worden sind, unabhängig davon, wann der Ausdruck erfolgt.[415] Soweit, wie beim Widerspruch, Schriftform einzuhalten ist, muss die Seite mit der Unterschrift vor Fristablauf übermittelt werden.[416]

409 **cc)** Der **Nachweis des Zugangs des Widerspruchs** obliegt dem Widerspruchsführer. Die Beweislast kehrt sich mit dem glaubhaft gemachten oder sogar bewiesenen Absenden des Widerspruchsschreibens **nicht** um. Für den Zugang des Widerspruchs gelten auch nicht die Grundsätze des Anscheinsbeweises. Es reicht deshalb nicht aus, dass eine hohe Wahrscheinlichkeit dafür spricht, dass ein zur Post aufgegebener Widerspruch den Empfänger auch erreicht. Dem Empfänger ist es unmöglich, den Nichtzugang zu beweisen. Der Widerspruchsführer hat demgegenüber die Möglichkeit, Beweisvorsorge durch die Wahl entsprechender Versendungsformen (z.B. per Einschreiben) zu treffen. Macht er hiervon keinen Gebrauch, trägt er das Risiko, dass der Zugang nicht bewiesen werden kann.[417]

410 **dd)** Wird der Widerspruch innerhalb der Frist bei einer **unzuständigen Behörde** erhoben und geht er erst nach Fristablauf bei der Ausgangs- oder Widerspruchsbehörde ein, so ist der Widerspruch verfristet und damit unzulässig. Es besteht zwar eine Amtspflicht aller Behörden, einen Rechtsbehelf unverzüglich an die zuständige Behörde weiterzuleiten, ein Rechtsanspruch hierauf besteht jedoch nicht.[418] Das gilt auch dann, wenn die Behörde aufgrund besonderer Vorschriften verpflichtet ist, Anträge an die zuständige Behörde weiterzuleiten (z.B. Art. 58 Abs. 4 GO Bay, § 22 Abs. 3 S. 1 GO NRW). Ggf. kommt Wiedereinsetzung in den vorigen Stand in Betracht.[419] Etwas anderes gilt bei der Klageerhebung. Wegen § 83 VwGO i.V.m. § 17 a Abs. 1 S. 2 GVG ist die Klagefrist auch dann gewahrt, wenn die Klage fristgemäß, aber instanziell unzutreffend beim OVG/VGH erhoben worden ist; dies gilt sogar unabhängig vom Vertretungszwang des § 67 Abs. 4 VwGO.[420]

c) Wiedereinsetzung in den vorigen Stand im Vorverfahren

411 Wird die Widerspruchsfrist nicht gewahrt, so kann die Verfristung durch Wiedereinsetzung in den vorigen Stand nach § 70 Abs. 2 i.V.m. § 60 VwGO geheilt werden.

Zur Abgrenzung: Für gerichtsbezogene Fristen (z.B. Klagefrist, Berufungszulassungsfrist) gilt § 60 VwGO unmittelbar. Bei Fristversäumnis im Ausgangsverfahren (z.B. bei Antragsfristen) gilt für die Wiedereinsetzung § 32 VwVfG.[421]

---

414 BVerfG NJW 2000, 574; BGH NJW 1994, 2097; OLG Hamm VersR 2005, 1064.

415 BGH NJW 2006, 2263, 2265; ebenso im Ergebnis schon BVerfG NJW 1996, 2857.

416 Vgl. BGH NJW 1994, 2097.

417 OVG Hamburg NJW 2006, 2505, 2506.

418 Vgl. BVerfG NJW 2001, 1343; OVG Greifswald NVwZ 1999, 201.

419 Vgl. BVerfG NJW 2005, 2137; NJW 2002, 3692.

420 BVerwG RÜ2 2020, 115.

421 Vgl. dazu OVG NRW NWVBl. 2005, 196.

aa) Voraussetzungen für die Wiedereinsetzung

Voraussetzungen des § 60 VwGO
■ Versäumung einer gesetzlichen Frist
■ ohne Verschulden
■ ggf. Antrag auf Wiedereinsetzung mit Begründung
■ Antragsfrist
■ Glaubhaftmachung der Gründe
■ Nachholen der versäumten Rechtshandlung

(1) Die Widerspruchsfrist ist eine **gesetzliche Frist**, bei der § 70 Abs. 2 VwGO eine Wiedereinsetzung ausdrücklich vorsieht. **412**

Auch eine Wiedereinsetzung in die versäumte Wiedereinsetzungsfrist (§ 60 Abs. 2 VwGO) ist möglich.[422]

(2) Die Fristversäumnis muss **unverschuldet** sein. Ein Verschulden liegt dann vor, wenn der Betroffene nicht die Sorgfalt hat walten lassen, die für einen gewissenhaften, seine Rechte und Pflichten sachgerecht wahrnehmenden Beteiligten geboten und ihm nach den gesamten Umständen des konkreten Falls zumutbar ist.[423] **413**

Bei einem Rechtsanwalt und bei juristischen Mitarbeitern einer Behörde sind grundsätzlich höhere Anforderungen zu stellen als bei einem Laien.[424]

Die Anforderungen an die Sorgfaltspflichten dürfen angesichts der Bedeutung der Wiedereinsetzung für den verfassungsrechtlich gewährleisteten Rechtsschutz des Betroffenen aber auch nicht überspannt werden.[425]

Wiedereinsetzung setzt voraus, dass definitiv feststeht, dass die Fristversäumnis unverschuldet war. Lässt sich die Ursache der Fristversäumnis nicht mit überwiegender Wahrscheinlichkeit aufklären und folglich das mangelnde Verschulden des Empfängers nicht mit überwiegender Wahrscheinlichkeit feststellen, so ist Wiedereinsetzung zu versagen.[426]

Beispiele:

- **Urlaub:** Kein Verschulden, wenn die Frist aufgrund einer Bekanntgabe während des **Urlaubs** versäumt wird. Etwas anderes gilt bei längerer Abwesenheit oder wenn der Adressat wegen besonderer Umstände (z.B. erfolgte Anhörung) mit dem Zugang eines bestimmten Bescheides rechnen musste.[427] **414**

- **Postalische Verzögerungen:** Kein Verschulden, wenn bei **normalem Postlauf** mit fristgerechtem Eingang gerechnet werden konnte.[428] Verschulden ist jedoch zu bejahen, wenn das Schreiben so spät abgesandt wird, dass nur unter besonders günstigen Umständen noch ein rechtzeitiger Zugang möglich war. **415**

  Der Bürger darf grundsätzlich darauf vertrauen, dass die normalen Postlaufzeiten eingehalten werden.[429] Deshalb sind seitens des Absenders auch bei Einlieferung am vorletzten Tag der Frist in einen am Tag noch zu leerenden Briefkasten keine besonderen Vorkehrungen zu treffen, insbesondere ist der Absender nicht verpflichtet, zusätzlich besondere Übermittlungsmöglichkeiten zu wählen (Eilboten, Telegramm oder Telefax). Etwas anderes gilt nur, wenn der Betroffene

---

422 Kopp/Schenke VwGO § 60 Rn. 3; Müller NJW 1998, 497, 499.

423 Vgl. BVerwG NVwZ-RR 2015, 392; VGH BW DVBl. 2015, 124; Kopp/Schenke VwGO § 60 Rn. 9.

424 OVG NRW NVwZ 1991, 490.

425 BVerfG DVBl. 2004, 1229; NJW 2004, 2583, 2584; DVBl. 2003, 130, 131.

426 BFH NVwZ 2000, 357, 358.

427 Kintz JuS 1997, 1115, 1123 (Ausnahme bei Abwesenheit von mehr als sechs Wochen).

428 Vgl. BVerfG NJW 2003, 1516; NJW 2001, 744, 745; NJW 1999, 3701, 3702 (privater Kurierdienst); BGH NJW 2011, 153, 155; Born NJW 2011, 2022, 2027; Bernau NJW 2013, 2001, 2005.

429 BayVGH RÜ2 2020, 21.

mit einer Verzögerung rechnen muss, z.B. bei einem Poststreik.[430] Eine starke Beanspruchung der Post (z.B. vor Feiertagen) rechtfertigt dagegen keine Ausnahme.[431]

416 ■ **Adressierung:** Bei postalischer Fehlleitung liegt Verschulden vor bei **unrichtiger oder unzulänglicher Adressierung,**[432] es sei denn, dass das Schreiben so frühzeitig abgesandt wurde, dass es trotz des Adressierungsmangels noch rechtzeitig hätte zugehen müssen.[433]

Beispiele: Verschulden bei Benutzung falscher Postleitzahlen,[434] Unterfrankierung,[435] Verwechslung der Telefax-Nummer.[436]

417 ■ **Telefax:** Bei der Übermittlung fristwahrender Schriftsätze per **Telefax** sind besondere Sorgfaltsanforderungen zu beachten. Der Absender muss die ordnungsgemäße Absendung anhand des Sendeberichts kontrollieren und dabei überprüfen, ob die dort protokollierte Anzahl der übermittelten Seiten mit dem Original übereinstimmt und ob die richtige Faxnummer verwendet wurde.[437]

Kein Verschulden liegt vor, wenn die Übermittlung aufgrund von Fehlern des Empfangsgeräts (Papierstau etc.) oder Störungen der Übermittlungsleitungen scheitert.[438] Verschulden liegt aber vor, wenn so kurz vor Ablauf der Frist mit der Übermittlung begonnen wird, dass eine vollständige Übermittlung vor Fristablauf nicht mehr möglich ist.[439]

418 ■ **Verschulden Dritter:** Grundsätzlich kein Verschulden liegt vor, wenn **ein nicht bevollmächtigter Dritter** für die Verfristung verantwortlich ist.[440]

Also z.B. keine Zurechnung des Verschuldens von Angestellten oder des Ehegatten (diese sind in der Regel keine „Bevollmächtigten").[441] In Betracht kommt hier nur eigenes Verschulden des Empfängers, wenn er die Hilfsperson für die Erledigung von Postangelegenheiten falsch ausgesucht hat, z.B. weil sie damit erkennbar überfordert gewesen ist oder dem Empfänger schon öfters amtliche Schriftstücke vorenthalten hat.[442]

Etwas anderes gilt, wenn der Dritte **Bevollmächtigter** ist. Dessen Verschulden wird dem Adressaten nach § 173 S. 1 VwGO i.V.m. § 85 Abs. 2 ZPO zugerechnet (z.B. Zurechnung des Verschuldens des Rechtsanwalts). Nicht von § 85 Abs. 2 ZPO erfasst wird das Verschulden von unselbstständigen Hilfspersonen (z.B. Büropersonal des Anwalts).[443] Hier ist auch eine Zurechnung über § 278 BGB nicht möglich, da diese Vorschrift nur das Innenverhältnis zwischen Anwalt und Mandanten, mangels „Schuldverhältnis" jedoch nicht das Außenverhältnis gegenüber Gericht und Gegner betrifft.[444] Allerdings kann den Anwalt ein eigenes **Organisationsverschulden** treffen, weil er sein Büropersonal nicht ausreichend schult oder überwacht hat.[445]

Einfache Verrichtungen darf der Anwalt grundsätzlich auf sein geschultes und sorgfältig überwachtes Personal übertragen. Dazu gehört auch die Überwachung der üblichen Fristen.[446]

---

430 BVerfG NJW 1995, 1210, 1211; VGH Mannheim NJW 1996, 2882, 2883.

431 BVerfG NJW 2001, 1566; NJW-RR 2000, 726; BGH NJW 2008, 587 f.; Bernau NJW 2012, 2004, 2008.

432 OVG Bln-Bbg, Beschl. v. 12.10.2016 – OVG 1 B 10.16; VGH BW DVBl. 2015, 124; BayVGH DVBl. 2014, 1081, 1082.

433 BVerfG NJW 2001, 1566; BVerwG NJW 1990, 1747 u. 2639.

434 OLG Düsseldorf NJW 1994, 2841.

435 BGH NJW 2007, 1751; OVG Hamburg NJW 1995, 3137, 3139.

436 BVerwG NVwZ 2004, 1007; VGH Kassel NJW 2001, 3722; OVG Saarlouis NJW 2008, 456; OVG NRW RÜ2 2020, 71.

437 BVerwG NJW 2008, 932; BGH NJW 2007, 1690, 1691; NJW-RR 2006, 1648, 1649; BayVGH NJW 2006, 169; Pentz NJW 2003, 858, 866 f.; einschränkend VGH Kassel NJW 2001, 3722, 3723 bei Privatpersonen.

438 BVerfG NJW 2006, 829; MDR 2000, 836; NJW 1996, 2857; ausführlich Roth NJW 2008, 785 ff.

439 BVerfG NJW 2000, 574; OVG Lüneburg NJW 2007, 1080; Born NJW 2007, 2088, 2093.

440 OVG NRW NJW 1995, 2508 (Ehegatte), BayVGH NJW 1997, 1324 (unselbstständige Hilfspersonen).

441 OVG NRW NJW 1995, 2508; Müller NJW 1998, 497, 501.

442 Müller NJW 1998, 497, 501 m.w.N.

443 Vgl. BVerwG NJW 1992, 63, 64; BayVGH NJW 1997, 1324; Born NJW 2007, 2088, 2094.

444 Vgl. BGH NJW-RR 2003, 935, 936; Born NJW 2005, 2042, 2045; Pentz NJW 2003, 858, 862.

445 Vgl. BGH NJW-RR 2016, 126; BVerwG NJW 2015, 1976, 1977; Bernau NJW 2015, 2004, 2006 f.

446 BVerwG NJW 1992, 852; OVG Schleswig NJW 2008, 3800; VGH Mannheim NVwZ-RR 2007, 137; Born NJW 2007, 2088, 2091; vgl. auch BGH NJW 2006, 1070: zulässige Fristüberwachung durch Referendar.

Allerdings hat der Anwalt durch eine entsprechende Organisation sicherzustellen, dass Fristen in geeigneter Form zuverlässig notiert und überwacht werden.[447] Der Anwalt darf grundsätzlich darauf vertrauen, dass das von ihm ausreichend geschulte und überwachte Personal die Einhaltung der im Fristenkalender notierten Fristen beachtet und ihm die Akten rechtzeitig vorlegt.[448]

Grundsätzlich hat ein Rechtsanwalt dafür zu sorgen, dass ein Empfangsbekenntnis (§ 5 VwZG) über fristenauslösende Entscheidungen erst dann unterzeichnet und zurückgesandt werden darf, wenn in den Handakten die Rechtsbehelfsfrist festgehalten und vermerkt ist, dass die Frist im Fristenkalender notiert worden ist. Wird das Empfangsbekenntnis vorher unterzeichnet, muss der Rechtsanwalt sicherstellen, dass seine Anweisung zur Fristeneintragung tatsächlich beachtet wurde (z.B. durch Anweisung der Wiedervorlage der Handakte).[449]

Verschulden liegt auch vor, wenn die Nichteinhaltung der Frist auf **Arbeitsüberlastung** des Anwalts beruht.[450]

Der Anwalt ist gehalten, die Übernahme des Mandats abzulehnen oder an einen vertretungsbereiten Rechtsanwalt weiterzuleiten, wenn er sich zur Fristwahrung nicht in der Lage sieht. Allerdings kann die Arbeitsüberlastung bei verlängerbaren Fristen (also nicht bei Widerspruchs- und Klagefrist) einen Antrag auf Fristverlängerung rechtfertigen.[451]

Übernimmt ein Rechtsanwalt ein **neues Mandat**, so zählt es zu seinen originären Pflichten, die Akten unverzüglich selbst auf die laufenden Fristen zu überprüfen. Unterlässt er dies, ist die Versäumung der Frist verschuldet.[452]

Beachte: Eine Zurechnung des Verschuldens des Anwalts kommt nicht mehr in Betracht, sobald das Mandat, und sei es auch nur im Innenverhältnis, gekündigt ist.[453] Auf die Anzeige bei der Behörde oder beim Gericht nach § 173 S. 1 VwGO i.V.m. § 87 ZPO kommt es im Rahmen der Verschuldenszurechnung nicht an.[454]

- **Formeller Fehler des VA:** Unverschuldet ist das Fristversäumnis unter den Voraussetzungen des **§ 45 Abs. 3 S. 1 VwVfG**, wenn dem VA die erforderliche Begründung (§ 39 VwVfG) fehlt oder wenn die nach § 28 Abs. 1 VwVfG erforderliche Anhörung unterblieben und **dadurch** die rechtzeitige Anfechtung des VA versäumt worden ist. 419

Die danach erforderliche Kausalität („dadurch") ist nicht im Sinne eines positiven Nachweises zu verstehen, sondern bereits dann anzunehmen, wenn nicht auszuschließen ist, dass der Betroffene bei Kenntnis der Begründung bzw., wenn er angehört worden wäre, den Rechtsbehelf rechtzeitig ergriffen hätte.[455] Wiedereinsetzung kann praktisch nur dann verweigert werden, wenn ausschließlich andere Gründe für die Fristversäumung verantwortlich waren.[456]

- **Mangelnde Rechtskenntnis** entschuldigt eine Fristversäumnis grundsätzlich nicht. Denn der Rechtsunkundige ist regelmäßig verpflichtet, unverzüglich sachkundigen Rat einzuholen bzw. sich anderweitig zu informieren. 420

Beispiel: Verschulden bei Unkenntnis einer Gesetzesänderung;[457] Verschulden, wenn die Erfolgsaussichten des Rechtsbehelfs zunächst falsch beurteilt wurden.[458]

---

447 BVerfG NJW 2001, 3534, 3535; BVerwG NJW 2005, 1001; NJW 1997, 3390; BGH NJW 2008, 2589, 2590; BayVGH NJW 2009, 164 f.; OVG Saarlouis NJW 2008, 3801, 3802; Born NJW 2005, 2042, 2046 m.w.N.

448 BVerwG NJW 1997, 3243; BGH NJW 2000, 365.

449 OVG NRW RÜ2, 2018, 163.

450 BGH NJW 1996, 997, 998; BayVGH NJW 1998, 1507.

451 Dazu BVerfG NJW 2000, 1634.

452 BVerfG NJW 2000, 1633, 1634; BGH NJW 1997, 1708, 1709; Born NJW 2007, 2088, 2091.

453 BVerwG NVwZ 2000, 65.

454 BGH NJW 2006, 2334, 2335; BFH NVwZ 2002, 1401, 1402.

455 Kopp/Ramsauer VwVfG § 45 Rn. 50.

456 Kopp/Ramsauer VwVfG § 45 Rn. 52; einschränkend BGH DVBl. 2000, 1286 aufgehoben durch BVerfG DVBl. 2001, 1747.

457 VGH Mannheim NJW 1997, 2698, 2699; OLG Zweibrücken NJW 2005, 3358.

458 BVerwG DÖV 1990, 256.

421 **(3)** Ein **Wiedereinsetzungsantrag** muss nicht ausdrücklich gestellt werden. Es reicht aus, wenn das Wiedereinsetzungsbegehren aus dem Vorbringen des Widerspruchsführers erkennbar wird. Nach § 60 Abs. 2 S. 4 VwGO kann Wiedereinsetzung auch ohne Antrag **von Amts wegen** gewährt werden, wenn die versäumte Rechtshandlung innerhalb der Antragsfrist nachgeholt wird.

Beispiel: A hat gegen einen ihm am 01.06. zugestellten Ausgangsbescheid Widerspruch erhoben, den er ausweislich des Poststempels am 25.06. zur Post aufgegeben hat. Aufgrund postalischer Verzögerung geht das Schreiben erst am 02.07. bei der Behörde ein. – Hier kann die Behörde bereits am Poststempel erkennen, dass die Fristversäumnis unverschuldet ist, und daher von Amts wegen Wiedereinsetzung gewähren. Dadurch ist eine Wiedereinsetzung u.U. auch dann möglich, wenn der Betroffene von der Verfristung keine Kenntnis hatte.

422 **(4)** Für die Wiedereinsetzung in die Widerspruchsfrist ist eine **Antragsfrist** von zwei Wochen nach Wegfall des Hindernisses einzuhalten (§ 60 Abs. 2 S. 1 Hs. 1 VwGO).

Postalische Verzögerungen hindern zwar die Annahme einer verschuldeten Fristversäumnis (s.o. Rn. 415). Davon zu unterscheiden ist die Anschlussfrage, welche Anforderungen im Zusammenhang mit dem Wiedereinsetzungsantrag zu stellen sind. Hierbei ist von dem Betroffenen zu verlangen, von sich aus zum Wegfall des Hindernisses beizutragen. So sind z.B. Rechtsanwälte bei Erhalt der behördlichen Eingangsbestätigung gehalten, das dort mitgeteilte Eingangsdatum mit dem in den Akten vermerkten Zustellungsdatum des Ausgangsbescheides abzugleichen, um zu überprüfen, ob die Frist gewahrt wurde oder ggf. Wiedereinsetzung beantragt werden muss.[459] Die Wiedereinsetzungsfrist läuft ab dem Zeitpunkt, in dem die Fristversäumnis bekannt war oder hätte bekannt sein müssen.

423 Innerhalb der Frist sind auch die **Gründe** für die Wiedereinsetzung vorzubringen. § 60 Abs. 2 S. 2 VwGO, wonach die Gründe auch noch im Verfahren über den Antrag „glaubhaft" gemacht werden können, erfasst nur die Glaubhaftmachung der Gründe, nicht dagegen die Geltendmachung. Hierfür gilt uneingeschränkt die Zwei-Wochen-Frist des § 60 Abs. 2 S. 1 VwGO.[460]

Beispiel: Dem A wird während urlaubsbedingter Abwesenheit am 01.07. im Wege der Ersatzzustellung gemäß § 3 Abs. 2 VwZG eine Ordnungsverfügung per Zustellungsurkunde zugestellt. Nachdem A am 02.08. aus dem Urlaub zurückkehrt und den Bescheid in Empfang genommen hat, beantragt er am 15.08. Wiedereinsetzung in die Widerspruchsfrist, ohne diesen jedoch zu begründen. Die Begründung nebst eidesstattlicher Versicherung legt er der Behörde erst am 23.08. vor. Wiedereinsetzung ist hier nicht zu gewähren. Zwar hat A die 2-Wochen-Antragsfrist gemäß §§ 70 Abs. 2, 60 Abs. 2 S. 1 Hs. 1 VwGO eingehalten, jedoch seinen Antrag nicht innerhalb dieser Frist begründet.

Beachte: Zur fristgerechten Begründung gehören grundsätzlich auch Angaben zum Zeitpunkt des Wegfalls des Hindernisses, es sei denn, die Einhaltung der Wiedereinsetzungsfrist ist aktenkundig. Denn nur dann kann die Einhaltung der Zwei-Wochen-Frist nachgewiesen werden.[461] Besonders hoch sind die Anforderungen der Rspr. an die Darlegung des Nichtverschuldens, insbesondere bei Anwälten, wenn diese geltend machen, ihr Personal ausreichend geschult und überwacht zu haben.[462]

424 **(5)** Zur **Glaubhaftmachung** können alle zulässigen Beweismittel dienen, z.B. Urkunden (Einlieferungsbeleg des Postdienstes), Zeugenaussagen, auch die eidesstattliche Versicherung (§ 294 ZPO).

So muss die Absendung eines beim Adressaten nicht eingegangenen fristwahrenden Schriftsatzes nicht zwingend durch einen postalischen Beleg (Einlieferungsschein) glaubhaft gemacht werden; hierfür kann auch eine Versicherung des Absenders an Eides statt über die Umstände der Aufgabe zur Post genügen.[463] Auch eine schlichte Erklärung des Antragstellers kann zur Glaubhaftmachung ausreichen, wenn andere Mittel der Glaubhaftmachung nicht zur Verfügung stehen.[464]

---

459 BVerfG NJW 2003, 1516; VG Neustadt a.d.W. NJW 2006, 314.

460 OVG NRW DVBl. 1996, 117; OVG Hamburg NJW 1995, 3137, 3139; Müller NJW 1995, 3224, 3226.

461 VGH Mannheim NJW 1996, 2882, 2883; Müller NJW 2000, 322, 325.

462 Vgl. Born NJW 2005, 2042, 2043 f.

463 BVerwG NJW 1996, 409.

464 BVerfG NJW 1995, 2545, 2546.

(6) Innerhalb der 2-Wochen-Frist muss die **versäumte Rechtshandlung** (hier also der Widerspruch) nachgeholt werden (§ 60 Abs. 2 S. 3 VwGO). Dies ist allerdings nicht erforderlich, wenn der Rechtsbehelf bereits vorher (an sich verfristet) eingelegt wurde.[465] **425**

Die Rechtshandlung muss „nachgeholt", nicht „wiederholt" werden. Ist also der Widerspruch bereits bei der Behörde eingegangen, wenn auch verspätet, so genügt die Bezugnahme hierauf. Im Wiedereinsetzungsantrag kann im Übrigen konkludent die Nachholung der versäumten Rechtshandlung liegen.[466]

bb) Rechtsfolge

Sind die Voraussetzungen für die Wiedereinsetzung erfüllt, so **muss** die Wiedereinsetzung gewährt werden. Gemäß § 70 Abs. 2 i.V.m. § 60 Abs. 4 VwGO entscheidet die **Behörde** über die Wiedereinsetzung, die über den Widerspruch zu entscheiden hat, also die Ausgangsbehörde im Abhilfebescheid oder die Widerspruchsbehörde, wenn ein Widerspruchsbescheid zu erlassen ist. **426**

Beispiel: A hat verfristet Widerspruch gegen eine Abrissverfügung erhoben und gleichzeitig Wiedereinsetzung in den vorigen Stand beantragt. Die Widerspruchsbehörde weist den Widerspruch als unzulässig zurück, da die Fristversäumnis verschuldet sei. Nunmehr hat A Anfechtungsklage erhoben und Wiedereinsetzung beantragt. Das VG hält die Verfristung für nicht verschuldet.

Nach h.M. entscheidet das **Gericht** im Rahmen der Klage zur Hauptsache auch über die Wiedereinsetzung in die Widerspruchsfrist. Die Entscheidung sei eine rechtlich gebundene Entscheidung über eine Vorfrage, die nach Sinn und Zweck der §§ 60 Abs. 4, 70 Abs. 2 VwGO aus Gründen des Sachzusammenhangs von derjenigen Instanz beurteilt werden soll, die mit der Hauptfrage befasst ist. Dies folge auch daraus, dass die Frage der Rechtzeitigkeit des Widerspruchs und die Frage, ob dem Widerspruchsführer Wiedereinsetzung zu gewähren ist, die Zulässigkeit der Klage betrifft, die vom Gericht von Amts wegen zu prüfen ist.[467] Davon ist eine etwaige Entscheidung über eine Wiedereinsetzung in die Klagefrist zu unterscheiden.

6. Verlust oder Verwirkung des Widerspruchsrechts

Fehlt eine wirksame amtliche Bekanntgabe bzw. Zustellung, so kann das Widerspruchsrecht an sich fristungebunden geltend gemacht werden. Etwas anderes gilt dann, wenn das Widerspruchsrecht analog § 242 BGB **verwirkt** ist oder ein Verlusttatbestand vorliegt.

Das BVerwG unterscheidet neuerdings zwischen dem **Verlust des Widerspruchsrechts** innerhalb von einem Jahr ab sicherer Kenntnis vom Inhalt der Baugenehmigung und der **Verwirkung** des Widerspruchsrechts, die neben der Untätigkeit des Widerspruchsführers eine Vertrauensgrundlage und einen Vertrauenstatbestand verlangt.[468]

a) Hat der Berechtigte aufgrund tatsächlicher Umstände Zweifel am Vorliegen einer rechtmäßigen Genehmigung und beantragt Akteneinsicht, dann tritt der Verlust des Widerspruchsrechts ein, wenn nicht innerhalb von einem Jahr ab Akteneinsicht Widerspruch erhoben wird (unabhängig von den Voraussetzungen einer Verwirkung).[469]

---

465 Kopp/Schenke VwGO § 60 Rn. 24.

466 BVerfG NJW 1993, 1635.

467 BVerwG NJW 1983, 1923; OVG NRW NJW 1995, 2508; Pietzner/Ronellenfitsch Rn. 1153; Kintz JuS 1997, 1115, 1122; Kopp/Schenke VwGO § 70 Rn. 13 m.w.N.; a.A. VGH Mannheim DVBl. 1982, 206, 207: keine Klage in der Hauptsache, sondern zunächst nur Verpflichtungsklage auf Wiedereinsetzung.

468 BVerwG RÜ 2018, 810.

469 BVerwG RÜ 2018, 810.

427 **b)** Davon ist eine Verwirkung zu unterscheiden. Die Widerspruchserhebung (Entsprechendes gilt für die Klage) verstößt dann gegen **Treu und Glauben**, wenn der Berechtigte trotz Kenntnis oder zumutbarer Möglichkeit der Kenntnisnahme erst zu einem derart späten Zeitpunkt reagiert, zu dem nicht mehr mit einem Rechtsbehelf gerechnet werden musste. Insbesondere beim Baunachbarstreit ist deshalb anerkannt, dass eine Verwirkung des Widerspruchsrechts des Nachbarn eintreten kann. Aufgrund des Rechtsgedankens des § 58 Abs. 2 VwGO ist die Verwirkungszeit grundsätzlich ein Jahr nach Kenntniserlangung von der konkreten Baugenehmigung. Gleiches gilt, wenn der Nachbar Kenntnis von Bauarbeiten erhält, die auf eine Verletzung von nachbarschützenden Vorschriften schließen lassen und es ihm möglich und zumutbar war, sich hierüber – etwa durch Nachfrage beim Bauherrn oder der Baugenehmigungsbehörde – Gewissheit zu verschaffen.[470]

Dies bedeutet jedoch **keine analoge Anwendung** des § 58 Abs. 2 VwGO. Vielmehr kann in besonderen Fallkonstellationen eine prozessuale Verwirkung auch erst später eintreten oder je nach den Umständen des Einzelfalls eine materiell-rechtliche Verwirkung im Rahmen der Begründetheit des Rechtsbehelfs schon vor Ablauf der Jahresfrist des § 58 Abs. 2 VwGO eintreten.[471]

Eine Verwirkung setzt außer der Untätigkeit des Berechtigten während eines längeren Zeitraumes voraus, dass besondere Umstände hinzutreten, welche die verspätete Geltendmachung als Verstoß gegen Treu und Glauben erscheinen lassen. Das ist insbesondere der Fall, wenn der Verpflichtete (gemeint ist der Bauherr) infolge eines bestimmten Verhaltens des Berechtigten darauf vertrauen durfte, dass dieser das Recht nach so langer Zeit nicht mehr geltend machen würde (Vertrauensgrundlage), der Verpflichtete (Bauherr) ferner darauf vertraut hat, dass das Recht nicht mehr ausgeübt werde (Vertrauenstatbestand) und sich infolgedessen in seinen Vorkehrungen und Maßnahmen so eingerichtet hat, dass ihm durch die verspätete Durchsetzung des Rechts ein unzumutbarer Nachteil entstünde.[472]

Vgl. auch die **Vereinsklage** gemäß § 64 Abs. 2 BNatSchG u. § 2 Abs. 3 UmwRG: Ist der Verwaltungsakt dem Verein nicht bekannt gegeben worden, müssen Widerspruch und Klage binnen eines Jahres erhoben werden, nachdem die Vereinigung von dem Verwaltungsakt Kenntnis erlangt hat oder hätte erlangen können.

428 **c)** Heute ist anerkannt, dass diese Grundsätze **allgemein im Nachbarschaftsverhältnis** gelten,[473] und zwar nicht nur gegenüber unmittelbaren Grenznachbarn, sondern auch gegenüber weiter entfernt liegenden Nachbarn.[474] Allerdings kann es dort erforderlich sein, den Zeitpunkt für das mögliche Tätigwerden des Nachbarn zu modifizieren. Bei mittelbaren Nachbarschaftsverhältnissen kann es nicht stets auf den Zeitpunkt ankommen, in dem der Nachbar durch den tatsächlichen Baubeginn von dem genehmigungsbedürftigen Vorhaben Kenntnis erhält. Es ist vielmehr der Zeitpunkt maßgebend, in dem das Vorhaben in seiner Eigenart als potentiell belastend für den Nachbarn erkennbar ist.[475]

429 **d)** Ebenso gelten die im Baunachbarrecht entwickelten Grundsätze über die Verwirkung entsprechend auch **im Verhältnis zur Behörde**, wenn eine Bekanntgabe zwar erfolgt ist, diese aber keine Fristen in Lauf gesetzt hat (z.B. bei nicht geheilten Zustellungsfehlern).[476]

---

470 BVerwGE 44, 294, 298; BVerwG NVwZ 1994, 896; NVwZ 1991, 1182; Kintz JuS 1997, 1115, 1121; Schoch Jura 2003, 752, 755 m.w.N.

471 BVerwG NVwZ 1991, 1182; OVG Greifswald NVwZ-RR 2003, 15; OVG Bln-Bbg LKV 2010, 326, 327.

472 BVerwG RÜ 2018, 810.

473 BVerwG NJW 1988, 1228 (Wasserrecht); BVerwG NVwZ 2001, 206 (straßenrechtliche Planfeststellung); BVerwG NJW 2002, 1137, 1140 (Vermögensgesetz); OVG Lüneburg NVwZ 1985, 506 (Immissionsschutzrecht); VGH Mannheim VBlBW 1998, 217 (Luftverkehrsrecht).

474 BVerwG DVBl. 1987, 1276, 1277; VGH Mannheim RÜ 2012, 739, 742 = DVBl. 2012, 1181.

475 BayVGH NVwZ-RR 2015, 277; VGH Mannheim RÜ 2012, 739, 741; dazu Schübel-Pfister JuS 2013, 417, 419 f.

476 BVerwG JP 2000, 683; NVwZ 2005, 1334; OVG NRW NJOZ 2007, 1763; BayVGH BayVBl. 2012, 181.

e) Umstritten ist, welche Bedeutung eine **Verwirkung des Widerspruchsrechts für den Rechtsnachfolger** hat. Bei der Verwirkung ist zunächst zwischen der prozessualen Verwirkung und der materiell-rechtlichen Verwirkung zu unterscheiden. Bei der materiell-rechtlichen Verwirkung ist der Abwehranspruch als solcher untergegangen, während bei der prozessualen Verwirkung nur das Recht zur Durchsetzung des Anspruchs untergeht. Eine prozessuale Verwirkung führt dazu, dass der Widerspruch/die Klage unzulässig ist, eine materielle Verwirkung in der Regel zur Unbegründetheit des Rechtsbehelfs, es sei denn, wegen offensichtlich fehlender Rechtsverletzung ist bereits die Widerspruchs-/Klagebefugnis abzulehnen.[477] 430

aa) Für den Fall, dass der Rechtsvorgänger sein Recht prozessual und/oder materiell verwirkt hat, wirkt dies unstreitig gegenüber dem **Gesamtrechtsnachfolger**, da dieser nach § 1922 BGB vollständig in die Rechtstellung des Erblassers eintritt. 431

Beispiel: Bauherr B unterschreitet die erforderliche Abstandsfläche zur Grundstücksgrenze bei offener Bauweise um einen Meter. Der Nachbar N nimmt dies widerspruchslos hin. Zwei Jahre später will der Erbe E des verstorbenen N Abwehrrechte geltend machen. Es ist sowohl prozessuale als auch materielle Verwirkung eingetreten.[478]

bb) Bei der **Einzelrechtsnachfolge** fehlt zwar eine dem § 1922 BGB entsprechende Vorschrift. Das nachbarliche Abwehrrecht ist jedoch als **Annex zur dinglichen Berechtigung** des Eigentümers zu qualifizieren, sodass sich die materielle-rechtliche Verwirkung unstreitig auch auf den Einzelrechtsnachfolger erstreckt. Umstritten ist allerdings, ob dies auch zur Unzulässigkeit von Rechtsbehelfen des Rechtsnachfolgers führt. Teilweise wird dies abgelehnt, da sich aus §§ 70 Abs. 1, 58 Abs. 2 VwGO ergebe, dass der VA nur für den Betroffenen formal unangreifbar werde, dem er amtlich bekanntgegeben worden ist.[479] Nach überwiegend vertretener Auffassung muss die materiell-rechtliche Verwirkung dagegen auch eine prozessuale Verwirkung zur Folge haben, da sonst der Erwerber noch nach Jahren einen zulässigen Rechtsbehelf erheben könnte, der den Adressaten der begünstigenden Genehmigung (z.B. den Bauherrn) prozessual belasten würde.[480] 432

Beispiel: Nachbar N veräußert sein Grundstück zwei Jahre nach der Fertigstellung des Bauwerks des Bauherrn B an den Käufer K. Die prozessuale Verwirkung des N wirkt nach h.M. auch gegenüber dem Einzelrechtsnachfolger. Widerspruch bzw. Klage des N sind unzulässig.

7. Sachentscheidung trotz Verfristung

Ist der Widerspruch verfristet (und scheidet eine Wiedereinsetzung in den vorigen Stand aus), so ist der Widerspruch **unzulässig**. Der Widerspruchsbehörde steht es nach der Rspr. aber grundsätzlich frei, sich auf die Verfristung zu berufen. Tritt die Behörde stattdessen in eine **Sachprüfung** ein, so ist die Fristversäumnis unbeachtlich. Das Widerspruchsverfahren sei ein Verwaltungsverfahren, in dem die Behörde Herrin über den Streitstoff bleibe und daher die Voraussetzungen für den anschließenden Verwaltungsprozess schaffen könne.[481] 433

Eine „Heilung" ist aber ausgeschlossen, wenn ein **Dritter** gegen einen den Adressaten begünstigenden VA verfristet Widerspruch erhoben hat.[482] Dies folgt daraus, dass durch die nach Fristablauf oder Verwirkung eingetretene **Bestandskraft** des VA 434

477 Kopp/Schenke VwGO § 42 Rn. 179.

478 BVerwG NVwZ 1989, 967.

479 Vgl. VGH Mannheim NJW 1979, 997, 999.

480 Kopp/Schenke VwGO § 70 Rn. 6 h.

481 BVerwG DVBl. 1972, 423, 424; DVBl. 1982, 1097; VGH Mannheim NVwZ-RR 2002, 6; BayVGH DVBl. 1992, 1492, 1493; Kintz JuS 1997, 1115, 1122; Frenz JA 2011, 433, 440.

482 BVerwG RÜ 2010, 387, 390; OVG NRW NJOZ 2007, 797; Pietzner/Ronellenfitsch Rn. 1255; Kintz JuS 1997, 1115, 1122; Jahn JuS 2004, 419, 422; Frenz JA 2011, 433, 440.

dem Begünstigten eine **gesicherte Rechtsposition** vermittelt wird. Dieses Recht darf dem Adressaten nur dann entzogen werden, wenn hierfür eine besondere Ermächtigungsgrundlage besteht, die in den §§ 68 ff. VwGO nicht enthalten ist. Die Verfristung oder Verwirkung des Drittwiderspruchs hindert die Aufhebung des angefochtenen VA nur im Widerspruchsverfahren. Eine Aufhebung außerhalb des Vorverfahrens nach §§ 48, 49 VwVfG bleibt zulässig.

Beispiel: Nachbar N hat gegen die dem B erteilte (rechtswidrige) Genehmigung verspätet Widerspruch erhoben. Der Widerspruch muss als unzulässig zurückgewiesen werden. Die (Ausgangs-) Behörde kann die Genehmigung aber nach § 48 VwVfG außerhalb des Widerspruchsverfahrens zurücknehmen, ggf. muss sie nach § 48 Abs. 3 VwVfG den Vermögensnachteil des B ausgleichen. § 50 VwVfG greift nicht ein, da hierfür der Widerspruch des Dritten jedenfalls zulässig sein muss.[483] Zur Frage, ob § 50 VwVfG auch die Begründetheit des Rechtsbehelfs voraussetzt vgl. oben Rn. 156, 157.

Gegenbeispiel: Bei einem verfristeten Widerspruch des Bauherrn gegen einen seinen Bauantrag versagenden Bescheid darf die Widerspruchsbehörde auch dann in der Sache entscheiden, wenn dadurch Rechte des Nachbarn berührt werden.[484] Denn der Bauherr könnte jederzeit einen neuen Bauantrag stellen, der dann sachlich zu bescheiden wäre, selbst wenn der alte Versagungsbescheid bestandskräftig ist.

435 Allerdings ist **ausnahmsweise auch bei Drittwidersprüchen** eine die Fristversäumnis heilende Sachentscheidung möglich, wenn der Adressat selbst ebenfalls Widerspruch erhoben hat. Ein schutzwürdiges Vertrauen ist in diesem Fall nicht anzuerkennen, weil der selbst Widerspruch Einlegende mit einer Verschlechterung seiner Rechtsstellung durch eine **reformatio in peius** rechnen muss (s.u. Rn. 461 ff.).[485]

436 In der Assessorklausur ist von einer Sachentscheidung trotz Verfristung des Widerspruchs in der Regel abzuraten. Die zutreffende Lösung der Klausur besteht darin, den Widerspruch als unzulässig, weil verfristet, zurückzuweisen und gerade nicht in der Sache zu entscheiden. Nach dem Bearbeitungsvermerk sind die nicht erörterten Probleme des Falles dann in einem „Hilfsgutachten" oder einem „Vermerk" darzulegen. Da die Behörde aber Ermessen hat, ob sie sich auf die Verfristung beruft oder nicht, **muss der Widerspruchsbescheid erkennen lassen, ob die Behörde dieses Ermessen ausgeübt hat.** Verkennt die Behörde ihr Ermessen, glaubt sie also zur Zurückweisung als unzulässig verpflichtet zu sein, so liegt darin ein Verfahrensfehler, der nach § 79 Abs. 2 S. 2 VwGO zur isolierten Anfechtung des Widerspruchsbescheides berechtigt.[486]

8. Sonstige Zulässigkeitsvoraussetzungen

437 **a)** Wie bei allen Rechtsbehelfen ist auch der Widerspruch nur zulässig, wenn der Betroffene ein Sachbescheidungsinteresse hat (Rechtsschutzbedürfnis, **Widerspruchsinteresse**). Dies kann entfallen, wenn der Zweck des Widerspruchsverfahrens entweder bereits erreicht ist oder nicht mehr erreicht werden kann. Dies gilt insbesondere in den Fällen der **Erledigung** (s.o. Rn. 379 ff.).

Beispiele: Aufhebung des angefochtenen VA außerhalb des Widerspruchsverfahrens, Erteilung des begehrten VA, Wegfall des Regelungsobjektes, Tod bei höchstpersönlichen VAen (z.B. Erteilung oder Entziehung der Fahrerlaubnis).

438 **aa)** Bei der **beamtenrechtlichen Konkurrentenklage** erledigt sich das Begehren des unterlegenen Bewerbers grundsätzlich, sobald der Konkurrent wirksam ernannt worden ist, da die Ernennung nach den beamtenrechtlichen Vorschriften nicht mehr rückgängig gemacht werden kann. Da ein Amt nur zusammen mit der Einweisung in

483 Kopp/Ramsauer VwVfG § 50 Rn. 22.

484 OVG NRW, Urt. v. 04.12.2006 – 7 A 568/06.

485 BVerwG DÖV 1972, 789.

486 Vgl. VGH Mannheim NVwZ 1982, 316; VBlBW 1992, 96; VBlBW 1993, 220.

eine besetzbare Planstelle besetzt werden darf (vgl. z.B. § 49 Abs. 1 BHO), steht die nunmehr besetzte Planstelle nicht mehr zur Verfügung **(Grundsatz der Ämterstabilität).**[487] Aus diesem Grund besteht kein Rechtsschutzbedürfnis mehr für einen Drittanfechtungswiderspruch. Da die Planstelle besetzt ist, besteht ebenfalls kein Rechtsschutzbedürfnis mehr für den auf die eigene Ernennung gerichteten Verpflichtungswiderspruch.

Etwas anderes gilt allerdings dann, wenn die Ernennung des Konkurrenten unter **Verstoß gegen Art. 19 Abs. 4 GG** vorgenommen wurde. Ein solcher Fall liegt z.B. vor, wenn der ausgewählte Bewerber ernannt wird, bevor der abgelehnte Bewerber über den Ausgang des Bewerbungsverfahrens informiert wird und/oder vorläufiger Rechtsschutz nach § 123 VwGO durch eine übereilte Ernennung des Konkurrenten ohne angemessene Warte-/Prüfungsfrist (ca. 14 Tage) vereitelt wird.[488] In diesem Fall bleibt der Anfechtungswiderspruch gegen die Ernennung des Konkurrenten wie der Verpflichtungswiderspruch auf eigene Ernennung zulässig. 439

bb) Erledigung kann auch durch **Veräußerung der streitbetroffenen Sache** eintreten.

Beispiel: N hat Widerspruch gegen eine dem B erteilte Baugenehmigung erhoben. Während des Widerspruchsverfahrens veräußert N sein Grundstück an R. Der bisherige Grundstückseigentümer ist nach der Veräußerung nicht mehr widerspruchsbefugt, da die Nachbarabwehrrechte Annex zur dinglichen Berechtigung sind. Sein Widerspruch hat sich erledigt. Die §§ 265, 266 ZPO sind im Widerspruchsverfahren nicht anwendbar.[489] Der Rechtsnachfolger muss ein eigenes Verfahren einleiten, wenn und soweit der VA auch ihm gegenüber Rechtsfolgen entfaltet.[490]

Ist gegenüber dem Rechtsvorgänger dagegen **bereits ein Widerspruchsbescheid** erlassen worden, braucht R kein eigenes Widerspruchsverfahren durchführen, soweit die auf das Grundstück bezogene Beschwer bereits Gegenstand eines Widerspruchs seines Rechtsvorgängers war.[491]

b) Eine Sachentscheidungsbefugnis der Widerspruchsbehörde besteht nicht mehr, wenn der Betroffene den Widerspruch **zurückgenommen** oder auf das Widerspruchsrecht **verzichtet** hat. Rücknahme und Verzicht können nur ausdrücklich und nur in derselben Form wie die Widerspruchseinlegung (also schriftlich, elektronisch mit Signatur oder zur Niederschrift, § 70 VwGO) erklärt werden. Als Verfahrenshandlungen sind Rücknahme und Verzicht bedingungsfeindlich,[492] unwiderruflich und unanfechtbar. Nach h.M. kann der Widerspruch nur **bis zum Erlass des Widerspruchsbescheides** zurückgenommen werden, da er dann sein verfahrensrechtliches Ziel erreicht hat und damit „verbraucht" ist.[493] 440

Beispiel: Auf den Widerspruch des N ist die dem Bauherrn B erteilte Baugenehmigung aufgehoben worden. B hat gegen den Widerspruchsbescheid Anfechtungsklage erhoben. Während des gerichtlichen Verfahrens einigt sich B mit N, der daraufhin seinen Widerspruch zurücknimmt. Die Rücknahme des Widerspruchs ist nach h.M. wirkungslos, führt also insbesondere nicht dazu, dass sich die Anfechtungsklage gegen den Widerspruchsbescheid erledigt.

Während ein wirksamer Verzicht dem Widerspruch auf Dauer die Zulässigkeit nimmt, kann bei bloßer **Rücknahme** erneut Widerspruch erhoben werden, sofern die Widerspruchsfrist noch nicht abgelaufen ist. 441

c) Im Übrigen gelten für die Zulässigkeit des Widerspruchs über § 79 VwVfG die Vorschriften des VwVfG, z.B. die §§ 11, 12 VwVfG über die Beteiligten- und Handlungsfähigkeit und § 14 VwVfG über Bevollmächtigte. 442

---

487 BVerfG NVwZ 2008, 70, 71; BVerwG RÜ 2011, 119, 121; Battis DVBl. 2013, 673, 676.

488 BVerfG NVwZ 2008, 70, 71; BVerwG RÜ 2011, 119, 122; VGH Mannheim NVwZ-RR 2011, 608.

489 BayVGH NVwZ-RR 2010, 507, 508; OVG Lüneburg RÜ 2012, 804, 806.

490 Vgl. Kopp/Schenke VwGO § 42 Rn. 174.

491 BVerrwG NVwZ 2006, 1072.

492 BVerwG DVBl. 1996, 105, 106.

493 Kopp/Schenke VwGO § 69 Rn. 8; Pietzner/Ronellenfitsch Rn. 1168.

Anders als im verwaltungsgerichtlichen Verfahren, wo die Wirksamkeit der Prozessvollmacht von der Schriftform abhängt (§ 67 Abs. 6 S. 1 VwGO),[494] ist die Verfahrensvollmacht nach § 14 VwVfG formlos gültig. Die Vorlage nach § 14 Abs. 1 S. 3 VwVfG dient hier – ebenso wie im Zivilprozess (§ 80 Abs. 1 ZPO) – lediglich des Nachweises der Vollmacht[495] und hat im Hinblick auf § 7 Abs. 1 S. 2 VwZG zustellungsrechtliche Bedeutung.

II. Begründetheit des Widerspruchs

1. Prüfungsmaßstab

443 Die Widerspruchsbehörde prüft gemäß § 68 Abs. 1 S. 1 VwGO die Rechtmäßigkeit und Zweckmäßigkeit des angefochtenen VA.

- **Rechtswidrig** ist ein VA, der nicht allen (formell und materiell) rechtlichen Anforderungen an einen ordnungsgemäßen VA genügt.
- **Unzweckmäßig** ist ein VA, wenn sein Inhalt zwar rechtmäßig, aber nicht unerlässlich ist oder wenn auf die behördliche Maßnahme ganz oder teilweise hätte verzichtet werden können.

> **Beachte:** Eine Zweckmäßigkeitsprüfung kommt nur bei **Ermessensentscheidungen** in Betracht. Die Widerspruchsbehörde kann daher eine andere Ermessensentscheidung als die Ausgangsbehörde treffen.

444 **Begründet** ist der Widerspruch – wie die Klage – nur bei Erfüllung objektiver und subjektiver Voraussetzungen, d.h.

- beim **Anfechtungswiderspruch**,
  - soweit der angefochtene VA **rechtwidrig** und der Widerspruchsführer dadurch **in seinen Rechten verletzt** ist (§ 113 Abs. 1 S. 1 VwGO analog) oder
  - der VA **unzweckmäßig** ist und die Ermessensnorm zumindest auch den **Interessen des Widerspruchsführers** zu dienen bestimmt ist.

  Verfolgt die Ermessensnorm dagegen ausschließlich die Interessen der Allgemeinheit, kann der Widerspruch auch aus Zweckmäßigkeitsgesichtspunkten nicht begründet sein.

> **Beachte:** Liegen formelle Fehler vor, die nach §§ 45, 46 VwVfG unbeachtlich sind, muss der Widerspruch als unbegründet zurückgewiesen werden!

445 Ein Drittwiderspruch ist unbegründet, wenn der angefochtene VA zwar (objektiv) **rechtswidrig** ist, der Widerspruchsführer aber dadurch nicht in seinen Rechten verletzt ist.

Beispiel: Nachbar N wendet sich gegen die dem Bauherrn B erteilte Baugenehmigung. Die Widerspruchsbehörde stellt fest, dass nachbarschützende Vorschriften nicht verletzt sind, das Bauvorhaben aber gegen die Gestaltungssatzung der Gemeinde verstößt. Der Widerspruch ist unbegründet, weil N durch die Verletzung der allein im öffentlichen Interesse stehenden Gestaltungsvorschriften nicht in seinen subjektiven Rechten betroffen wird. Eine Aufhebung des VA ist nur außerhalb des Vorverfahrens nach § 48 VwVfG möglich.

- beim **Verpflichtungswiderspruch**, soweit die Ablehnung rechtswidrig ist und der Widerspruchsführer dadurch in seinen Rechten verletzt ist (§ 113 Abs. 5 S. 1 VwGO analog). Das ist der Fall, soweit der Widerspruchsführer einen (gebundenen) **Anspruch** auf Erlass des begehrten Verwaltungsakts hat oder die Widerspruchsbehörde das ihr zustehende **Ermessen** in der Weise ausübt, den begehr-

494 Kopp/Schenke VwGO § 67 Rn. 47.

495 Kopp/Ramsauer VwVfG § 14 Rn. 17.

ten Ermessens-VA zu erlassen. Die Spruchreife – wie bei verwaltungsgerichtlichen Urteilen (§ 113 Abs. 5 S. 1 VwGO) – ist im Widerspruchsverfahren stets gegeben, da die Widerspruchsbehörde aufgrund des Devolutiveffekts das Ermessen selbst betätigen muss.

Unbegründet ist der Widerspruch, wenn der gebundene belastende VA oder die Ablehnung des Erlasses eines gebundenen VA rechtmäßig ist. Ebenfalls unbegründet ist der Widerspruch, wenn die Widerspruchsbehörde bei Ermessensentscheidungen keine von der Ausgangsbehörde abweichende Ermessensentscheidung treffen will und der Ausgangsbescheid ermessensfehlerfrei ist. **446**

2. Rechtmäßigkeit des VA

Da die Begründetheit des Widerspruchs vor allem von der **Rechtmäßigkeit des Ausgangsbescheids** abhängt, ist diese im Einzelnen zu prüfen (s.o. Rn. 94 ff. und 176 ff.). Ein (belastender) Verwaltungsakt ist rechtmäßig, wenn **447**

- er auf einer wirksamen **Ermächtigungsgrundlage** beruht,
- die Zuständigkeits-, Verfahrens- und Formvorschriften eingehalten sind **(formelle Rechtmäßigkeit)** und
- der VA inhaltlich mit dem geltenden Recht im Einklang steht **(materielle Rechtmäßigkeit)**.

Übersicht: Rechtmäßigkeit eines belastenden VA

I. Ermächtigungsgrundlage

- erforderlich nach dem Grundsatz vom Vorbehalt des Gesetzes: belastende Maßnahmen und wesentliche Entscheidungen
- Auswahl nach Spezialitätsgrundsatz
- bei Bedenken: Wirksamkeit der Ermächtigungsgrundlage

II. Formelle Rechtmäßigkeit

1. **Zuständigkeit** (sachlich, instanziell, örtlich)
2. **Verfahren**, §§ 9 ff. VwVfG
   - insbesondere **Anhörung** gemäß § 28 VwVfG, ggf. Ausnahmen gemäß § 28 Abs. 2 u. 3 VwVfG
3. **Form**
   - grds. formfrei (§ 37 Abs. 2 VwVfG); Ausnahmen in Spezialvorschriften (z.B. § 77 Abs. 1 AufenthG)
   - wenn schriftlich oder elektronisch, dann Begründung (§ 39 Abs. 1 VwVfG): wesentliche tatsächliche und rechtliche Gründe, auch Ermessenserwägungen; ggf. Begründung entbehrlich (§ 39 Abs. 2 VwVfG)
4. **Rechtsfolgen formeller Fehler**
   - grds. **rechtswidrig**, nur ausnahmsweise nichtig (§ 44 VwVfG)
   - **Heilung** durch eine Nachholungshandlung, § 45 VwVfG ⇨ VA wird (ex tunc) rechtmäßig
     - keine Nichtigkeit
     - nach h.M. sowohl durch Ausgangs- als auch durch **Widerspruchsbehörde**
     - auch noch im verwaltungsgerichtlichen Verfahren (§ 45 Abs. 2 VwVfG)
   - **Unbeachtlichkeit**, § 46 VwVfG
     - keine Nichtigkeit
     - Verstoß gegen Verfahren, Form, **örtliche** Zuständigkeit
     - „nicht allein deshalb“ setzt voraus, dass der Verwaltungsakt materiell rechtmäßig sein muss (s.u.)
     - Fehler unbeachtlich, wenn offensichtlich ist, dass der Verstoß die Entscheidung in der Sache nicht beeinflusst hat (Kausalität); ist der Fall, wenn eine rechtmäßige gebundene Entscheidung vorliegt

III. Materielle Rechtmäßigkeit

1. **Voraussetzungen der Ermächtigungsgrundlage**
2. **Allgemeine Rechtmäßigkeitsanforderungen**
   a) Bestimmtheit (§ 37 Abs. 1 VwVfG)
   b) Möglichkeit der Maßnahme (tatsächliche und rechtliche)
   c) Verhältnismäßigkeit
   - legitimer Zweck
   - Geeignetheit
   - Erforderlichkeit
   - Angemessenheit
3. **Rechtsfolge**
   a) gebundene Entscheidung („muss“, „ist“ etc.)
   b) Ermessensentscheidung („kann“, „darf“, „ist befugt“ o.Ä.)

a) Form- und Verfahrensfehler

Besonderheiten im Widerspruchsverfahren ergeben sich daraus, dass bestimmte **Form- und Verfahrensfehler**, die von der Ausgangsbehörde begangen worden sind, im Widerspruchsverfahren nach § 45 VwVfG geheilt werden können bzw. nach § 46 VwVfG unbeachtlich sind. **448**

Prüfungsfolge bei formellen Fehlern

- **Erforderlichkeit**
  z.B. § 28 Abs. 1 VwVfG (Anhörung), § 39 Abs. 1 VwVfG (Begründung)
- **Entbehrlichkeit**
  z.B. § 28 Abs. 2 u. 3 VwVfG, § 39 Abs. 2 VwVfG
- keine **Nichtigkeit**, § 44 VwVfG
- **Heilung**, § 45 VwVfG
- **Unbeachtlichkeit**, § 46 VwVfG

aa) Anhörungsfehler, § 28 VwVfG

Die im Ausgangsverfahren unterbliebene **Anhörung** (§ 28 Abs. 1 VwVfG) kann nach § 45 Abs. 1 Nr. 3 VwVfG dadurch nachgeholt werden, dass **449**

- der Betroffene die **Möglichkeit zur Stellungnahme** hat und
- die Widerspruchsbehörde die Stellungnahme **zur Kenntnis nimmt**, sich damit auseinandersetzt und bei der Entscheidungsfindung in ihre Erwägungen miteinbezogen hat.[496]

  Nicht ausreichend ist die bloße Möglichkeit, Widerspruch erheben und diesen begründen zu können.[497] Ebenso reicht es nicht aus, wenn sich die Ausgangs- und Widerspruchsbehörde mit der Stellungnahme des Betroffenen überhaupt nicht auseinandersetzt oder wesentliche Ermessenserwägungen erst im Widerspruchsbescheid anstellt.[498]

Die Anhörung kann hierbei **auch durch die Widerspruchsbehörde** nachgeholt werden, einer besonderen Anhörung durch die Ausgangsbehörde bedarf es nicht. Nach h.M. gilt dies nicht nur bei gebundenen Entscheidungen, sondern auch bei Ermessensentscheidungen,[499] während die Gegenansicht hier eine Anhörung durch die Ausgangsbehörde für erforderlich hält, da dem Betroffenen sonst eine Ermessensebene genommen würde.[500] Dagegen spricht jedoch, dass die Ausgangsbehörde im Abhilfeverfahren (§ 72 VwGO) ohnehin eingeschaltet ist und die Widerspruchsbehörde eine eigene Ermessensentscheidung treffen muss. **450**

Die **Heilung** nach § 45 VwVfG bewirkt, dass die (formelle) Rechtswidrigkeit ex tunc (von Anfang an) beseitigt wird.[501] Der Widerspruch muss zurückgewiesen werden, es sei denn, der VA ist aus anderen Gründen rechtswidrig oder der Widerspruch erweist sich aus Gründen der Unzweckmäßigkeit als begründet (zur Kostenfolge vgl. § 80 Abs. 1 S. 2 VwVfG). **451**

---

496 OVG NRW, Beschl. v. 30.10.2012 – 5 B 669/12.

497 Sodan DVBl. 1999, 729, 733; Schoch Jura 2007, 28, 31.

498 OVG NRW NWVBl. 1990, 281.

499 BVerwG (1. Senat) NVwZ 1983, 284; NVwZ 1984, 578, 579; Kopp/Ramsauer VwVfG § 45 Rn. 41; Schoch Jura 2007, 28, 30.

500 BVerwG (3. Senat) DVBl. 1983, 271, 272.

501 A.A. Kopp/Ramsauer VwVfG § 45 Rn. 14: ex nunc; offengelassen von BVerwG, Beschl. v. 09.04.2002 – 4 B 20.02.

452 Ist eine **Heilung** nach § 45 VwVfG nicht erfolgt oder nicht möglich, so kann der formelle Fehler nach § 46 VwVfG unbeachtlich sein. Dies gilt allerdings nur bei einer Verletzung von Vorschriften über das Verfahren, die Form oder die **örtliche** Zuständigkeit.

Verfahrensfehler i.S.d. § 46 VwVfG sind z.B. auch Verstöße gegen die Befangenheitsvorschriften (§§ 20, 21 VwVfG), die Amtsermittlungspflicht (§§ 24, 26 VwVfG) und die Hinweispflicht (§ 25 VwVfG).

Nicht erfasst werden von § 46 VwVfG Fehler in der Verbandskompetenz, der sachlichen[502] oder der instanziellen Zuständigkeit. Allerdings führt ein Verstoß gegen Vorschriften über die instanzielle Zuständigkeit beim Bürger in der Regel nicht zu einer Rechtsverletzung, da diese keine eigene Schutzfunktion zugunsten Einzelner entfalten, sondern ausschließlich den Zweck verfolgen, Verwaltungsvorgänge in sinnvoller Weise dafür kompetenten Behörden zuzuordnen.[503]

453 **Unbeachtlich** ist der Fehler nach § 46 VwVfG nur, wenn „offensichtlich ist, dass die Verletzung die Entscheidung in der Sache nicht beeinflusst hat". Es muss also offensichtlich an der Kausalität des Fehlers für den Inhalt der Entscheidung fehlen. Offensichtlichkeit ist gegeben, wenn die fehlende Kausalität klar erkennbar ist, gleichsam „ins Auge springt". Wenn dagegen die Möglichkeit besteht, dass ohne den Fehler die Entscheidung in der Sache anders ausgefallen wäre, führt allein der Verfahrensfehler zur Aufhebung des VA.

454 Unproblematisch fehlt die Kausalität bei **gebundenen Entscheidungen** (oder solchen, bei denen das Ermessen auf Null reduziert ist), wenn der VA in der Sache materiell rechtmäßig ist.

Beispiel: F ist nachgewiesenermaßen ungeeignet zum Führen von Kraftfahrzeugen. Nach § 3 StVG hat die zuständige Fahrerlaubnisbehörde die Fahrerlaubnis zu entziehen (gebundene Entscheidung). Auch wenn die Entziehung von der örtlich unzuständigen Behörde verfügt wird, ändert dies materiell nichts am Inhalt der Entscheidung. Der Zuständigkeitsfehler ist daher nach § 46 VwVfG unbeachtlich.

Bei **Ermessensentscheidungen** gilt dies nur, wenn feststeht, dass die Behörde bei Vermeidung des Verfahrens- oder Formfehlers im Ergebnis dieselbe – materiell rechtmäßige – Entscheidung getroffen hätte.[504] Erforderlich ist, dass jede Möglichkeit ausgeschlossen ist, dass bei Einhaltung der Vorschrift die Entscheidung anders ausgefallen wäre.[505] Liegen die Voraussetzungen des § 46 VwVfG vor, so muss der Widerspruch als **unbegründet** zurückgewiesen werden.[506]

bb) Begründungsfehler, § 39 VwVfG

455 Enthält der VA nicht die nach § 39 VwVfG erforderliche Begründung, so kann dieser Fehler gemäß § 45 Abs. 1 Nr. 2 VwVfG im Widerspruchsverfahren **geheilt** werden. Da gemäß § 73 Abs. 3 S. 1 VwGO der Widerspruchsbescheid zwingend zu begründen ist, führt dies praktisch stets zur Heilung.[507]

Für die formelle Rechtmäßigkeit ist nicht maßgeblich, ob die Begründung **zutreffend** ist, sondern allein, dass diejenigen Tatsachen und rechtlichen Erwägungen angegeben werden, die nach Ansicht der Behörde den VA rechtfertigen. Erforderlich ist also nur **irgendeine** Begründung, nicht unbedingt die richtige. Ob die Begründung den VA sachlich rechtfertigt, ist vielmehr eine Frage der materiellen Rechtmäßigkeit.[508]

---

502 BVerwG NJW 2005, 2330, 2333; OVG Hamburg NordÖR 1999, 412; Ziekow NVwZ 2005, 263, 264.
503 VGH Mannheim VBlBW 1992, 304.
504 VGH Kassel NVwZ-RR 2012, 163, 165; Kopp/Ramsauer VwVfG § 46 Rn. 26.
505 Vgl. VG Berlin NJW 2002, 1063, 1064; Kopp/Ramsauer VwVfG § 46 Rn. 27; Ziekow NVwZ 2005, 263, 264.
506 Pietzner/Ronellenfitsch Rn. 1208.
507 BVerwGE 58, 37, 43; Kopp/Ramsauer VwVfG § 45 Rn. 40 u. 41.
508 Kopp/Ramsauer VwVfG § 39 Rn. 2; Schoch Jura 2005, 757, 760 m.w.N.

Zur Terminologie: Enthält ein VA nicht die nach § 39 VwVfG erforderliche Begründung, so kann dieses formelle Erfordernis gemäß § 45 Abs. 1 Nr. 2 VwVfG **nachgeholt** werden. Bei dem Begründungserfordernis nach § 39 VwVfG handelt es sich jedoch um ein rein formelles Erfordernis. § 39 VwVfG fordert lediglich das Vorliegen (irgendeiner) Begründung, nicht dagegen das Vorliegen der richtigen Begründung. Letzteres ist vielmehr eine Frage der materiellen Rechtmäßigkeit, um die es beim sog. **Nachschieben von Gründen** geht.[509]

b) Materielle Fehler

Die Widerspruchsbehörde prüft die materielle Rechtmäßigkeit des belastenden Ausgangsbescheids (s. Rn. 124 ff.) bzw. die materiellen Voraussetzungen für den Erlass eines Verwaltungsakts (s. Rn. 177. ff.), den die Ausgangsbehörde abgelehnt hat. **456**

aa) Auch wenn die Begründung der Ausgangsbehörde **inhaltlich unrichtig** sein sollte, hat dies im Widerspruchsverfahren in der Regel keine Konsequenzen. Entscheidend für die Rechtmäßigkeit des VA ist nicht die subjektive Vorstellung der Behörde, sondern der VA muss **objektiv gerechtfertigt** sein. Es kommt allein darauf an, ob der VA nach der objektiven Sach- und Rechtslage hätte erlassen werden dürfen. Die Widerspruchsbehörde hat daher von Amts wegen alle einschlägigen Rechtsvorschriften (und ebenso alle rechtserheblichen Tatsachen) zu berücksichtigen, gleichgültig, ob die Normen und Tatsachen von der erlassenden Behörde zur Begründung des VA angeführt worden sind oder nicht. Die einschränkenden Grundsätze über das **Nachschieben von Gründen** im Prozess gelten im Widerspruchsverfahren nicht.[510] **457**

Beispiel: Erlässt die Ausgangsbehörde eine Ordnungsverfügung auf der Grundlage des Wasserrechts, kann die Widerspruchsbehörde die Verfügung auf der Grundlage des Abfallrechts aufrechterhalten (wenn sonst keine Rechtsfehler vorliegen).

Im **verwaltungsgerichtlichen Verfahren** ist dagegen ein Nachschieben von Gründen durch die Behörde nur zulässig, wenn der VA durch die nachgeschobenen Gründe nicht in seinem Wesen verändert wird, die Gründe spätestens bei Erlass des Widerspruchsbescheides vorgelegen haben und der Kläger nicht in seiner Rechtsverteidigung beeinträchtigt wird.[511] Auch das Gericht darf von Amts wegen nur solche Gesichtspunkte berücksichtigen, die nicht zu einer Wesensänderung des VA führen.[512]

bb) Soweit die Behörde nach Ermessen zu entscheiden hat, steht dem Bürger grundsätzlich **kein strikter Rechtsanspruch** auf Erlass des VA zu. Er hat vielmehr nur einen **Anspruch auf ermessensfehlerfreie Entscheidung** über den Erlass des VA.[513] **458**

Auch ein solcher Anspruch besteht allerdings nicht generell, sondern nur, wenn der Antrag berechtigtermaßen gestellt wurde und es sich bei der Ermessensnorm um ein **subjektives Recht** des Antragstellers handelt.[514] So hat der Nachbar einen Anspruch auf ermessensfehlerfreie Entscheidung der Bauaufsichtsbehörde nur, wenn der Bauherr gegen **nachbarschützende Vorschriften** verstoßen hat, nicht dagegen, wenn allein im öffentlichen Interesse stehende Baugestaltungsvorschriften verletzt sind.

Etwas anderes gilt nur dann, wenn im konkreten Fall ausnahmsweise alle Entscheidungen bis auf eine ermessensfehlerhaft wären (sog. **Ermessensreduzierung auf Null**). In diesem Fall wandelt sich der Anspruch auf ermessensfehlerfreie Entscheidung um in einen Anspruch auf Erlass des VA selbst.[515] **459**

---

509 Zur Unterscheidung vgl. OVG Lüneburg DVBl. 2002, 715; Schübler-Pfister JuS 2010, 976, 977.

510 Pietzner/Ronellenfitsch Rn. 1212.

511 Vgl. BVerwG NVwZ 1999, 425, 428; NVwZ 1993, 976, 977; ausführlich AS-Skript VwGO (2021), Rn. 577 ff.

512 BVerwG NVwZ 2005, 215; DVBl. 1990, 490, 491.

513 Schoch Jura 2004, 462, 468.

514 Vgl. dazu BVerwGE 39, 235 ff.; OVG NRW NWVBl. 2006, 107, 108.

515 Schoch Jura 2004, 462, 468; Beaucamp JA 2006, 74, 75.

460 **cc)** Die Verwaltung hat unstreitig – auch im Widerspruchsverfahren – die Befugnis, die **Gültigkeit einer Norm** zu überprüfen.

Beispiel: Bauherr B hat beim Oberbürgermeister der Stadt M eine Baugenehmigung beantragt. Diese wird abgelehnt, da das Bauvorhaben gegen den Bebauungsplan der Stadt M verstößt. Auf den Widerspruch des B kommt die Widerspruchsbehörde zu dem Ergebnis, dass der entgegenstehende B-Plan der Stadt M rechtswidrig ist, und hält das Bauvorhaben daher nach § 34 BauGB für zulässig.

Eine **Verwerfungskompetenz** wird dagegen unter Hinweis auf die Einheitlichkeit der Verwaltung und das gerichtliche Verwerfungsmonopol **verneint** (vgl. oben Rn. 260 ff.). Die Widerspruchsbehörde ist daher verpflichtet, Rechtsvorschriften, die sie für unwirksam hält, zu beachten, solange diese nicht aufgehoben oder vom Gericht (z.B. im Verfahren nach § 47 VwGO) für nichtig erklärt worden sind.[516] Hält die Widerspruchsbehörde eine entscheidungserhebliche Norm für unwirksam, so muss sie das **Widerspruchsverfahren aussetzen** und ein Normaufhebungsverfahren beim zuständigen Normgeber, ggf. bei der Aufsichtsbehörde die Aufhebung im Wege der Ersatzvornahme anregen oder ein Normenkontrollverfahren nach § 47 VwGO einleiten.[517]

Die Gegenansicht bejaht unter Hinweis auf die Rechtsbindung der Verwaltung (Art. 20 Abs. 3 GG) eine generelle Prüfungs- und Verwerfungskompetenz, da rechtswidrige RechtsVOen und Satzungen eo ipso unwirksam seien.[518] Nach dieser Ansicht darf die Widerspruchsbehörde (vermeintlich) unwirksame untergesetzliche Normen unbeachtet lassen. Dagegen spricht jedoch, dass sich die Auffassung der Widerspruchsbehörde möglicherweise später als unzutreffend erweist und dann eine erhebliche Rechtsunsicherheit bei der Anwendung der Norm entstünde.

c) reformatio in peius (Verböserung)

461 Ist die Widerspruchsbehörde der Auffassung, dass der Widerspruch **unbegründet** ist, so weist sie ihn zurück. Denkbar ist jedoch, dass die Widerspruchsbehörde bei ihrer Prüfung außerdem zu dem Ergebnis gelangt, dass der angefochtene VA darüber hinaus **zulasten des Widerspruchsführers** verändert werden muss (bzw. kann), sog. reformatio in peius (Verböserung). In Betracht kommt dies sowohl in der Anfechtungs- als auch in der Verpflichtungssituation.

Beispiele: W hat Widerspruch gegen einen Beitragsbescheid über 10.000 Euro erhoben. Die Widerspruchsbehörde ist der Auffassung, dass Beiträge i.H.v. 12.500 Euro angefallen sind. – B hat abweichend von seinem Antrag eine nur eingeschränkte Baugenehmigung erhalten. Auf seinen Widerspruch kommt die Widerspruchsbehörde zu dem Ergebnis, dass B überhaupt keinen Anspruch auf eine Baugenehmigung hat.

aa) Zulässigkeit der reformatio in peius

462 Nach h.M. ist eine solche Verböserung im Widerspruchsverfahren grundsätzlich zulässig. Zur Begründung wird vor allem auf die Kontrollfunktion des Widerspruchsverfahrens verwiesen. Nach § 68 VwGO habe die Widerspruchsbehörde eine **umfassende Recht- und Zweckmäßigkeitskontrolle** vorzunehmen. Davon werde auch die Entscheidung zulasten des Widerspruchsführers erfasst. Abgeschlossen sei das Verwaltungsverfahren erst mit dem Erlass des Widerspruchsbescheides (§ 79 Abs. 1 Nr. 1 VwGO). Eine verfestigte Rechtsposition entstehe erst mit der Bestandskraft des VA.[519]

Die Gegenansicht hält die reformatio in peius für unzulässig, da das Risiko der Verböserung den Bürger von der Einlegung von Rechtsbehelfen abhalten könne, was zu einer faktischen Einschränkung der Rechtsschutzgarantie des Art. 19 Abs. 4 GG führe. Die Regelungen in den §§ 48, 49 VwVfG seien

516 OVG NRW NWVBl. 1998, 60; OVG Saarlouis NVwZ 1993, 396; DÖV 1990, 152 ff.; Pietzner/Ronellenfitsch Rn. 1216; Gril JuS 2000, 1080, 1084; Engel NVwZ 2000, 1258, 1260 m.w.N.

517 OVG Saarlouis NVwZ 1993, 396; Pietzner/Ronellenfitsch Rn. 1216.

518 OVG Lüneburg DVBl. 2000, 212, 213; VGH Kassel NVwZ 1990, 885 f.; Diedrich BauR 2000, 819, 825 ff.

519 BVerwG DVBl. 1996, 1318; NJW 1988, 276, 277; DVBl. 1987, 238, 239; OVG Koblenz NVwZ-RR 2004, 723; Schoch Jura 2003, 752, 759; Schoberth JuS 2010, 239, 245; Kahl/Hilbert Jura 2011, 660, 662.

für nachträgliche Änderungen des VA abschließend.[520] Dagegen spricht jedoch, dass die §§ 71, 79 Abs. 2 S. 1 VwGO davon ausgehen, dass der Widerspruchsbescheid eine zusätzliche Beschwer enthalten kann. Auch wenn diese Vorschriften lediglich die prozessualen Folgen einer reformatio in peius und nicht deren materiell-rechtliche Zulässigkeit regeln, kann daraus geschlossen werden, dass der Gesetzgeber von der Zulässigkeit einer Verböserung im Widerspruchsverfahren ausgegangen ist.

bb) Rechtmäßigkeit einer reformatio in peius

Hält man eine Verböserung grundsätzlich für **zulässig**, so heißt das jedoch nicht, dass sie damit auch automatisch **rechtmäßig** wäre. Vielmehr sind diesbezüglich die formellen und materiellen Rechtmäßigkeitsvoraussetzungen zu prüfen. 463

(1) Formelle Rechtmäßigkeit

(a) Zuständigkeit der Widerspruchsbehörde

Unproblematisch ist die Zuständigkeit für die verbösernde Entscheidung bei **Identität** von Ausgangs- und Widerspruchsbehörde, da kein Grund ersichtlich ist, warum die Behörde im Widerspruchsverfahren nicht die gleiche Befugnis haben soll, wie im Ausgangsverfahren.[521] 464

Sind Ausgangs- und Widerspruchsbehörde **nicht identisch**, wird die Zuständigkeit zur Verböserung uneinheitlich begründet. 465

Teilweise wird die Zuständigkeit aus dem mit dem Widerspruch verbundenen **Devolutiveffekt** abgeleitet, wodurch die Widerspruchsbehörde dieselben Befugnisse wie die Ausgangsbehörde erhalte.[522] Dagegen spricht jedoch, dass die §§ 68, 73 VwGO nur die Zuständigkeit zum Erlass des Widerspruchsbescheides regeln, nicht aber für eine weitergehende Entscheidung in der Sache.[523] 466

Andere bejahen die Zuständigkeit für die Verböserung nur, wenn die Widerspruchsbehörde über ein **Selbsteintrittsrecht** verfügt.[524] Dagegen spricht, dass die Widerspruchsbehörde ein solches Recht nur benötigt, wenn sie einen neuen VA erlassen will. Die Verböserung stellt jedoch lediglich eine quantitative Änderung oder Ergänzung eines bereits vorhandenen VA dar.

Nach h.M. ist die Widerspruchsbehörde für eine Verböserung bereits dann zuständig, wenn sie gleichzeitig **Fachaufsichtsbehörde** ist, denn dann hat sie grundsätzlich die volle Entscheidungskompetenz der Ausgangsbehörde.[525] Entsprechendes gilt für die Sonderaufsicht bei Pflichtaufgaben zur Erfüllung nach Weisung.[526] Soweit die Widerspruchsbehörde als Aufsichtsbehörde die Ausgangsbehörde anweisen kann, den angefochtenen VA zum Nachteil des Widerspruchsführers zu ändern, ist nicht einzusehen, wieso ihr nicht die Befugnis zustehen soll, die für erforderlich gehaltene Änderung selbst vorzunehmen.

Die vorgenannte Begründung für die Zuständigkeit der Widerspruchsbehörde, eine verbösernde Entscheidung zu treffen, erstreckt sich aber lediglich auf die Fälle, in denen eine **quantitative Veränderung** des Ausgangsbescheids eintreten soll. Für den 467

520 Klindt NWVBl. 1996, 452, 456.

521 OVG Koblenz NVwZ 1992, 386, 387; ThürOVG LKV 2011, 92, 95.

522 OVG NRW, Urt. v. 23.02.1984 – 4 A 1243/83; VGH Mannheim BRS 28, 327, 328.

523 BVerwGE 51, 310, 313; Pietzner VerwArch 81 (1990), 261, 262 f.; Wolffgang/Lee NWVBl. 2004, 439, 444.

524 Kopp/Schenke VwGO § 68 Rn. 10 b; Kahl/Hilbert Jura 2011, 660, 663.

525 BVerwG DVBl. 1996, 1318; DVBl. 1987, 238, 239; DVBl. 1992, 787, 788; OVG Koblenz NVwZ-RR 2004, 723; Pietzner VerwArch 1990, 261, 281.

526 Wolffgang/Lee NWVBl. 2004, 439, 444.

Fall, dass eine qualitative Veränderung (Hinzufügung einer neuen, bisher nicht getroffenen Regelung), stattfinden soll, besteht in der Regel keine Zuständigkeit der Widerspruchsbehörde. Erstbescheide müssen von der unteren Behörde instanziell erlassen werden, was bei Nichtidentität von Ausgangs- und Widerspruchsbehörde gerade nicht der Fall ist.

Beispiele für unzulässige qualitative Änderungen: Unzulässig ist z.B. die erstmalige Androhung eines Zwangsgeldes im Widerspruchsbescheid nach einer Schließungsverfügung nach § 15 Abs. 2 GewO;[527] der Erlass einer Abbruchverfügung durch die Widerspruchsbehörde nach Aufhebung der vom Nachbarn angefochtenen Baugenehmigung;[528] Ausweisung eines Ausländers durch die Widerspruchsbehörde nach Ablehnung der Aufenthaltserlaubnis.[529]

468 Soll daher in den Widerspruchsbescheid eine erstmalige, bisher nicht vorhandene Regelung aufgenommen werden, fehlt der Widerspruchsbehörde die instanzielle Zuständigkeit. Etwas anderes gilt nur, wenn die Widerspruchsbehörde über ein gesetzlich vorgesehenes **Selbsteintrittsrecht** verfügt oder mit der Ausgangsbehörde identisch ist.[530]

(b) Anhörung

469 Vor der Verböserung hat nach § 71 VwGO grundsätzlich eine **Anhörung** des Betroffenen stattzufinden. Die Vorschrift begründet – abgesehen von atypischen Sachverhalten – eine Pflicht zur Anhörung („soll"), wenn die Aufhebung oder Änderung des VA erstmalig mit einer Beschwer verbunden ist. Dies gilt nicht nur für neue Tatsachen, sondern auch für die aufgrund bekannter Tatsachen erfolgende **rechtliche Neubewertung**. Damit ist nach § 71 VwGO grundsätzlich bei jeder Verböserung eine vorherige Anhörung des Widerspruchsführers durchzuführen.[531]

Ob ein Verstoß gegen § 71 VwGO im gerichtlichen Verfahren nach §§ 79, 45 VwVfG geheilt werden kann, ist umstritten. Für die Heilung spricht, dass es sich nur um einen formellen Fehler handelt und eine „Sollvorschrift" vorliegt.[532] Dagegen spricht, dass die Regelung weitgehend leerliefe, wenn der Fehler im Klageverfahren ohne Weiteres nachgeholt werden könnte.[533]

(2) Materielle Rechtmäßigkeit einer reformatio in peius

(a) Ermächtigungsgrundlage

470 **(aa)** Die §§ 68 ff. VwGO scheiden als Rechtsgrundlage für die Verböserung/reformatio in perus aus, da sie diese weder im positiven noch im negativen Sinne regeln.

Zwar geht § 79 Abs. 2 VwGO von der Möglichkeit einer „zusätzlichen selbstständigen Beschwer" aus, sagt jedoch nichts darüber, ob und inwieweit diese rechtmäßig ist. Ebenso sehen die §§ 68 Abs. 1 S. 1, 79 Abs. 1 Nr. 1 VwGO zwar vor, dass die Widerspruchsbehörde eine eigene (Ermessens-) Entscheidung trifft, regeln aber nicht deren Inhalt.

471 **(bb)** Teilweise sehen **Spezialvorschriften** eine Verböserung ausdrücklich vor (§ 367 Abs. 2 S. 2 AO). Materiell kann sich die Befugnis zur Verböserung außerdem aus Vorschriften ergeben, die nachträglich belastende Regelungen ausdrücklich vorsehen (z.B. § 17 BImSchG). Schließlich ist die Verböserung „spezialgesetzlich" auch dann zulässig, wenn es um zwingende Aufhebungs- und Rückforderungsansprüche geht.[534]

527 BVerwG DÖV 1982, 83.

528 VGH Mannheim BRS 28 Nr. 124.

529 OVG Berlin NJW 1977, 1166, 1167.

530 Pietzner/Ronellenfitsch Rn. 1230; Frenz JA 2011, 433, 442; Kahl/Hilpert Jura 2011, 660 f.

531 BVerwG NVwZ 1999, 1219, 1220; Kopp/Schenke VwGO § 71 Rn. 2.

532 Kopp/Schenke VwGO § 71 Rn. 7; OVG Bautzen, Beschl. v. 21.01.2020 – 2 A 338/19, BeckRS 2020, 3045.

533 VG Greifswald, Urt. v. 21.08.2020 – 3 A 1261/19 HGW, BeckRS 2020, 25837.

534 BVerwG DVBl. 1987, 238, 238; BVerwGE 65, 313, 315; Pietzner VerwArch 1990, 261, 264.

Beispiel: Dem A ist eine EU-rechtswidrige Subvention gewährt worden. Das durch § 48 VwVfG grundsätzlich eingeräumte Ermessen wird durch das europarechtliche Effizienzgebot (vgl. Art. 4 Abs. 3 UAbs. 2 EUV) auf Null reduziert, wenn die nationale Behörde durch einen bestandskräftigen Kommissionsbeschluss zur Rückforderung der gemeinschaftswidrigen Beihilfe verpflichtet ist.[535] Daraus rechtfertigt sich dann auch eine Verböserung für eine vollständige Rückforderung, wenn die Ausgangsbehörde bislang nur einen Teil zurückgefordert hat.[536]

(cc) Fehlen spezialgesetzliche Regelungen, so wird die Verböserung teilweise als (Teil-)Aufhebung des ursprünglichen VA verstanden, sodass für die Verböserung die Grundsätze über **Rücknahme und Widerruf** von VAen (§§ 48, 49 VwVfG) gelten, mit der Folge, dass sich zugunsten des Bürgers bei begünstigenden VAen insbesondere der Vertrauensschutz nach §§ 48 Abs. 2–4, 49 Abs. 2 u. 3 VwVfG auswirken würde.[537] **472**

(dd) Dagegen spricht jedoch, dass die §§ 48, 49 VwVfG nur die Aufhebung erlauben würden, nicht aber den Erlass der neuen verbösernden Regelung. Aus diesem Grund ergibt sich die Ermächtigung für die Verböserung aus der **ursprünglichen Entscheidungskompetenz**, d.h. aus der gleichen Kompetenz, die die Ausgangsbehörde hätte, wenn sie erstmals im Zeitpunkt der Widerspruchsentscheidung den VA erlassen würde.[538] Die verbösernde Entscheidung beurteilt sich daher grundsätzlich nach der sachlichen **Ermächtigungsgrundlage** der (Ausgangs-)Behörde. **473**

Vertrauensschutzgesichtspunkte stehen der Verböserung in der Regel nicht entgegen, da der Betroffene kein schutzwürdiges Vertrauen genießt. Bei begünstigenden VAen hat sich der Widerspruchsführer durch Einleitung des Vorverfahrens des Schutzes selbst begeben. Dies gilt erst recht bei belastenden VAen, da diese grundsätzlich nicht geeignet sind, überhaupt Vertrauen zu begründen. Ein Vertrauensschutz, der der Verböserung entgegenstehen könnte, dürfte nach der neueren Rspr. nur dann in Betracht kommen, wenn die reformatio in peius „zu untragbaren Verhältnissen für den Betroffenen führen würde."[539]

(b) Grenzen der reformatio in peius

Die Entscheidungsbefugnis (bzw. Zuständigkeit) der Widerspruchsbehörde wird allerdings auch im Rahmen einer reformatio in peius durch den **Verfahrensgegenstand** des Widerspruchs beschränkt. Die Widerspruchsbehörde darf nicht einen Widerspruch zum Anlass nehmen, weitere **rechtlich selbstständige Regelungen** zu treffen, die über den Inhalt des angefochtenen VA hinausgehen (s.o. Rn. 464 ff.). **474**

Beispiel: Der Widerspruch des Bauherrn gegen eine Beseitigungsverfügung wird zurückgewiesen, zugleich droht die Widerspruchsbehörde erstmalig die Ersatzvornahme für den Fall der Nichtbefolgung der Verfügung an. Bei der Androhung handelt es sich um einen neuen selbstständigen VA, für dessen Erlass allein die Ausgangsbehörde zuständig ist, da die Androhung nicht Gegenstand des Widerspruchsverfahrens war.[540]

Entsprechendes gilt in den Fällen, in denen ein VA **mehrere rechtlich selbstständige Entscheidungen** enthält. Beschränkt der Widerspruchsführer seinen Widerspruch zulässigerweise auf einen Teil des VA, dann ist die Widerspruchsbehörde nicht berechtigt, den nicht angefochtenen Teil zu verschärfen, da insoweit ihre Entscheidungszuständigkeit durch den Widerspruch nicht begründet worden ist.[541]

Beispiel: Dem B wird eine Baugenehmigung erteilt, die mit einer Stellplatzauflage versehen ist. Greift B nur die Stellplatzauflage an, so ist die Baugenehmigung im Übrigen nicht Gegenstand des Widerspruchs. Die Widerspruchsbehörde kann daher nicht zu dem Ergebnis gelangen, dem B stün-

535 EuGH NVwZ 2002, 195; NJW 1998, 45, 47; BVerwG DVBl. 1993, 727, 729; Sydow JuS 2005, 97, 102.

536 BVerwG DVBl. 1987, 238, 238.

537 Kopp/Schenke VwGO § 68 Rn. 10 c, Lindner DVBl. 2009, 224, 225.

538 Vgl. BVerwG DVBl. 1987, 238; OVG Koblenz DVBl. 1992, 787, 788; Brühl JuS 1994, 153, 159; Pietzner VerwArch 1990, 261, 266 ff.; unklar BVerwG DVBl. 1996, 1318.

539 BVerwGE 67, 129, 134; BVerwG DVBl. 1996, 1318; kritisch Lindner DVBl. 2009, 224, 226.

540 Vgl. BayVGH DÖV 1982, 83.

541 BSG DÖV 1993, 1014, 1015; VGH Mannheim VBlBW 2001, 313, 315; Geis/Hinterseh JuS 2001, 1176, 1181.

de ein Anspruch auf Erteilung der Baugenehmigung gar nicht zu. Eine Aufhebung der (restlichen) Baugenehmigung ist nur nach § 48 VwVfG außerhalb des Vorverfahrens durch die Ausgangsbehörde möglich.

III. Das behördliche Aussetzungsverfahren nach § 80 Abs. 4 VwGO

475 Ist die aufschiebende Wirkung eines Widerspruchs oder einer Klage nach § 80 Abs. 2 VwGO ausgeschlossen, können nach § 80 Abs. 4 VwGO die Ausgangs- oder die Widerspruchsbehörde die **Vollziehung aussetzen**. Ein solcher Antrag wird in der Praxis (und in der Klausur) regelmäßig mit dem eingelegten Widerspruch verbunden. Es ist aber auch denkbar, dass die Klausur ausschließlich eine Entscheidung über den Aussetzungsantrag zum Gegenstand hat.

476 Das behördliche Aussetzungsverfahren nach § 80 Abs. 4 VwGO und das gerichtliche Verfahren nach § 80 Abs. 5 VwGO stehen **gleichberechtigt nebeneinander**. Nur bei der Anforderung öffentlicher Abgaben und Kosten ist das gerichtliche Verfahren nach § 80 Abs. 5 VwGO erst zulässig, wenn die Behörde einen Antrag auf Aussetzung der Vollziehung nach § 80 Abs. 4 VwGO ganz oder zum Teil abgelehnt hat (§ 80 Abs. 6 VwGO). Etwas anderes gilt nur, wenn die Behörde über den Antrag ohne zureichenden Grund in angemessener Frist sachlich nicht entschieden hat oder eine Vollstreckung droht (§ 80 Abs. 6 S. 2 VwGO).

Umstritten ist dies bei Verwaltungsakten mit Doppelwirkung (z.B. bei der Baugenehmigung). Hier wird der Verweis in § 80 a Abs. 3 S. 2 VwGO zum Teil als Rechtsfolgenverweis verstanden, sodass bei allen VAen mit Doppelwirkung dem gerichtlichen Verfahren ein behördliches Verfahren vorgeschaltet werden muss.[542] Die h.M. nimmt dagegen einen Rechtsgrundverweis an, sodass ein behördliches Aussetzungsverfahren nur bei Abgabenbescheiden mit Doppelwirkung obligatorisch sei.[543]

1. Formelle Voraussetzungen für eine Aussetzung

477 Die Entscheidung über die Aussetzung der Vollziehung nach § 80 Abs. 4 VwGO kann **von Amts wegen** oder auf **Antrag** ergehen. Der Aussetzungsantrag bedarf nicht der Schriftform.[544]

Bei Verwaltungsakten mit Doppelwirkung setzt § 80 a Abs. 1 Nr. 2 VwGO zwar einen Antrag des Dritten voraus. Die Regelung ergänzt lediglich die behördlichen Befugnisse nach § 80 Abs. 4 VwGO, schränkt diese aber nicht ein. Die Behörde darf die Vollziehung daher auch bei Verwaltungsakten mit Doppelwirkung **von Amts wegen** aussetzen.[545] Voraussetzung ist allerdings in jedem Fall, dass der Dritte bereits einen **Rechtsbehelf eingelegt** hat (vgl. Wortlaut). Fehlt es an einem Rechtsbehelf, darf die Behörde die Vollziehung nicht aussetzen.

Zuständig für die Entscheidung über den Aussetzungsantrag ist neben der Ausgangsbehörde auch die Widerspruchsbehörde, diese aufgrund des Devolutiveffekts aber erst nach Erhebung des Widerspruchs.[546] Die Zuständigkeit der Widerspruchsbehörde endet mit Erlass des Widerspruchsbescheides.

Für das Verhältnis der Zuständigkeiten gilt das Prioritätsprinzip, allerdings eingeschränkt durch das Hierarchieprinzip: Die zuerst getroffene Aussetzungsentscheidung der Widerspruchsbehörde bindet die Ausgangsbehörde. Die Widerspruchsbehörde kann dagegen die Aussetzungsentscheidung der Ausgangsbehörde jederzeit ändern oder aufheben.[547]

---

542 OVG Lüneburg NVwZ-RR 2011, 185; NVwZ-RR 2010, 552; OVG Koblenz NVwZ 1994, 1015.

543 OVG Koblenz DÖV 2004, 167 f.; Kopp/Schenke VwGO § 80 a Rn. 21; Hummel JuS 2011, 413, 416.

544 OVG NRW NVwZ 1997, 87; Kopp/Schenke VwGO § 80 Rn. 112.

545 OVG NRW NWVBl. 2000, 25; Kopp/Schenke VwGO § 80 a Rn. 13; a.A. Schoch VwGO § 80 a Rn. 31 u. 36.

546 Kopp/Schenke VwGO § 80 Rn. 110.

547 Kopp/Schenke VwGO § 80 Rn. 111.

2. Materielle Voraussetzungen für eine Aussetzung

a) Materiell gelten für die behördliche Aussetzungsentscheidung nach § 80 Abs. 4 VwGO dieselben Grundsätze wie für die gerichtliche Entscheidung nach § 80 Abs. 5 VwGO, d.h. die Behörde hat eine **Abwägung** zwischen dem Aussetzungsinteresse des Betroffenen und dem öffentlichen Vollzugsinteresse vorzunehmen. Bei der Anforderung von öffentlichen Abgaben und Kosten soll die Aussetzung nach § 80 Abs. 4 S. 3 VwGO erfolgen, wenn ernstliche Zweifel an der Rechtmäßigkeit des angegriffenen VA bestehen oder die Vollziehung für den Pflichtigen eine unbillige, nicht durch überwiegende öffentliche Interessen gebotene Härte zur Folge hätte. Im Übrigen ist auch im behördlichen Aussetzungsverfahren entscheidend auf die Erfolgsaussichten des Rechtsbehelfs in der Hauptsache abzustellen. **478**

- Erweist sich der angefochtene **Verwaltungsakt** als **rechtswidrig**, so ist dem Aussetzungsantrag beim einseitig belastenden VA ohne Weiteres stattzugeben, weil an der Vollziehung eines rechtswidrigen VA kein überwiegendes öffentliches Interesse bestehen kann. **479**

  Dies gilt unabhängig davon, ob es um die Fälle des gesetzlichen Ausschlusses der aufschiebenden Wirkung (§ 80 Abs. 2 S. 1 Nr. 1–3 a u. S. 2 VwGO) oder um die Anordnung der sofortigen Vollziehung (§ 80 Abs. 2 S. 1 Nr. 4 VwGO) geht.[548]

- Wird der Rechtsbehelf des Adressaten dagegen voraussichtlich **keinen Erfolg** haben, bleibt in den Fällen des **gesetzlichen Ausschlusses** der aufschiebenden Wirkung der Aussetzungsantrag in der Regel erfolglos. Denn das Gesetz geht hier von einem grundsätzlich vorrangigen Vollzugsinteresse aus (Ausnahmen bei unbilliger Härte i.S.d. § 80 Abs. 4 S. 3 VwGO).

- Handelt es sich dagegen um den Fall einer behördlichen Vollziehungsanordnung (§ 80 Abs. 2 S. 1 Nr. 4 VwGO), kann das Vollzugsinteresse nur überwiegen, wenn neben der Rechtmäßigkeit des VA ein **besonderes Vollzugsinteresse** vorliegt (s.o. Rn. 78 ff.).

b) Bei **Verwaltungsakten mit Doppelwirkung** sind die Besonderheiten bei Drittrechtsbehelfen zu berücksichtigen. So kann der Antrag auf Aussetzung der Vollziehung nach § 80 a Abs. 1 Nr. 2 Hs. 1 VwGO nicht schon bei (objektiver) Rechtswidrigkeit der angefochtenen Genehmigung Erfolg haben, sondern nur dann, wenn die Rechtswidrigkeit gerade aus einem Verstoß gegen nachbarschützende Vorschriften resultiert.[549] Sollte aber eine Aussetzung der Vollziehung erfolgt sein und der Bauherr baut trotzdem weiter, kann eine Stilllegungsverfügung an den Bauherrn auf § 80 a Abs. 1 Nr. 2 Hs. 2 VwGO als Ermächtigungsgrundlage gestützt werden. Auf die Voraussetzungen der bauordnungsrechtlichen Ermächtigungsgrundlage kommt es nicht an.[550] **480**

3. Entscheidung

Die Entscheidung über die Aussetzung der Vollziehung erfolgt im Regelfall mit dem Erlass des Widerspruchsbescheides durch die Widerspruchsbehörde. In diesem Fall wird im Tenor des Widerspruchsbescheides auch der Antrag auf Aussetzung der Vollziehung beschieden. In der Begründung der Bescheide werden die Argumente für die getroffene Entscheidung erläutert. **481**

---

548 Vgl. für das gerichtliche Verfahren z.B. BVerfG NVwZ 2007, 1302, 1304; OVG NRW NWVBl. 2007, 59; Kopp/Schenke VwGO § 80 Rn. 159; Schoch Jura 2002, 37, 42.

549 OVG NRW BauR 2004, 204; VGH Kassel NVwZ 2001, 105, 106 für die gerichtliche Entscheidung nach § 80 a Abs. 3 VwGO.

550 OVG Lüneburg NVwZ-RR 2014, 550; BVerwG, Urt. v. 28.01.1992 – 7 C 22.91; BVerwGE 89, 357, BeckRS 9998, 170170; Schoch, in: Schoch/Schneider § 80 a Rn. 40.

Formulierungsbeispiel:

„Ihr Widerspruch vom … gegen den Bescheid des … vom … wird zurückgewiesen.

Ihr Antrag auf Aussetzung der Vollziehung wird abgelehnt.

(Sollte der Widerspruch Erfolg haben, empfiehlt sich folgende Formulierung: *„Ihr Antrag auf Aussetzung der sofortigen Vollziehung ist damit gegenstandslos geworden."*)

482 Für den Fall, dass in einer Klausur eine **isolierte Aussetzungsentscheidung** getroffen werden soll, bietet sich folgende Entscheidungstechnik an. Was die Einleitung und den Abschluss dieser Entscheidung angeht, kann auf die Erläuterungen zum Abhilfebescheid und zum Widerspruchsbescheid verwiesen werden. Im Übrigen gilt Folgendes:

- Der **Tenor** lautet:

  „Ihr Antrag vom ..., die Vollziehung des Leistungsbescheides des Bürgermeisters der Stadt Altenburg vom 06.04.2017 (Az.: 21-II-187-2/17) auszusetzen, wird abgelehnt."

- Da für das Aussetzungsverfahren Verwaltungskosten nicht anfallen und auch eine Erstattung von Aufwendungen der Beteiligten gesetzlich nicht vorgesehen ist, erübrigt sich eine **Kostenentscheidung**.
- Die **Begründung** sollte, wie bei Bescheiden üblich, in Sachverhaltsdarstellung und rechtliche Würdigung unterteilt werden. Neben den Ausführungen zu § 80 Abs. 2 VwGO sollte klargestellt werden, dass der Bescheid nur die Aussetzungsentscheidung betrifft und eine Entscheidung über den Widerspruch gesondert erfolgt.
- Eine **Rechtsbehelfsbelehrung** ist nicht erforderlich. Unmittelbar gegen die behördliche Entscheidung über den Aussetzungsantrag ist kein Rechtsbehelf gegeben, sondern nur der Antrag nach § 80 Abs. 5 VwGO auf Anordnung bzw. Wiederherstellung an das Verwaltungsgericht.[551] Da es sich hierbei um einen **außerordentlichen Rechtsbehelf** handelt, der nur in besonderer Situation gegeben ist, braucht darüber nach § 58 Abs. 1 VwGO nicht belehrt zu werden.[552]

3. Abschnitt: Sonstige Aufhebung des Ausgangsbescheides

A. Aufhebung außerhalb des Widerspruchsverfahrens

483 Ist der VA zwar objektiv rechtswidrig, der Widerspruchsführer aber nicht in seinen Rechten verletzt, so ist der Widerspruch **unbegründet**. Will die Behörde den rechtswidrigen VA gleichwohl aufheben, so kommt nur eine Rücknahme nach Spezialvorschriften oder nach § 48 VwVfG „außerhalb" des Widerspruchsverfahrens in Betracht.

Beispiel: Nachbar N wendet sich gegen die dem Bauherrn B erteilte Baugenehmigung. Die Widerspruchsbehörde stellt fest, dass nachbarschützende Vorschriften nicht verletzt sind, das Bauvorhaben aber nicht im Einklang mit dem Bauplanungsrecht/Bauordnungsrecht steht. Der Widerspruch ist unbegründet, weil N durch die Verletzung nichtdrittschützender Vorschriften nicht in seinen subjektiven Rechten betroffen wird. Eine Aufhebung ist nur außerhalb des Vorverfahrens nach § 48 VwVfG möglich.

484 **Zuständig** für solche Aufhebung ist jedoch grundsätzlich die Ausgangsbehörde. Die Widerspruchsbehörde ist hierfür nur ausnahmsweise zuständig, wenn

- sie mit der **Ausgangsbehörde** identisch ist oder
- ihr ein **Selbsteintrittsrecht** zusteht.

551 Kopp/Schenke VwGO § 80 Rn. 119.

552 Kopp/Schenke VwGO § 58 Rn. 5.

Letzteres ist z.B. denkbar im Rahmen der Fachaufsicht oder Kommunalaufsicht bei entsprechender gesetzlicher Regelung.

Im Regelfall ist die Widerspruchsbehörde darauf beschränkt, die **Ausgangsbehörde anzuweisen**, den angefochtenen VA außerhalb des Widerspruchsverfahrens zurückzunehmen. Soweit solche Weisungen VAe sind, ergehen sie in der Form eines verwaltungsbehördlichen Erstbescheids.

Weisungen innerhalb derselben Körperschaft (Bund, Land) wirken nur verwaltungsintern und sind mangels Außenwirkung keine VAe. Weisungen staatlicher Verwaltungsträger in Selbstverwaltungsangelegenheiten der Gemeinde sind dagegen stets VAe.[553] Fachaufsichtliche Weisungen haben dagegen in der Regel keine Außenwirkung.[554] Die Außenwirkung ist allerdings ausnahmsweise zu bejahen, wenn die Aufsichtsmaßnahme sich (final) auf den Selbstverwaltungsbereich auswirkt und die Gemeinde dadurch in einer durch Art. 28 Abs. 2 GG geschützten Rechtsstellung berührt wird.[555]

Beispiel: Weisungen im Straßenverkehrsrecht nach § 44 Abs. 1 S. 2 StVO, die die örtliche Verkehrsplanung und damit die durch Art. 28 Abs. 2 GG geschützte Planungshoheit betreffen.[556] VA-Qualität haben schließlich auch Weisungen bei den sog. Pflichtaufgaben zur Erfüllung nach Weisung, da hierdurch in die eigenverantwortliche Aufgabenwahrnehmung durch die Gemeinde eingegriffen wird.[557]

B. Aufhebung nach Abschluss des Widerspruchsverfahrens

Auch nach **Abschluss des Widerspruchsverfahrens** bleibt die Ausgangsbehörde berechtigt, die Sachentscheidung, die durch den Widerspruchsbescheid gebilligt worden ist, nach §§ 48, 49 VwVfG aufzuheben. Dabei ist allerdings zu beachten, dass der Widerspruchsbescheid eine doppelte Funktion hat: **485**

- Zum einen schließt er als **verfahrensbeendende Entscheidung** das Widerspruchsverfahren (§§ 68 ff. VwGO) ab.
- Zum anderen enthält der Widerspruchsbescheid eine **Sachentscheidung** über den Regelungsgegenstand des Ausgangsbescheids. Der Widerspruchsbescheid bestätigt oder ändert diese Regelung. Ändert der Widerspruchsbescheid den Ausgangsbescheid, bilden beide Bescheide zusammen eine einheitliche Sachentscheidung (vgl. § 79 Abs. 1 Nr. 1 VwGO).

In seiner Funktion als **verfahrensabschließende Entscheidung** steht der Widerspruchsbescheid nicht zur Disposition der Ausgangsbehörde. Die Ausgangsbehörde, die nicht mit der Widerspruchsbehörde identisch ist, ist deshalb zu einer (isolierten) **Aufhebung des Widerspruchsbescheides** nicht befugt.[558] **486**

Beispiel: Dem B ist von der unteren Baubehörde die Baugenehmigung mit der Auflage erteilt worden, fünf PKW-Einstellplätze zu errichten. Auf den Widerspruch des B hat die Widerspruchsbehörde die Zahl der Stellplätze auf drei reduziert. Auch wenn die Baubehörde der Auffassung ist, ihre ursprüngliche Berechnung sei richtig gewesen, darf sie den Widerspruchsbescheid nicht nach § 48 VwVfG aufheben.

Die Ausgangsbehörde kann allerdings die **Sachentscheidung** (also den Ausgangsbescheid in der Gestalt des Widerspruchsbescheides) unter den Voraussetzungen der §§ 48, 49 VwVfG aufheben. Die Aufhebung ist jedoch ermessensfehlerhaft, wenn die Ausgangsbehörde keine neuen tatsächlichen oder rechtlichen Erkenntnisse für eine solche Aufhebung anführen kann. Denn sonst würde sie die Widerspruchsentscheidung unterlaufen.[559] **487**

---

553 OVG NRW NWVBl. 1995, 300, 301.

554 BVerwG DVBl. 1978, 374; Franz JuS 2004, 937, 942 m.w.N.

555 BVerwG DVBl. 1995, 744; VGH Mannheim DVBl. 1994, 348, 349; Beljin/Micker JuS 2003, 970, 975.

556 BVerwG DVBl. 1995, 744.

557 OVG NRW NWVBl. 1995, 300, 301; Bbg VerfG NVwZ-RR 1997, 352, 353; Knemeyer JuS 2000, 521, 525; Zilkens JuS 2001, 785, 788.

558 BVerwG NVwZ 2002, 1252; Uhle NVwZ 2003, 811, 812; Schoch Jura 2003, 752, 759; Engst Jura 2006, 166, 172.

559 BVerwG NVwZ 2002, 1252, 1253; Engst Jura 2006, 166, 172.

488 Nach h.M. ist auch die **Widerspruchsbehörde an den Widerspruchsbescheid** gebunden. Die Anwendung der §§ 48, 49 VwVfG auf den Widerspruchsbescheid über § 79 VwVfG wird überwiegend abgelehnt, da die Sachherrschaft der Widerspruchsbehörde mit dem Abschluss des Widerspruchsverfahrens endet.[560] Nach Erlass des Widerspruchsbescheides fällt der Fortbestand der Sachentscheidung ausschließlich in die Zuständigkeit der Ausgangsbehörde.

Umstritten ist hierbei allerdings, ob dies nur für den bestandskräftigen Widerspruchsbescheid gilt oder ob die Sachherrschaft der Widerspruchsbehörde bereits mit der Zustellung des Widerspruchsbescheides endet.[561]

560 BVerwGE 58, 100, 105; VGH Mannheim NVwZ-RR 1995, 476; VG Stuttgart VBlBW 1992, 355 f.; Kopp/Schenke VwGO § 73 Rn. 25.

561 Uhle NVwZ 2003, 811, 814; Engst Jura 2006, 166, 172.

3. Teil: Entscheidungen über formlose Rechtsbehelfe

1. Abschnitt: Gegenvorstellung und Aufsichtsbeschwerde

Entscheidungen über Gegenvorstellungen (z.B. gegen Realakte) und über **Aufsichtsbeschwerden** (Dienst-, Kommunal- oder Fachaufsichtsbeschwerde) sind in der äußeren Form etwas anders zu gestalten als förmliche Bescheide. Grundsätzlich sollte jedoch auch hier nach der **persönlichen Anrede** kurz der Sachverhalt und das Ergebnis der Überprüfung mitgeteilt sowie daran anschließend die **Begründung** dargelegt werden. 489

„Sehr geehrter Herr ...,

auf Ihre Eingabe vom ... habe ich den Sachverhalt überprüft, jedoch keinen Grund für eine Beanstandung feststellen können. Meine Nachforschungen haben ergeben, dass ...

Wenn Sie behaupten, dass ..., so ist dieser Vorwurf nicht berechtigt. Denn ... Bei dieser Sachlage bitte ich um Ihr Verständnis, wenn ich zu einem dienstlichen Einschreiten gegen ... nicht in der Lage bin.

Mit freundlichen Grüßen

...“

Vor allem in Bescheiden auf Aufsichts- oder Dienstaufsichtsbeschwerden sind **Schärfen zu vermeiden**, auch wenn der Beschwerdeführer selbst zu unsachlichen Formulierungen greift. Wegen der fehlenden Anfechtbarkeit sollte man allgemein bei der Wortwahl besondere Vorsicht walten lassen, um den Beschwerdeführer nicht unnötig zu verärgern. Da Entscheidungen auf Aufsichtsbeschwerden mangels Regelung keine VAe sind, enthalten sie **keine Rechtsbehelfsbelehrung**. Aufsichtsvorschriften dienen ausschließlich dem Allgemeininteresse und lösen keine subjektiven Rechte des Beschwerdeführers oder anderer Individuen aus. 490

Ergibt die Überprüfung, dass die erhobenen Vorwürfe **begründet** sind, so braucht dem Beschwerdeführer der festgestellte Sachverhalt **nicht in allen Einzelheiten** mitgeteilt zu werden. Es genügt, wenn die Behörde darlegt, dass die gerügten Mängel abgestellt werden und das Notwendige veranlasst wird. In Examensklausuren ist nach dem Bearbeitungsvermerk dann in der Regel die notwendige Maßnahme zu veranlassen (z.B. eine Beanstandungsverfügung oder eine aufsichtsbehördliche Weisung). Diese erfolgt dann regelmäßig (gegenüber einer dritten Person; nicht gegenüber dem Beschwerdeführer) in der Form eines verwaltungsbehördlichen Erstbescheids. 491

2. Abschnitt: Petitionsbescheide

Von den sog. Verwaltungspetitionen (Dienst-, Kommunal- oder Fachaufsichtsbeschwerde und Gegenvorstellung) ist die **Legislativ-Petition** (auch Parlamentspetition) zu unterscheiden. Diese richtet sich an die „Volksvertretung“ i.S.d. Art. 17 GG, also an Bundestag oder Landtag. 492

A. Zulässigkeit einer Petition

Verwaltungs- und Legislativpetitionen können von **jedermann** gegen jede Art öffentlicher Verwaltungstätigkeit erhoben werden. Sie sind **form- und fristlos** zulässig. Zwar verlangt Art. 17 GG Schriftform, jedoch heißt das nicht, dass eine mündliche Petition unzulässig ist. Sie genießt nur keinen Grundrechtsschutz. Eine Beschwerdebefugnis i.S. einer eigenen Beschwer ist nicht erforderlich (anders die Widerspruchs- und Klagebefugnis gemäß § 42 Abs. 2 VwGO). 493

B. Petitionsbescheid

494 Art. 17 GG gibt dem Petenten einen Anspruch auf

- **Entgegennahme** der Petition,
- **sachliche Prüfung** und
- Erlass eines **Petitionsbescheids**.

495 Die „**sachliche Prüfung**" der Petition erfordert lediglich eine Auseinandersetzung mit dem Petitionsschreiben, nicht dagegen eine Prüfung des materiellen Gegenstands der Petition. Die Prüfung kann daher zu dem Ergebnis führen, dass dem Petitionsthema nicht weiter nachgegangen wird.

496 Aus dem Petitionsbescheid muss sich lediglich ergeben, wie der Adressat die Petition erledigt hat bzw. erledigen will. Ein darüber hinausgehender Anspruch auf **sachliche Begründung** im Sinne der Wiedergabe einer Sachprüfung besteht dagegen **nicht.**[562] Ein solcher Anspruch kann allenfalls einfachgesetzlich eingeräumt werden.

„Sehr geehrter Herr ...,

der Landtag hat Ihre Eingabe vom ... an den Petitionsausschuss überwiesen. Der Ausschuss hat die Stadtverwaltung in X um Stellungnahme gebeten. Diese hat dargelegt, dass ... nicht zu beanstanden ist. Ihre Eingabe vom ... ist daher durch den Petitionsausschuss des Landtags in der Sitzung vom ... für erledigt erklärt worden."

Petitionsbescheide sind nach h.M. keine VAe, da sie über den Gegenstand der Petition keine verbindliche Regelung treffen. Der Petitionsbescheid trifft keine Sachentscheidung darüber, ob dem Begehren entsprochen wird oder nicht, sondern enthält lediglich die Mitteilung, in welcher Weise mit der Petition verfahren worden ist. Der Bescheid stellt damit nur die tatsächliche Erfüllung der Verpflichtung aus Art. 17 GG dar und trifft **keine Regelung** i.S.d. § 35 VwVfG.[563] Der Petitionsbescheid ist daher nicht mit einer Rechtsbehelfsbelehrung zu versehen.

C. Rechtsschutz

497 Gegen Petitionsbescheide ist nach § 40 Abs. 1 S. 1 VwGO der **Verwaltungsrechtsweg** eröffnet. Es liegt keine verfassungsrechtliche Streitigkeit vor, auch wenn mit dem Parlament ein Verfassungsorgan beteiligt ist. Denn es geht nicht um verfassungsrechtliche Kompetenzen, sondern um eine Rechtsanwendung gegenüber dem Bürger, auch wenn dieser sich auf Art. 17 GG beruft.[564]

Richtige Klageart ist mangels VA die **allgemeine Leistungsklage**, nicht die Verpflichtungsklage. Da sich aus Art. 17 GG indes kein Anspruch auf eine sachliche Auseinandersetzung mit dem Petitionsbegehren ergibt, sind entsprechende Klagen **in der Regel unbegründet**, es sei denn, das Parlament hat auf eine Petition nicht reagiert.

Ein Anspruch auf Veröffentlichung der Petition im Internet besteht nicht.[565]

---

562 BVerfG DVBl. 1993, 33; BVerwG NJW 1991, 936; BayVGH NVwZ 1988, 820, 821; Rühl DVBl. 1993, 14 ff.; abweichend OVG Bremen JZ 1990, 965; Burbiczak NVwZ 2005, 1391.

563 BVerwG NJW 1977, 118; OVG Bremen JZ 1990, 965; Pietzner/Ronellenfitsch Rn. 1015; Slupik/Spohler JuS 1992, 410, 413.

564 BVerfG NVwZ 1989, 953; BVerwG NJW 1976, 637; VerfGH NRW NWVBl. 2003, 12, 13; Slupik/Spohler JuS 1992, 410, 411 m.w.N.

565 BVerfG RÜ 2017, 529.

4. Teil: Die Anwaltsklausur

In fast allen Bundesländern gehört die Anfertigung einer **Anwaltsklausur** im Zwei- 498
ten Juristischen Staatsexamen zum Pflichtprogramm im öffentlichen Recht. Diese können das behördliche Verfahren oder das verwaltungsgerichtliche Verfahren betreffen (dazu AS-Skript Die verwaltungsgerichtliche Assessorklausur [2021], S. 90 ff.). Die Anwaltsklausur im öffentlichen Recht unterscheidet sich nur **unwesentlich** von anderen öffentlich-rechtlichen Aufgabenstellungen. Im verwaltungsbehördlichen Verfahren betrifft sie zumeist die Begutachtung eines Mandantenbegehrens und die Anfertigung eines **Schriftsatzes** an die Behörde (Antragsschrift, Widerspruchsschreiben etc.). Hierfür gelten im Grundsatz dieselben Überlegungen wie für den Erlass behördlicher Entscheidungen. **Anwaltliche Schriftsätze** folgen in tatsächlicher und rechtlicher Hinsicht im Wesentlichen dem Gedankengang des Ausgangsbescheids bzw. Widerspruchsbescheids, denn sie dienen in der Regel der Vorbereitung dieser Entscheidungen. Die Antragsschrift ist nichts anderes als ein verkappter Ausgangsbescheid, das Widerspruchsschreiben ein verkappter Widerspruchsbescheid.

1. Abschnitt: Aufbau der Anwaltsklausur

Grundlage für den Aufbau einer Anwaltsklausur ist der „Bearbeitungsvermerk" der 499
Klausur. Dieser ist zumeist wie folgt formuliert:

Bearbeitungsvermerk

1. Die Angelegenheit ist aus anwaltlicher Sicht nach Maßgabe des Mandantenbegehrens vom … umfassend zu begutachten. Bei der Erstellung des Gutachtens ist zu allen aufgeworfenen Rechtsfragen – gegebenenfalls in einem Hilfsgutachten – Stellung zu nehmen. Das Gutachten soll, soweit erforderlich, auch Überlegungen zur Zweckmäßigkeit des weiteren Vorgehens enthalten. Es soll mit einem zusammenfassenden Vorschlag enden. (Eine Sachverhaltsdarstellung ist im Gutachten nicht zu fertigen). Angaben zum Streitwert sind nicht erforderlich. Zeitpunkt der Begutachtung ist der …

2. Soweit die Einleitung eines behördlichen Verfahrens – auch teilweise – für Erfolg versprechend gehalten wird, ist ein Schreiben an die Behörde zu entwerfen, welcher der dem im Gutachten gefundenen Ergebnis entspricht. In diesem Fall ist ein gesondertes Schreiben an den Mandanten entbehrlich und zwar auch dann, wenn die Einleitung eines behördlichen Verfahrens nur teilweise für Erfolg versprechend gehalten wird. Der Schriftsatz an die Behörde soll eine gedrängte Darstellung des Sachverhalts und der rechtlichen Begründung enthalten. Bei der rechtlichen Begründung sind Verweise auf konkrete Passagen des Gutachtens zulässig, z.B. durch < Einrücken in Spitzklammern >.

Für den Fall, dass nach dem Ergebnis des Gutachtens die Einleitung eines behördlichen Verfahrens insgesamt nicht für Erfolg versprechend gehalten wird, ist ein Schreiben an den Mandanten zu entwerfen. Das Schreiben soll dem Mandanten knapp und für einen juristischen Laien verständlich erläutern, warum die Rechtsverfolgung keine Aussicht auf Erfolg hat. Es ist dabei davon auszugehen, dass der Mandant den Sachverhalt kennt. Angaben zum Sachverhalt sind nur erforderlich, wenn und soweit sie für die Verständlichkeit des Mandantenschreibens erforderlich sind.

3. Es ist davon auszugehen, dass die tatsächlichen Angaben zutreffend sind, soweit sich nicht aus dem Sachverhalt etwas Anderes ergibt. Nicht abgedruckte Schriftstücke haben den angegebenen Inhalt.

4. Sollte eine Frage für beweiserheblich gehalten werden, so ist eine Prognose zu der Beweislage (z.B. Beweislast, Qualität der Beweismittel etc.) zu erstellen. Die Formalien (Ladungen, Zustellungen, Vollmachten) sind in Ordnung, soweit sich nicht aus dem Sachverhalt etwas anderes ergibt.

2. Abschnitt: Das Gutachten in der Anwaltsklausur

500 Die öffentlich-rechtliche Anwaltsklausur betrifft zumeist die Frage, ob und mit welchen Erfolgsaussichten **Abwehr- oder Leistungsansprüche gegen die Verwaltung** durchgesetzt werden können. Im Rahmen der Klausur sind dann in der Regel folgende Schritte zu prüfen und später in einem Gutachten und/oder in einem Schriftsatzentwurf darzustellen.

Aufbau Anwaltsklausur

I. **Feststellung des Mandantenbegehrens (Zielvorstellung)**
- Vorgehen gegen hoheitliches belastendes Handeln
- Vornahme eines begünstigenden hoheitlichen Handelns
- Verteidigung oder Vertretung in schon anhängigen Verfahren

II. **Prüfung der Erfolgsaussichten der Vorgehensmöglichkeiten** und zwar
1. der **materiellen Berechtigung** des Begehrens und
2. der **verfahrensrechtlichen Durchsetzbarkeit** des Begehrens
   - Stellen eines Antrags
   - Erheben eines Widerspruchs
   - ggf. Aussetzungsantrag

III. **Zweckmäßigkeits- und taktische Überlegungen/Entscheidung über Vorgehensweise**
- Vor- und Nachteile abwägen
- sicher, prozesstaktisch, eilbedürftig, kostensparend
- Fantasie und Kreativität einfließen lassen

IV. **Fertigen eines Schriftsatzes** (Umsetzung der Ergebnisse des Gutachtens)
- Sachverhaltsdarstellung (wenn erforderlich)
- Schreiben an die Behörde und/oder (je nach Aufgabenstellung)
- Schreiben an den Mandanten

V. **ggf. Hilfsgutachten** (abhängig vom Bearbeitungsvermerk)

A. Feststellung des Begehrens des Mandanten

Der Umfang der Prüfung wird durch das Begehren des Mandanten bestimmt. Hierbei ist grundsätzlich jedes **sinnvolle und effektive Vorgehen** zu berücksichtigen. Häufig stellt das unmittelbare Begehren des Mandanten nur einen Ausschnitt aus den bestehenden Problemen dar. Hier gilt es, das Begehren zu konkretisieren und umfassend zu würdigen.

Beispiel: Der Marktbeschicker M sucht am 02.11. den Anwalt R auf und teilt ihm folgenden Sachverhalt mit: *„Ich habe mich im Mai dieses Jahres bei der Stadt um die Zuweisung eines Stands auf den alljährlich stattfindenden Weihnachtsmarkt auf dem Rathausmarkt beworben. Ich betreibe ein Karussell mit Weihnachtsfiguren. Die Stadt hat mir nunmehr mit Schreiben vom 25.10. mitgeteilt, dass nicht ich, sondern ein Mitbewerber, Herr O, den begehrten Platz erhalten soll. Damit bin ich nicht einverstanden, da O seit über 10 Jahren den Stand zugeteilt bekommt und mein Karussell zudem behindertengerecht ist. Daher möchte ich den Stand haben und zwar möglichst schnell, da der Markt in Kürze stattfindet. Wenn es notwendig ist, möchte ich auch die Zuweisung des Standes an Herrn O angreifen."*

Das unmittelbare Begehren des Mandanten ist die Zuteilung des Stands auf dem Weihnachtsmarkt, das er ggf. durch Widerspruch gegen den Bescheid vom 25.10. und (Bescheidungs-)Verpflichtungsklage verfolgen kann. Dieses Begehren könnte aber nicht durchzusetzen sein, da der Mitbewerber O den Platz erhalten hat. Also darf sich die anwaltliche Prüfung nicht nur auf das **Verpflichtungs-**

begehren des Mandanten beschränken, sondern muss sich auch darauf erstrecken, ob und wie die Zuteilung des Platzes an den **Konkurrenten beseitigt werden kann**. Zudem kommt angesichts der zeitlichen Nähe des Weihnachtsmarktes nur der Antrag auf Erlass einer **einstweiligen Anordnung gemäß § 123 VwGO** in Betracht.

Unklare Begehren sind auszulegen, wobei dieselben Grundsätze gelten, wie für die Auslegung nicht eindeutiger Prozess- oder Verfahrenserklärungen. Dabei kommt es nicht auf den Wortlaut, sondern auf die Gesamtumstände an. Bei der analog § 133 BGB gebotenen Ermittlung des wirklichen Willens kommt es entscheidend auf die **Effektivität des Rechtsschutzes** (Art. 19 Abs. 4 GG) an.

Beispiele: Ein Antrag auf Wiederaufgreifen des Verfahrens (§ 51 VwVfG) scheidet aus, wenn mangels Bestandskraft noch eine Anfechtung des VA möglich ist. Ist die Widerspruchsfrist versäumt, kommt ggf. eine Wiedereinsetzung in den vorigen Stand in Betracht.

Nachbar N wehrt sich gegen eine dem Bauherrn B erteilte Baugenehmigung. Ein Verstoß gegen nachbarschützende Vorschriften lässt sich nicht feststellen. Ein Widerspruch bzw. eine Anfechtungsklage bliebe mangels Rechtsverletzung (§ 113 Abs. 1 S. 1 VwGO) erfolglos. Denkbar ist allerdings, durch eine Anregung an die Ausgangsbehörde eine Aufhebung außerhalb des Rechtsbehelfsverfahrens nach § 48 VwVfG zu bewirken. Auch kommt ein Einschreiten der Fachaufsichtsbehörde in Betracht (z.B. eine Weisung zur Rücknahme der rechtswidrigen Baugenehmigung).

„I. Mandantenbegehren

Der Mandant begehrt im Wege des einstweiligen Rechtsschutzes die Zulassung zum diesjährigen Weihnachtsmarkt der Stadt S. Er betreibt ein Karussell mit Weihnachtsfiguren. Sein Antrag auf Zulassung wurde mit dem Hinweis abgelehnt, dass ein Konkurrent den Platz zugewiesen bekommen hat. Insoweit wird auch zu prüfen sein, ob neben der begehrten Zulassung auch die Zuteilung an Herrn O angegriffen werden muss. …"

B. Prüfung der Erfolgsaussichten des Vorgehens

Die öffentlich-rechtliche Assessorklausur hat den Vorteil, dass Sie im Gutachtenaufbau bei dem bleiben können, was Sie aus dem **Ersten Examen** kennen. Anders als im Zivilrecht sind Sie im Öffentlichen Recht mit verfahrensrechtlichen Fragen seit dem Anfang Ihres Studiums vertraut. Sie prüfen also auch in der Gutachtenklausur im Assessorexamen die Erfolgsaussichten eines **Antrags** bei der Behörde (z.B. Anspruch auf Erteilung einer Genehmigung) oder die **Zulässigkeit und Begründetheit eines Rechtsbehelfs** (z.B. Widerspruch). 501

I. Materieller Aufbau

Die Prüfung der **Erfolgsaussichten des Begehrens** erfolgt in materieller und verfahrensrechtlicher (prozessualer) Hinsicht. Dabei ist es in der Regel angebracht, mit der materiellen Rechtslage zu beginnen, da sich daraus Auswirkungen auf die prozessuale Durchsetzbarkeit ergeben können. 502

So hängt z.B. der zu wählende Rechtsweg oft von den einschlägigen Anspruchsgrundlagen ab (Abgrenzung § 1004 BGB zum öffentlich-rechtlichen Abwehr- und Unterlassungsanspruch; Zugang zu einer öffentlich-rechtlichen Einrichtung; Geltendmachung von Ansprüchen aus einem öffentlich-rechtlichen Vertrag; Vorliegen einer beamtenrechtlichen Streitigkeit etc.). Die Durchführung eines Vorverfahrens ist regelmäßig nur erforderlich, wenn die angegriffene Maßnahme einen VA darstellt.

Aufbauhinweis: Bei offener Fragestellung in der Anwaltsklausur **keinen prozessualen Einstieg wählen**, sondern in der Regel mit der materiellen Prüfung beginnen!

II. Prozessualer Aufbau

503 Soll der Anwalt die **Erfolgsaussichten** eines an die Behörde gerichteten und bereits erhobenen Rechtsbehelfs (z.B. Widerspruch) beurteilen, muss gutachterlich dessen Zulässigkeit und Begründetheit geprüft werden. Zwar kann auch hier die Begründetheit des Rechtsbehelfs vorgezogen werden, da es für die Erfolgsaussichten des Rechtsbehelfs unerheblich ist, ob das Begehren unzulässig oder unbegründet ist. Da sich die Beurteilung der Rechtslage aber zumeist an der prozessualen Situation orientiert, empfiehlt es sich, auch bei der anwaltlichen Prüfung die **herkömmliche Reihenfolge** einzuhalten und zunächst die Zulässigkeit und erst dann die Begründetheit zu prüfen.

> **Aufbauhinweis:** Bei prozessualer Fragestellung – wie bei der Frage nach den Erfolgsaussichten eines bereits erhobenen Widerspruchs – üblicherweise zunächst die Zulässigkeit, dann die Begründetheit prüfen.

III. Inhalt des Gutachtens

504 Schwerpunkt des Gutachtens bildet in der Regel die materiell-rechtliche Prüfung, in der die erfolgreiche Durchsetzung des Mandantenbegehrens geprüft wird. Zum Aufbau und Inhalt des Gutachtens kann auf die Ausführungen zum Widerspruchsverfahren (Rn. 443 ff.) verwiesen werden. Wenn der Bearbeitungsvermerk für den Schriftsatzentwurf die Verwendung sog. **Spitzklammern** (< >) erlaubt, erscheint es angezeigt, das Gutachten weitgehend im **Urteilsstil** darzustellen, um den betroffenen Text später im Schriftsatzentwurf uneingeschränkt übernehmen zu können.

> *<1> Dem Anspruchsteller steht ein Anspruch auf Zuweisung eines Stands auf dem diesjährigen Weihnachtsmarkt zu<1>. Fraglich ist, welche Anspruchsgrundlage im vorliegenden Fall einschlägig ist. ...*
>
> *<2> Der Anspruch folgt aus § 70 Abs. 1 GewO <2>. Dann müsste ...*

Ist im Bearbeitungsvermerk kein Hinweis auf die Spitzklammertechnik enthalten, sollte vom Urteilsstil nur zurückhaltend Gebrauch gemacht werden. In dem Falle sollten aber langwierige Erörterungen von unproblematischen Stellen vermieden werden. Gerade im Rahmen von Zulässigkeitsprüfungen können Voraussetzungen, die unproblematisch als erfüllt anzusehen sind, „übersprungen" oder im verkürzten Gutachtenstil dargestellt werden.

C. Zweckmäßigkeitserwägungen und taktische Überlegungen

505 Der Vermerk bzw. die gutachterliche Stellungnahme in der Anwaltsklausur soll in der Regel auch **Erwägungen zur Taktik** des anwaltlichen Vorgehens enthalten. Dem Mandanten sollte der sicherste, aber zugleich auch effektivste und schnellste Weg der Rechtsverfolgung aufgezeigt werden. Vor allem stellt sich die Frage, welche Vorgehensweise für den Mandanten der günstigste ist.

I. Kostenrisiko

506 Im Gegensatz zu Entscheidungen im gerichtlichen Verfahren ist das Kostenrisiko des Mandanten in verwaltungsbehördlichen Verfahren eher gering. Dennoch ist der Mandant darauf hinzuweisen, dass die Ablehnung eines Antrags, der Erlass einer Ordnungsverfügung oder aber auch der Erlass eines Widerspruchsbescheides einen **Gebührentatbestand** des landesrechtlichen Gebührengesetzes erfüllen kann. Diese Kosten können daher **neben den Anwaltskosten** anfallen.

Hinsichtlich der eigenen Anwaltskosten ist darauf hinzuweisen, dass im Falle der Durchführung eines Vorverfahrens gemäß **§ 80 Abs. 2 VwVfG** die Gebühren und Auslagen eines Rechtsanwalts im Vorverfahren nur dann erstattungsfähig sind, wenn die **Zuziehung eines Bevollmächtigten notwendig** war. Die Regelung entspricht § 162 Abs. 2 VwGO für das gerichtliche Verfahren und ist grundsätzlich im gleichen Sinn zu verstehen. Über die Notwendigkeit der Hinzuziehung ist von Amts wegen zu entscheiden (§ 80 Abs. 3 S. 2 VwVfG).[566] Ein Antrag ist daher nicht notwendig, in der Klausur aber üblich und zweckmäßig. Da die Rspr. die Notwendigkeit der Hinzuziehung restriktiv auslegt (s.o. Rn. 332 ff.), ist der Mandant darauf hinzuweisen, dass er seine Anwaltskosten ggf. selbst zu tragen hat. **507**

II. Folgerisiken

Zur anwaltlichen Beratung gehört schließlich auch die Aufklärung über mögliche Folgerisiken oder sonstige Gefährdungen der Rechte des Mandanten. So ist bei festgestellter Rechtswidrigkeit einer gewährten Begünstigung ggf. mit einer Rücknahme des VA außerhalb des Widerspruchsverfahrens nach § 48 VwVfG zu rechnen, auch wenn der Widerspruch des Nachbarn mangels Rechtsverletzung unbegründet bleibt. Bei Begünstigungen muss der Mandant z.B. darauf hingewiesen werden, dass die Wirkungen u.U. nach einer bestimmten Zeit verfallen (z.B. die Geltungsdauer einer Baugenehmigung nach der LBauO) oder dass die Behörde nachträglich Nebenbestimmungen (z.B. nach § 5 GaststG) treffen kann. Im Rahmen des Widerspruchsverfahrens muss auf die Möglichkeit der **Verböserung** hingewiesen und u.U. die Rücknahme des Widerspruchs erwogen werden. **508**

Beispiel: B hat die von ihm begehrte Gaststättengenehmigung für das Betreiben eines Imbissstandes auf einem Volksfest nur mit der Auflage erhalten, dass er für den Ausschank von Getränken nur Mehrwegbecher verwenden darf. B hat gegen die Auflage Widerspruch erhoben. Bei der rechtlichen Prüfung durch den Anwalt ergibt sich, dass dem Mandanten auch bezüglich der Verwendung von Geschirr (Teller, Besteck etc.) eine derartige Auflage droht. Um eine Verböserung durch den Widerspruchsbescheid zu verhindern, ist zu überlegen, ob der Widerspruch – wenn sonst keine rechtlichen Bedenken bestehen – nicht doch zurückgenommen werden soll. Allerdings ist die Behörde auch außerhalb des Widerspruchsverfahrens berechtigt, die insoweit rechtswidrige Auflage nach § 48 VwVfG zurückzunehmen und durch eine neue, rechtmäßige Auflage zu ersetzen. Auch hierauf ist der Mandant hinzuweisen.

Zudem ist zu beachten, dass **Verfahrensfehler** im Widerspruchsverfahren nach § 45 VwVfG geheilt werden können und im Übrigen ein Aufhebungsanspruch gemäß § 46 VwVfG ausgeschlossen sein kann. **509**

D. Anwaltliche Schreiben im behördlichen Verfahren

Auch wenn der praktische Teil einer behördlichen Anwaltsklausur in der Regel keinen großen Umfang ausmacht, sehen es die Prüfer als wesentlichen Teil der Prüfungsleistung an, dass die im Gutachten erarbeiteten Ergebnisse praktisch umgesetzt werden. Dies stellt nach Ansicht vieler Prüfer die eigentliche anwaltliche Leistung dar und geschieht meistens durch die **Anfertigung eines Schreibens**. Dieses kann an die **Behörde** oder an den **Mandanten** gerichtet sein. Die Nichterstellung wirkt sich regelmäßig negativ auf die Bewertung aus. Fehler formeller oder materieller Art, die am Ende der Bearbeitungszeit häufig zu beobachten sind, sollten möglichst vermieden werden. Eine der häufigsten Kritikpunkte der Prüfer lautet: *„Der Schriftsatz wäre in der Praxis (stark) überarbeitungsbedürftig".* **510**

566 Kopp/Ramsauer VwVfG § 80 Rn. 38.

511 Der **Bearbeitungsvermerk** fordert neben dem Gutachten in der Regel nur die Anfertigung des Schreibens. Achten Sie aber genau auf die Formulierung des Arbeitsauftrags. Beachten Sie weiter, dass bei der Abfassung des anwaltlichen Schreibens das Ergebnis des materiell-rechtlichen Gutachtens und die gegebenenfalls angestellten taktischen Überlegungen umfassend umgesetzt werden. Beachten Sie auch, dass ein Schreiben an den Mandanten die Ausnahme darstellen wird, da der Prüfer in der Regel ein Vorgehen gegen die Behörde erwartet. Bedenken Sie dies bereits bei der Erstellung des Gutachtens. Vermeiden Sie – wenn möglich – das Ergebnis, dass ein Vorgehen keinen Erfolg verspricht. Sollte das Ergebnis des Gutachtens allerdings negativ ausfallen, so bleibt nur die Fertigung eines Anwaltsschreibens. Zu vermeiden ist auf jeden Fall die „Flucht" in das vermeintlich leichter anzufertigende Mandantenschreiben.

512 Werden die Erfolgsaussichten des Mandantenbegehrens **bejaht**, so ist regelmäßig ein Schreiben an die Behörde zu entwerfen. Ein gesondertes Mandantenschreiben ist dann in der Regel nicht zu fertigen. Allerdings kann es nach dem Bearbeitungsvermerk auch hier erforderlich sein, ein Gutachten oder ein Anschreiben an den Mandanten zu ergänzen. In dem Schreiben an die Behörde bzw. in dem Schreiben an den Mandanten sind **alle im Aktenauszug aufgeworfenen Rechtsfragen** zu erörtern, auch wenn dies nicht immer den Gepflogenheiten der Praxis entspricht. Zu prüfen sind allerdings nur die Fragen, die für die Wahrnehmung der Interessen des Mandanten **erheblich** sind. Wichtig ist, dass das Ergebnis des Vermerks bzw. Gutachtens konsequent im Schreiben umgesetzt wird.

I. Widerspruch und Aussetzungsantrag

RA-Briefkopf	Rechtsanwälte Listig und Kollegen Parkallee 8 48139 Münster
Adresse der Behörde mit Bezeichnung des Amtes	Stadt Münster Schulamt Stadthaus I 48127 Münster
Ort, Datum	Münster, den 21.06.2021
Aktenzeichen (etc.) der Behörde	Ihr Zeichen: 20 K 613/21
Aktenzeichen des RA **Namen und ggf. Adresse des Mandanten** **Betreff (Bezug seltener)**	Unser Zeichen: Nervig./. Stadt Münster Unser Mandant: Eusebius Nervig Schulverfügung vom … mit Anordnung der sofortigen Vollziehung
Anrede	Sehr geehrte Damen und Herren,
Anzeige der Vertretung (Vorlage der Vollmacht empfiehlt sich wegen § 7 Abs. 1 S. 2 VwZG)	hiermit zeigen wir Ihnen an, dass wir die rechtlichen Interessen des Herrn Nervig vertreten. **Anlage:** Original der Vollmacht
Erhebung des Rechtsbehelfs	Gegen Ihre Verfügung vom … erheben wir hiermit im Namen unseres Mandanten **Widerspruch.**
Weitere Anträge	Gleichzeitig beantragen wir, **die Vollziehung der Verfügung auszusetzen.**
Begründung	**Begründung:**
Überschrift (optional)	I. Sachverhalt
Sachverhalt, den die Behörde ermittelt hat oder haben will	Es trifft zu, dass unser Mandant Schüler … Richtig ist auch, dass unser Mandant auf dem Schulgelände …
Bestreiten von Behauptungen der Behörde, ggf. Beweisantritt	Unzutreffend ist Ihre Behauptung, es handele sich dabei um … Vielmehr hat unser Mandant lediglich … **Beweis:** a) Ortsbesichtigung b) beiliegende Fotos Es wird bestritten, dass …
Vorgehen der Behörde	Mit der Schulverfügung vom … zugestellt mittels Übergabeeinschreiben am … haben Sie unserem Mandanten aufgegeben, dass er …
Weiteres Vorgehen der Behörde mit Begründung	Gleichzeitig haben Sie die sofortige Vollziehung der Verfügung mit der Begründung angeordnet, dass die Schulverfügung offensichtlich rechtmäßig sei.
Überschrift (optional)	II. Rechtliche Würdigung

ggf. Ausführungen zur Zulässigkeit des Widerspruchs	Der Widerspruch ist fristgemäß. Zwar konnten wir bei der gewährten Akteneinsicht feststellen, dass das Einschreiben schon am 17.05. zur Post gegeben wurde und deshalb aus Ihrer Sicht die Widerspruchsfrist nach §§ ... am 20.06. ablaufen müsste. Das Einschreiben wurde aber wegen einer Erkrankung des Postboten unserem Mandanten erst am 21.05. übergeben, sodass die Frist bis zum 21.06. läuft.
Ausführungen zur Begründetheit des Widerspruchs	Ihre Schulverfügung ist materiell rechtswidrig, weil schon die Tatbestandsvoraussetzungen der Ermächtigungsgrundlage des § ... nicht erfüllt sind.
Ausführungen zur Begründetheit des Antrags auf Aussetzung der Vollziehung	Auch die Anordnung sofortiger Vollziehung ist rechtswidrig und zwar formell, weil keine hinreichend substantiierte Begründung dafür gegeben wird, dass unser Mandant die Verfügung sofort erfüllen soll. Soweit Sie ausführen, dass ...
Abschlussbegehren	Aus den vorgenannten Gründen ist die Vollziehung auszusetzen und die Schulverfügung aufzuheben.
Antrag zu § 80 Abs. 2 VwVfG (fakultativ)	Wir beantragen, die Hinzuziehung der Bevollmächtigten für notwendig zu erklären.
Unterschrift	Mit freundlichen Grüßen Listig, RA

II. Antrag auf Aussetzung der Vollziehung einer Baugenehmigung und Stilllegung der Baustelle

Nach § 80 Abs. 1 S. 1 VwGO entfalten Widerspruch und Anfechtungsklage grds. aufschiebende Wirkung. Dies gilt aufgrund der Klarstellung in § 80 Abs. 1 S. 2 VwGO ausdrücklich auch für **Verwaltungsakte mit Doppelwirkung**, z.B. bei einer Baugenehmigung, die den Bauherrn begünstigt und den Nachbarn belastet. Für diesen in der Praxis (und im Examen) wichtigsten Bereich hat der Bundesgesetzgeber jedoch eine Ausnahmeregelung getroffen. Nach § 80 Abs. 2 S. 1 Nr. 3 VwGO i.V.m. § 212 a Abs. 1 BauGB haben Widerspruch und Anfechtungsklage eines Dritten gegen die bauaufsichtliche Zulassung eines Vorhabens keine aufschiebende Wirkung. Will der Nachbar das Bauvorhaben stoppen, so kann er bei der Behörde die **Aussetzung der Vollziehung** (§§ 80 a Abs. 1 Nr. 2 Hs. 1, 80 Abs. 4 VwGO) und **einstweilige Maßnahmen zur Sicherung seiner Rechte** (§ 80 a Abs. 1 Nr. 2 Hs. 2 VwGO), z.B. durch Stilllegung der Bauarbeiten, beantragen. Die Behörde hat hierbei eine Abwägung zwischen dem Aussetzungsinteresse des Nachbarn und dem Verwirklichungsinteresse des Bauherrn vorzunehmen.

„Hiermit beantragen wir,

die Vollziehung der der Fa. ... erteilten Baugenehmigung vom ... auszusetzen und der Fa. ... mit einem für sofort vollziehbar erklärten Bescheid aufzugeben, die Bauarbeiten zur Errichtung eines ... sofort einzustellen und die Baustelle stillzulegen."

III. Antrag auf Anordnung der sofortigen Vollziehung nach §§ 80 a Abs. 1 Nr. 1, 80 Abs. 2 S. 1 Nr. 4 VwGO

Soweit der Widerspruch oder die Anfechtungsklage des Dritten wegen § 80 Abs. 1 S. 1 VwGO aufschiebende Wirkung entfaltet, weil z.B. die gesetzliche Ausnahmevorschrift des § 212 a BauGB nicht gilt (z.B. bei immissionsschutzrechtlichen Genehmigungen), so darf der Genehmigungsadressat wegen des **Suspensiveffekts** des Drittrechtsbehelfs die Anlage weder errichten noch betreiben. Um die Vollziehbarkeit der Genehmigung herbeizuführen, kann der begünstigte Adressat bei der Behörde gemäß § 80 a Abs. 1 Nr. 1 VwGO die Anordnung der sofortigen Vollziehung der Genehmigung nach § 80 Abs. 2 S. 1 Nr. 4 VwGO beantragen. Ordnet die Behörde die sofortige Vollziehung an, so darf der Genehmigungsadressat die Anlage vorläufig errichten und betreiben.

„Mit Bescheid vom … haben Sie unserer Mandantin eine immissionsschutzrechtliche Genehmigung zur Errichtung … erteilt. Gegen diese Genehmigung haben die Eheleute … Widerspruch eingelegt. Da dieser Widerspruch nach § 80 Abs. 1 VwGO aufschiebende Wirkung hat, kann unsere Mandantin von der Genehmigung bis zum rechtskräftigen Abschluss des Widerspruchsverfahrens keinen Gebrauch machen.

In Namen unserer Mandantin beantragen wir,

> *die sofortige Vollziehung der erteilten Baugenehmigung (Az.: …) nach §§ 80 a Abs. 1 Nr. 1, 80 Abs. Nr. 4 VwGO anzuordnen.*

Begründung: …"

IV. Mandantenschreiben

Ein Mandantenschreiben ist in der Regel dann anzufertigen, wenn die Erfolgsaussichten der Rechtsverfolgung verneint werden oder die Rechtsverfolgung mit erheblichen Risiken verbunden ist. Das Schreiben muss in einer auch für einen juristischen Laien verständlichen Sprache abgefasst werden. Der Bearbeitungshinweis weist hierauf meistens gesondert hin. Fachspezifische Erwägungen sind daher stets zu erläutern. **513**

Der **Aufbau** des Mandantenschreibens folgt den Regeln des Anwaltsgutachtens. Es muss umfassend zu dem Mandantenbegehren Stellung nehmen und einen Vorschlag zur weiteren Vorgehensweise enthalten. **514**

> **Beachte:** Allgemeinplätze, wie das Anfordern einer Vollmacht oder eines Gebührenvorschusses sind in einer klausurmäßigen Bearbeitung in der Regel überflüssig.

Ausgehend von einer kurzen **Sachverhaltsdarstellung** (wenn eine solche nach dem Bearbeitungsvermerk nicht erlassen ist), ist auch im Mandantenschreiben eine **saubere Subsumtion** unerlässlich. Dass sich das Schreiben in der Regel an einen Nichtjuristen richtet, entbindet Sie nicht von der juristischen Arbeitsweise.

Gehen Sie wie in den Entscheidungsgründen eines Urteils von der **einschlägigen Rechtsgrundlage** aus und schlüsseln die einzelnen **Tatbestandsvoraussetzungen** auf. Bei Ermessensentscheidungen prüfen Sie wie gewohnt die Begründung der Behörde auf **Ermessensfehler** (Ermessensüberschreitung, Ermessensfehlgebrauch, Ermessensnichtgebrauch). Einige Bearbeitungshinweise enthalten die Möglichkeit, durch die Verwendung von sog. „Spitzklammern" (< >[1]) auf einzelne Teile des Gutachtens zu verweisen. **515**

Sehr geehrter Herr ...,

wir nehmen Bezug auf das gemeinsame Gespräch in unserer Kanzlei vom ... und bedanken uns zunächst für die Übertragung des Mandats.

Sie hatten uns gebeten, Ihre rechtlichen Interessen im Hinblick auf die Zuweisung eines Standplatzes auf dem diesjährigen Weihnachtsmarkt wahrzunehmen. Sie haben am ... einen Antrag für ... gestellt. Die Stadt hat in einem Anhörungsschreiben signalisiert, dass sie Ihren Antrag ablehnen werde, und Ihnen die Möglichkeit der Stellungnahme eingeräumt.

Sie haben uns beauftragt, die Erfolgsaussichten bei der Durchsetzung Ihres Anspruchs zu prüfen. Leider sind wir zu dem Ergebnis gelangt, dass die Ablehnung Ihres Anspruchs zu Recht erfolgen wird. Da sich mehr Aussteller beworben habe, als Plätze zur Verfügung stehen, haben Sie keinen unmittelbaren Anspruch auf Zulassung, sondern lediglich einen Anspruch auf eine gerechte Auswahlentscheidung. Wir konnten keinen Fehler bei der Auswahlentscheidung erkennen ... (wird ausgeführt). Ihr Hinweis, dass ... ändert nichts an diesem Ergebnis. Denn ...

Mit freundlichen Grüßen

Rechtsanwalt

Stichwortverzeichnis

Die Zahlen verweisen auf die Randnummern.